BEING DHARMA

The Essence of the Buddha's Teachings

ビーイング・ダルマ

自由に生きるためのブッダの教え

アチャン・チャー［著］
ポール・ブレイター［英語版訳］
星 飛雄馬［訳］

目次

序文

一九六〇年代、最初の西洋人の弟子たちがワット・パー・ポンを訪れた頃、アチャン・チャーは、タイにおいて西洋人の比丘たちがしばしば与えられるような特別な待遇を、彼らに与えることはありませんでした。彼は、西洋人の弟子が僧院の厳格な修行に対していかなる要望をしても、受け入れることはありませんでした。大きな森の中央にあるクティ（小屋）のそばにある木製の椅子にアチャン・チャーは座り、まるで魅力的な新しい時計の蓋を開く時計職人のように弟子たちをじっと見つめ、彼らがこの世界において、苦（dukkha《ドゥッカ》）*とは何か、そして自らの心に平安を見出す方法とは何かを理解しているのかどうか、知ろうとするのでした。それから、アチャン・チャーは笑顔で彼らを歓迎し、しばらくの間この僧院に留まり、修行に加わるのなら、彼の言うことをよく聞くように諭《さと》しました。

その頃、アチャン・チャーの僧院の規模は比較的小さく、彼はまだ瞑想指導者としてそれほど知られた存在ではありませんでした。それから二五年の後、アチャン・チャーは今世紀のタイにおける森林派の僧侶のうち最も尊敬される人物の一人となり、一九九三年の彼の逝去の折には、タイ国王、王妃を含め百万人近い人々がアチャン・チャーに弔意を表するため葬儀に参列しました。アチャン・チャーが亡くなる頃までには、彼の影響力は世界中に広がり、彼の高弟たちが国を越えて百以上のワット・パー・

ポンの支部僧院で指導をするようになっていました。

アチャン・チャーは弟子たちを解脱へと導くため、幅広い方法でその経験と智慧を駆使しました。彼は弟子たちに、僧院の戒律を守ることと、気づきを保って行動することを最初に求めました。アチャン・チャーはまた、逸話やたとえ、時には禅の公案《こうあん》のような質問を用いて弟子たちを導きました。彼はユーモアを活用し、彼の弟子たちや世間にはびこる煩悩を笑い飛ばしました。アチャン・チャーは弟子たちと固い絆で結ばれ、思いやりのある関係が構築できていたため、ワット・パー・ポンでは、何でもありの対話が可能だったのです。彼は弟子たちに厳しく戒律を守り、修行に集中することを求めました。それにもかかわらず、アチャン・チャーの教えは軽やかなものであり、それらはすべて智慧を育て、弟子たちを解脱へと導くものだったのです。

　アチャン・チャーの瞑想指導は、はじめから弟子たちを解脱へと導くことに焦点を絞ったものでした。彼はいくつもの伝統的なサマタ（samatha）*とヴィパッサナー（vipassanā）*の瞑想法を教えましたが、意識的にサマーディ（samādhi）*や禅定《ぜんじょう》の段階といった特別な瞑想体験を強調しないように留意していました。瞑想とは私たち自身を見つめ、心を静めて、オープンな心を養うための道具であり、手段です。アチャン・チャーは自らの内に平安を見出すために「気づきのある状態に留まる」ことを説きました。内面が静まっていることにより、私たちはより直接的に「あるがままの」真理に触れることができると彼は説きました。私たちは無常（anicca《アニッチャ》）*を知り、人生において執着できるものは何もないという真実を理解します。苦集滅道《くじゅうめつどう》という真理を知るのです。アチャン・チャーは、瞑想とは私たちがどのような状況にあっても、手放し、戦争や争いを止め、平安に生きるための道であると説きました。

アチャン・チャーの僧院では、毎日、経典の読誦や気づきの実践、歩く瞑想や座る瞑想、沈黙行や作《さ》務《む》など多種多様な行《ぎょう》がおこなわれますが、それらすべての機会に、師からざっくばらんな形でアドバイスを受けることがありました。時折、夜の経典読誦の後で、アチャン・チャーは比丘、清道尼《しょうどうに》、そして在家の弟子たちに対して、法話をおこなうことがありました。そうした法話は、一時間から、ときには五時間にも及ぶこともありました。新人比丘は、こうした長い法話を「忍耐を試される修行」と呼んでいたものです。

撮影者不明
着席しているのがアチャン・チャー。左から、ダグ・バーンズ、アチャン・スメードー、ジャック・コーンフィールド。1970 年頃撮影。

このたび、長年にわたりアチャン・チャーのもとで修行をし、彼から信頼されているポール・ブレイターが西洋人の読者のために、アチャン・チャーの法話を訳してくれました。私たちの人生を直視するというアチャン・チャーからの挑戦に応じ、これらの法話を通じてアチャン・チャーのダンマ（dhamma・法）*の核心を学ぶことができるのは幸運です。本書を読んでいると、あなた自身タイの森林僧院にいて、二時間の瞑想と読誦《どくじゅ》の後に、アチャン・チャーの法話を聞いている姿を想像することができるかもしれません。ろうそくの火はまたたき、静寂があたりを包みます。聞こえてくるのは、森の動物たちが動くときにたてる音と、虫の鳴き声だけです。悟りへの修行に没頭するための環境が、ここにはあります。

本書の中でアチャン・チャーは、私たちに存在の真理を丁寧に説いてくれます。彼は、私たちも悟りを開くことができると確信しています。

「すべての現象は常ならずじゃ。これは、わしらが生きる世界の真理の核心じゃ」

アチャン・チャーは続けます、

「物事をあるがままにして生活せい。欲に自分を見失ったり、おまえさんがこうあるべきだと思う計画や思考に流され、放逸《ほういつ》になってはいかん」

アチャン・チャーは真理を、平易な言葉で表現します。

「どんなものも握りしめてはいかん。おまえさんの心や身体でさえ、自分の所有物ではないんじゃ。それらのほとんどは、おまえさん自身コントロールできんもんじゃろ。わしらは自分の心身を大切に扱わなければならん。じゃが、あらゆる現象は無常という法則を免れず、わしらの思うようにはならん。このことを本当に理解したとき、おまえさんはどんな環境のもとで暮らしても、平安でいられることだろう」

彼の僧院で比丘や清道尼に話すとき、アチャン・チャーはこの僧院はブッダの教えを厳格に守る森林僧院であり、そうした品格を保つ必要があるのだから、それにふさわしい振る舞いをするように、と彼らを促しました。彼は、弟子たちに恐れることなく自分に誠実であることと、修行に対する強い決意を求めました。アチャン・チャーは、弟子たちに内省することを求めました。心から指導を受け入れているか？　欲（lobha《ローバ》）＊、怒り（dosa《ドーサ》）＊、無知（moha《モーハ》）＊という三毒を手放し、自由になることを欲しているか？　いかなる困難に直面しても、慈しみ（mettā《メッター》）＊と持戒の実践を揺るがず誠意をもっておこなうか？　自分は話しかけやすく、気さくな人間で、驕りや気難しさがないか？

「教えてもらうことを、当然と思ってはいかん」

アチャン・チャーは続けます。

「これは、哲学とか思想といったものとは異なるのじゃ。自分自身の心を、見つめなさい。苦（dukkha）と楽（sukha《スカ》）＊の二つに縛られたおまえさんの人生を解き放ち、自由の核心である中道《ちゅうどう》に安らぐのじゃ。おまえさんが身に着けとる黄色い袈裟《けさ》を、この世界に智慧と平安が実在する生きた証としてのブッダの旗印とするようにしなさい」

アチャン・チャーは、在家の瞑想実践者であれ、政府の高官であれ、軍の将校であれ、彼の下を訪れた者には誰でもダンマを説きました。それは、何でもありの説法でした。アチャン・チャーは、タイの在家仏教徒の間で一般的な、布施をし、功徳を積むという表面的な慣行には従いませんでした。彼は在家の仏教徒に慈しみと持戒を実践し、心を清め、執着と煩悩を手放し、ダンマを具現化することを求めました。そしてアチャン・チャーは、こうしたものこそが、仏道を歩むことによって得ることのできる、真の功徳なのだと主張しました。アチャン・チャーの教えは常に、私たちは現世において解脱が可能であることを思い起こさせるものです。強い意志と不屈の努力が伴えば、私たちは皆、悟りを開き、ブッダが経験した自由と平安を味わうことができるのです。本書を読むとき、どうかこのことを心に留めておいてください。じっくりと、咀嚼《そしゃく》して読むようにしてください。本書が、あなたの探求の励みとなり、心の良薬となりますように。本書が、あなたの解脱のための指針となりますように。アチャン・チャーの言葉が、世界に真理の光をもたらしますように。本書の読者すべてに、悟りがもたらされますように。

ジャック・コーンフィールド
スピリット・ロック・センター　二〇〇〇年

英語版訳者まえがき

現代のタイ仏教の瞑想指導者の中で、おそらくアチャン・チャー（一九一九―一九九二）ほど、西洋人で仏教を学ぶ者たちに影響を与えた人物はいないでしょう。アチャン・チャーの人気の理由の一つは、広く多様な文化的背景を持つ人々や、様々な宗派の仏教徒に対して、明確かつ受け入れやすく、確信に満ちた態度で語りかけたことにあると思います。本書でも、そうしたアチャン・チャーの法話の特徴がうまく出ていることを期待します。アチャン・チャーは、伝統的なスタイルでダンマを説くこともできましたが、時にはたとえ話の中に真理を盛り込み、動物や樹木を使った寓話を説き、日々の出来事を素材にしてダンマを語り、聴衆の心に染み入るように工夫をしていました。彼は、ダンマの深遠さを損なうことなしに、暖かさとユーモアを湛《たた》えながら人にそれを説くことができたのです。「シンプルかつ奥深い」という表現は、少々手垢のついたフレーズかもしれませんが、アチャン・チャーの教えの特徴を表す際に、ピッタリの言葉ではないかと思います。

二五年以上もの間、アチャン・チャーは彼の西洋人の高弟であるアチャン・スメードーにおこなったように、高等教育を受けていない農夫にも分かるような語り口で、弟子たちにブッダの教えを説き続けました。けれども、それと同様にアチャン・チャーは高等教育を受けたタイ人からの質問にも答えることができましたし、伝統的な教えに対して懐疑的な西洋人たちを魅了し、教えを授けることもできました。西洋人の弟子たちの多くは十年以上ワット・パー・ポンにとどまって修行をし、現在でも比丘として生活を続けています。

実践についての信念

アチャン・チャーは常に、人々を、彼ら自身が限界だと考えているところまで追い込みました。彼の僧院での修行は、常に合理的なものであるようには見えませんでしたし、日課は常に変化していました。アチャン・チャーはしばしば、彼が修行において体験した困難について、彼がどうそれに立ち向かい、自分自身を鼓舞《こぶ》し、それを解決したのかについて、皆に語りました。

わしは修行を始める前、自分自身にこう問いかけた。

「仏教は今ここにあり、すべての人に開かれている。それなのに、なぜ一部の人だけがそれを実践し、その他の人々はそれを実践しないのか？　また、仏道修行に取り組んでみようとする者もいるが、その多くは長くは続かず、すぐに投げ出す。残りの投げ出さない者もそれほど熱心には修行をせん。なぜなんじゃろうか？」

そして、わしは決心した。

「いいだろう……。わしは今生での人生を投げ打ち、最後の最後までブッダの教えに従ってやろう。

今生でけりをつけてやる……。もしそうしないのなら、わしはまた苦しみ（dukkha）の海に沈んでしまうからな。すべてを投げ打って努力をしよう。どんな困難や苦しみに直面しようと辛抱強く頑張りぬこう。もしそうしないのなら、いつまで経ってもわしの疑念が晴れることはないだろう」

　このように考え、わしは修行を始めた。それがどんなに苦しい試練であったとしても、わしはそれをやりぬいた。わしは、自分は今日限りの命だと考えるようにした。自分の命を投げ出す覚悟だったんじゃ。

「わしはブッダの教えに帰依をする。わしはなぜこの世界がこんなにも惨めなのかを理解するため、ダンマに帰依をする」

　わしは知りたかったんじゃ。真理を明《あき》らめたかった。だから、ダンマの修行に邁進したんじゃ。

本書の英語版訳者であり、編者であるポール・ブレイター。
1974 年、タイにて。

　アチャン・チャーは、弟子たちの短所や弱みといったものに対してとても寛容でしたが、同時に常に弟子たちに、私たちを苦しみの世界に縛り付けるマーラ（死王）*の魔の手から逃れるために全力で努力をしてほしいと願っていました。アチャン・チャー自身、それは簡単に成し遂げられるものだとは思っていませんでした。彼はしばしばこう言ったものでした。

「ダンマの修行が簡単なものだったら、誰もがとっくにやっておるじゃろう」

しかし実際のところ、ダンマの修行は人生でおこなう唯一の価値のあるものです。

俗世間の生活とは、幸福を無制限に追い求め、退屈から逃れようとするために、気晴らしや娯楽といったもので人生を忙しくさせ、満たそうとするものです。けれども、常に気が散って、興奮していることは心を疲れさせ、動揺させます。仏道修行を始めると心に決めたとき、私たちはすでにそうした依存から心を解放するための道を歩みはじめています。過去の経験によって蓄積された習慣、願い、恐怖といったものが、決して壊されることのない、新しくオープンな空間上に顕《あらわ》れるとき、それは私たちにとってとてもつらく、ストレスの溜まる経験となる可能性があります。アチャン・チャーは、僧院生活のことを、ある種の逃避だと考える人がいると指摘しましたが、実際それをおこなってみると、どこにも逃げ場のない場所で、自分自身に向き合わなければならないことに気がつきます。それはあたかも、荒れ狂う嵐に足を踏み入れるようなものです。

アチャン・チャーは、しばしば放逸について話しました。彼にとってその言葉は、気づきのない生活を意味するものです。そして彼は、放逸とは快適さという感覚と混ざり合ったものだと指摘します。けれども、快適さのない生活を経験するまで、私たちはこの放逸と快適さとのつながりに気づくことはありません。安楽な生活は、人を惰弱《だじゃく》にする傾向があります。アチャン・チャーは、少し前の時代までのタイの、質素な生活について語りました。

「タイが今ほど発展していないころ、誰もが家から少し離れた場所、時には森の中にトイレを作ったもんじゃ。皆、トイレに行くときはそこまで歩いていかなきゃならん。じゃが、今はどの家でも、トイレは家の中にある。都市で暮らす人々は家が狭いから、トイレのそばで寝なきゃならん」

こうした考えは、アチャン・チャーを愉快にさせました。笑いながら彼は言いました。

「人々は、寝室の中にトイレを作ることで、より快適で幸せになると思っておる。じゃが、それは実際には幸福をもたらすものではなく、彼らをより一層怠惰にするだけのものなのじゃ」

しかしながら、アチャン・チャーの瞑想指導は、我慢比べのようなものではありませんでした。彼は、弟子たちに気づきがなく、機械的なやり方で多大な努力をしているのを見つけると、それらを修正させました。アチャン・チャーは、修行の本質がどこにあるのかという点について、決して曖昧ではありませんでした。ブッダも、長年にわたる無益な苦行ののち、解脱への道に思い至ったのです。私たちの身体は、単なる物質に過ぎず、それのみでは悟りに至ることはできません。また、身体とは精神的な成長を妨げる邪悪なものではありませんし、拷問のようにそれを痛めつけることが必要なものでもありません。身体を過剰に嫌悪することは、身体的な美を追求し、それによって社会的承認や感覚の喜びを得ることによって幸福を追い求めようとするのと同じくらい偏った思考です。したがって、少欲知足《しょうよくちそく》とは、日常生活をシンプルなものとし、世俗の生活の混乱に巻き込まれないようにするためのものであり、自らを困窮した状態にすることを意味するものではありません。アチャン・チャーは瞑想指導の現場で「おまえさんの身体を滅却《めっきゃく》せい！」「世界を滅却せい！」などと言うことがありますが、これらは文字通り自殺や核兵器の使用を奨励しているわけではなく、私たちの身体や世界への執着を滅却するようにと説いているのです。

ある晩、アチャン・チャーはかつての檀家の一人が一時出家をし、雨安居《うあんご》を過ごすことを祝福していました。彼は公式的なものではない、雑談風の法話をおこない、回想や個人的な意見を述べる中でダンマについて語りました。その中でアチャン・チャーは、森の中で孤独に過ごし、瞑想の師を尋ねたりする伝統的な修行法である、頭陀行《ずだぎょう》について語りました。

「時には、一日に四〇キロ歩くこともあった。わしは頑強だったわけではないが、強い精神力を持っていた。兵隊でも、わしのように遊行《ゆぎょう》することはできんかったじゃろう。……何日か、托鉢に行っても、米しか得られない日があった。食事をするときに、自分の心を観察するのは本当に面白い。わしは『せめて塩があればなぁ!』と思ったもんじゃ。塩抜きの米を食べることからさえ智慧を得ることができると、誰が想像できるじゃろうか?」

アチャン・チャーは、自身の修行時代、極端な修行法にも恐れずチャレンジしました。そして、彼はそうした自分の経験を弟子たちへの指導に活かしていました。彼は、時には弟子たちを限界まで追い詰めました。このような限界まで追い詰める修行は苦痛を伴うこともありますが、私たちの心が握りしめているもの、自身を制限づけているものを見つめ、真の苦しみが私たちの心にある執着、恐れ、先入観に由来することを理解することにつながります。

アチャン・チャーは弟子たちに、断食、無言の行、または他者との接触を避けることを勧めませんでした。彼は言いました。

「わしらが修行をするときは、目を開いておこなう。他人や感覚の対象を避けることによって悟りが開けるのなら、盲人やろう者はみな悟っていなければおかしいじゃろう」

智慧は、色界《しきかい》*の中で養われるものです。世間というものはそれを避けることではなく、明《あき》らめることによって乗り越えられるものです。アチャン・チャーの僧院でおこなわれている、作務を通じて他者と交わる日常生活は、自分の癖や、自分自身が苦しみを生み出しているという事実を明らかにするのに適した環境です。アチャン・チャーはしばしば言いました。

「暑くて苦しい？　結構なことじゃ。その事実から、わしらは学ぶんじゃ」

ダンマを教える

アチャン・チャーはアドバイスを与えるため、常に弟子たちと共にいましたが、弟子たちの修行の進捗をチェックするための形式的な面談を頻繁におこなうことはありませんでした。彼は弟子たちが自分自身の心を理解することを通じて自立し、瞑想中に何が生じようと、それに執着することも、疑念を抱くこともないよう求めました。アチャン・チャーはしばしば弟子たちに、自分は彼らの修行に適した環境を提供しているのだということを語りました。アチャン・チャーは言いました。

「それは、おまえさんが飼っている牛のために牧草地を用意するようなもんじゃ。牧草地がちゃんと囲いに覆われて、牧草が十分にあるなら、牛たちは安全に育つことができるじゃろう。牛がおるなら、牧草を食べるじゃろうて。もし、牧草を食べないのなら、そこにおるのは牛ではなく、豚か犬なんじゃろうな……」

アチャン・チャーの瞑想指導は、普段はシンプルなものでした。彼は、サマタとヴィパッサナーを別々のものとして扱うことはありませんでした。やさしいものから高度なものまで、アチャン・チャーの教えの大部分は、気づき（mindfulness/sati《サティ》）＊とヴィパッサナー＊にまつわるものです。また、死随念《しずいねん》＊や慈悲の瞑想といった伝統的なサマタ瞑想については、体系的に指導されないケースが多かったですが、常に心にとどめ、想起する対象として奨励されていました。アチャン・チャーは、私たちの心臓に刃物を突き付けるような厳しい表現で、これらの対象について語ります。一九七九年にアメリカを訪れた際、アチャン・チャーは「死刑執行に直面する」というテーマで皆に話をしました。

「必ず当たる占い師を想像してみなさい。おまえさんが彼に会うと、彼はこう告げるんじゃ。『あなたの命は、あと七日間です』。そう言われて、おまえさんは安眠できるかね？　おまえさんはすべてを投げ出して、一日中瞑想をすることじゃろう。けれどもこれは本当のところ、わしら全員に運命づけられている事実であり、わしらはいつ何時でも死刑執行に直面しているようなものなんじゃ」

そして、アチャン・チャーは私たちに宿題として、少なくとも一日に三回は、自分の死について考えることを勧めました。

教えを理解する

本書の骨子は、アチャン・チャーが何度も繰り返し語ったことに基づきます。

「ダンマを学び始めたものは、まだそれを本当に理解しているとは言えない。なぜなら、まだ実践が伴っていないからじゃ。実践を始めたものも、まだダンマの真理を理解したとは言えない。彼らはダンマを理解しつつあるが、まだダンマそのものにはなっていないからじゃ」

この話の重要な点は、人と法《ダンマ》が一体となる（Being Dharma）段階に達するまでは、私たちにはまだ苦しみ（dukkha）があり、完全には悟っていないということです。今日、私たちは西洋で多くの人々に数十年にもわたって真剣に学ばれ、実践されてきたブッダの教えを、経験による実感を伴って伝える段階に来ています。アチャン・チャーは、ダンマの実践を単なる宗教上の儀礼ではなく、生き方として捉えていました。そして、悟りとは（彼が悟りについて語ることは稀でしたが）苦しみが滅することであり、内外の出来事によってもはや心が動ずることのない、清浄かつ平安な境地であると説きました。本書を読むときは、この基本的なテーマが繰り返し登場し、時にはあまりにも単純すぎる教えだと感じるかもしれませんが、これこそがアチャン・チャーの教えの本質であると覚えておいてください。アチャン・チャーは常に弟子たちに、彼の言葉を盲信することも、むやみに否定することもないよう諭しました。そして、それよりむしろ彼の教えが、弟子たち自身の日々の経験にどう合致するかを探求することを勧めました。

アチャン・チャーは基本的に、出世間《しゅっせけん》*を志し、手放す生き方を実践する、比丘や清道尼たちを対象に指導をおこないました。彼は、仏道修行は僧院生活の中だけにとどまるものではないと強調していましたが、それと同時に、出家者のシンプルな生活と戒律によって守られていることの長所も指摘していました。僧院で暮らし、戒律を守っている比丘は、あらゆる害のあるものから離れています。そこには、互いを敬い、分かち合い、助け合うコミュニティがあります。必要最低限のものしか持たないと、つまらないことで争ったり、他人を妬んだりすることがほとんどありません。ダンマとは生きたものであり、タイ語では精神的な修行という意味を持ちます。何年もの間僧院生活を経験することは、気づき(sati)、自制心、非利己的な性格を養い、その結果として、しばしば驚くほどの幸福を人生にもたらします。

アチャン・チャーの法話は、時には西洋人の耳には道徳的すぎるように感じられるかもしれません。たとえば、悪行為から離れることや、放逸を戒めるときなどに、私たちはそのような印象を受けるかもしれません。ブッダは、自分自身や他者に害を与えるものが悪であると説き、放逸を死への道と呼びました。一人でいるときであれ、他人と一緒にいるときであれ、あらゆるときに、自分がどう生活をしているかはっきりと気づいていることは、心を清らかにし、瞑想実践のための確かな土壌を作ることを可能にします。善と悪についての話は、私たちの心にわだかまりを生じさせる可能性があります。それはおそらく、日曜学校で無味乾燥な時間をあまりに長く過ごすことを強いられたせいかもしれません。しかし、善と悪について考察することは、私たちにとって価値あるものかもしれないのです。アチャン・チャーは道徳的行動の必要性を繰り返し述べていますが、それは権威主義的に上からの命令を守り、それを犯したものには罰を与えるという意味ではなく、私たちの心をリラックスさせ、環境と調和した生活を実現することを目的としたものです。アチャン・チャーの他のあらゆる教えと同様に、道徳と戒(sīla《シーラ》)*に関する彼の教えは、実践的な観点から語られたものであり、盲目的な信仰を促すようなものではありません。アチャン・チャーはまた、その法話の中で、善と悪の双方を超越する必要性について語っています。しかし、あらゆる仏教の宗派に言えることですが、修行を始めた段階から、それを完成させるまで、その点については細心の注意を払う必要があります。

また別の箇所では、アチャン・チャーはタイ人とその文化的習慣について語っていると感じられるかもしれません。たとえば、タイの人々が戒（sīla）を守り、ダンマの教えを聞き、布施をし、また仏教がその信者に対して引き起こすことについて、彼らが奇妙な信仰を抱いているといったテーマについてなどです。けれども、よく考えてみれば、西洋で一般的なユダヤ・キリスト教徒と、特殊な存在である西洋人仏教徒との間にも、同じような関係性が存在するのではないでしょうか。

パーリ経典におけるブッダの言葉と同様に、アチャン・チャーの言葉にもよく繰り返しがあります。特に大切なダンマの教えについては、それが世間に深く根付く考え方と矛盾するからといって、その要点を理解することの重大さを過小評価することはできません。繰り返しになりますが、私たちは一見シンプルに見えるこれらの教えを、正しく理解し、自分のものとしているかを、自分自身に問いかける必要があるのです。

アチャン・チャーは、タイ仏教における一種の改革者でした。ブッダがかつてしたように、アチャン・チャーは地元の人々の言葉であるタイ語でダンマを説き、同時代における伝統的なダンマの教授法とは無縁でした。アチャン・チャーは、彼がかつて森林派の僧侶として学んだ伝統的な仏教用語を使って説法するよりもむしろ、犬、マンゴー、鶏、田んぼ、水牛といった土地の人々が慣れ親しんだものをたとえに使ってダンマを説くことを好みました。ダンマを説くには、人々のことをよく理解している必要があるという考えのもと、アチャン・チャーは、指導者は、聴衆に対して何を話すべきか理解している必要があるとしばしば語りました。彼はまた、タイ仏教の主流をなす二つの派閥に横たわるセクト主義に関しても、否定的な見解を持っていました。

本書の構成について

本書はテーマごとにいくつかの章に分かれていますが、アチャン・チャーの教えそのものは、そのようにきれいに分類できるものではありません。ですから、いくつかのトピックについては、重複があります。アチャン・チャーは通常、瞑想指導や、僧院のルールをサンガの皆に説明する場合などを除いては、一度に一つのテーマに限定して法話をするということはありませんでした。多くの法話に共通した点として、次のようなものが挙げられます。

アチャン・チャーは本書の中で、因果の法則、無常、無執着、道徳的な生活、極端な行為を避けること、そして、物事をあまり真剣に受け止めすぎないということについて繰り返し言及しています。時に、アチャン・チャーは、彼岸の世界を垣間見させるような、出世間的な体験について語ることもありましたが、多くの場合は、私たちがブッダの教えを実践する際に直面する問題や、修行を完成させるためにはどうすればいいのかについて語りました。彼はニッバーナ（nibbāna・涅槃）*について語ることを、盲目の人に色を説明することにたとえました。そして、ブッダ在世時の人々が、ブッダはニッバーナのことをよく知らないに違いない、なぜなら、彼はそれが何であるか明確に語らないのだからと不満を抱いていたというエピソードについて語りました。アチャン・チャーは、paccattaṃ《パッチャタム》というパーリ語の用語をよく引用しました。その言葉の意味は、実践の結果とは、自分自身によって経験されるものであり、他者によって与えられたり、単なる説明によって理解できるものではないというものです。

時折、アチャン・チャーは、出世間、本来の心、不生不滅などについて話をしましたが、彼はそういった事柄について話をすることを大いに楽しんでいるようでした。般若心経の英語からタイ語への抄訳を聞いた時、アチャン・チャーは、この教えは世間のレベルを超えた深い智慧について語られていると言いました。しかし、このことは私たちが世間のレベルを捨て去ることができるということを意味しているのではありません。世間のレベルの存在なしに、私たちはどのようにして人に何かを伝え、教え、説明することができるというのでしょうか？　結局のところ、アチャン・チャーが関心を持っていたのは、私たちを楽しませるような話をすることではなく、修行をさせることでした。私たちの目を覆うものを取り除き、直接ものを観ることができるようにすることが、彼の目的でした。たとえるなら、それは盲目の人にただ色について語るよりも、彼らの目の病気を治し、実際に目が見えるようにするようなことなのです。ブッダは言いました。

「私が説くのは、苦しみ（苦諦）と、その終焉（苦滅諦）という二つのことだけです」

また、アチャン・チャーは正見（sammā - diṭṭhi《サンマー・ディッティ》＊）について、繰り返し説きました。アチャン・チャーは正見を、戒（sīla）と共に、私たちの修行の基礎となるものだと考えていました。実際のところ、正見はブッダの説いた八正道《はっしょうどう》＊の最初に挙げられるものです。正見には知的なもの、経験的なものの双方が含まれますが、経験的なものは智慧（paññā《パンニャー》＊）という名で呼ばれることもあります。簡単にまとめると、アチャン・チャーは正見とは、次のようなものであると語りました。因果の法則を正しく理解すること。この世に安定した、確かな、永続的なものがあると考え、それらに執着しないこと。この世界に存在するものはすべて、苦しみという性質を持っていると理解すること。有身見《うしんけん》(sakkāya - diṭṭhi)《サッカーヤ・ディッティ》*を持たないことなどです。また、経験的な意味での正見とは、内外の現象に対して、喜んだり、落ち込んだりといった形で反応しない在り様のことです。正見とは、内外に生じる現象が実際には何であるかを理解し、そうすることによって苦しまないことなのです。「苦しみがない」というのは空白の状態を意味するのではなく、平安で、喜びに満ち溢れた状態のことです。この、平安で喜びに満ち溢れた感じというのは、アチャン・チャーに会ったほとんどの人が、彼から感じたことでした。本書の中で、アチャン・チャーが智慧や、幸福と不幸を超えた平安の境地について語るとき、このことを心に留めておいてください。明らかに、解脱とは最高の幸福を意味します。けれども、それは私たちが通常経験する幸福とは大きく隔たっており、比較の対象となるものではありません。それは、私たちの混乱した心によって想像できるようなものではなく、不快なものを避け、心地よいものを追求するような私たちの通常の精神によって到達できるようなものではまったくありません。

　正見は、八正道の最初に置かれますが、私たちが正しく修行をしている場合、それは八正道のあらゆる側面に通じるものとなります。正見は、理解や実践という段階を経て徐々に強まり、最終的にダンマそのもの（Being Dharma）といった段階になります。正見について別の観点から語る例として、修行において普遍的なテーマである二つの極端なあり方についてのものがあります。

　最初の説法である『初転法輪経』《しょてんぼうりんぎょう》を説いたとき、ブッダは仏道修行において誤った道を歩むことを避けるため、中道という考えを説きました。誤った道とは、感覚の喜びを追求することと、苦行を追求しようとすることです。アチャン・チャーはこうした二つの極端な道に対して、より広い解釈を与え、私たちが出会うものに対して、快不快、喜びと悲しみといった反応を示す習慣も、それに含まれると述べました。私たちは、毛のシャツを着たり、自らを鞭打つといった、極端な苦行を実践する必要はありません。むしろ、そういった苦行は、罪悪感や心理的抑圧によって引き起こされる、私たちに不必要な苦痛をもたらすものだと理解したほうがいいでしょう。極端な快楽主義が生み出す苦しみを味わうために、嫌になるまで快楽を追求する必要もありません。繰り返しになりますが、これは私たち自身の生活の中に見られる厳しい現実です。観察することは、世間的な生き方から離れることを促します。この厭離《おんり》の念は、通常の疲れや嫌悪、無関心といった感情ではなく、無益で意味のない苦しみから脱することを意味します。それはまた、捨（upekkhā《ウペッカー》*）をもたらすものでもあります。そうすれば、確かで意義のあるものに帰依し、忍耐と気づきを持って暮らし、心をその本来の姿である平安な状態へと解放する準備が出来てきます。

　原因と結果、そして修行の正しいやり方と間違ったやり方を理解すると、次のテーマとして戒禁取《かいごんじゅ》が浮かび上がります。戒禁取は、悟りの第一の段階である預流果《よるか》*に達することによって消滅する煩悩です。預流果に達することによって消滅する煩悩には、他にも疑念（vicikicchā《ウィチキッチャー》*）と有身見の二つがあります。戒禁取については、少し説明が必要でしょう。テーラワーダ仏教は、その素朴な実践法で知られていますが、そこにはまだかなり伝統的な形式の儀式が残っています。戒律を守り、瞑想をすることさえも、ある種の儀式であると主張する人もいます。アチャン・チャーは戒禁取を、儀式やあらゆる精神世界の儀礼に対して迷信を抱くことと解釈していました。特定の儀式をおこなえば、生活習慣を改めることもなしに、健康や富、あるいは深い瞑想の境地や悟りまでが得られると迷信深い人たちは信じています。

そうした行為には、布施をする、僧侶に帰依し戒律を授かる、戒律を外面的に守る、瞑想を実践することなども含まれます。アチャン・チャーはしばしば、彼の若かりし頃の苦労と、修行への間違った態度について語りました。アチャン・チャーは彼の師匠の一人であったアチャン・キナリーについて語りました。

「ただ座って、自分の衣を縫っているだけなのに、アチャン・キナリーはわしが長いこと座ってサマーディを得ようと瞑想しているよりも、深い瞑想をしておった。わしはといえば、もし一晩中座る瞑想をしていたなら、一晩中苦しんでいるという有様じゃ。わしはよく、アチャン・キナリーが歩く瞑想をしているのを見た。しばしば、彼は数歩歩いただけで疲れてしまって、地面に横たわってしまった。それでもなお、アチャン・キナリーはわしが数時間歩く瞑想をするよりも、多くの瞑想の成果を得ていたのじゃ」

また、アチャン・チャーは、疑念（vicikicchā）についても頻繁に言及しました。なぜなら、疑念というものは、まだ自分の見解がはっきりしていないときや、修行がその道から逸れてしまっているときなどに、自然に生じるものだからです。教えに対する疑念、自分自身の能力に対する疑念、師匠や修行の仲間に対する疑念、瞑想方法に対する疑念など、多くのものは分かりやすいものですが、その中の一部のものは、極めて微妙で分かりにくいこともあります。アチャン・チャーは、いかに疑念が仏道修行の妨げとなるか、繰り返し指摘しました。ひとたび疑念に囚われると、私たちは絶えることなくその答えを探し続けてしまいます。けれども、その答えは私たちが現象をありのままに観るときにしか得られません。そして、その観察の対象には、疑念自身も含まれます。

翻訳と用語について

読者の皆さんは、本書の中で法話によって、微妙にトーンや語り口が異なることに気づかれるかもしれません。訳者である私の能力不足の他に、これにはいくつかの理由があります。第一に、本書のもととなった法話には、二種類の言語が使用されています。アチャン・チャーの出身地であり、ワット・パー・ポンを設立したタイ東北部では、ラオ語に似た、イサーン地方の方言が使われます。ワット・パー・ポンを設立した当初、地元の言葉で法話をしていたアチャン・チャーは、やがてタイの他の地域の人々や、標準的なタイ語を学んだ西洋人の修行者が僧院に増えてくると、よりタイ語で法話をする頻度が増えました。タイ語に比べてラオ語は、より土着の田舎言葉のように聞こえ、親しみがあるために私たちの感情に訴えかけてくるところがあります。アチャン・チャーの場合、それが慣れ親しんだ地元の言葉なのですから、尚更です。アチャン・チャーは自分がよく知っている人と話すとき、よりくだけた、ある意味ぶっきらぼうといえるような表現で、相手を叱責することもありました。その一方で、地元以外のタイの各地域から来た人々や、世界中のあらゆる立場の人々と話す時には、タイ語を話しました。バンコクから来た中流階級の人々を指導するときには、アチャン・チャーは、ゆっくりかつシンプルに、教育者的なトーンで話しました。また、若い外国人の弟子たちを指導するときには、彼らの祖父のように振る舞い、しばしばユーモアなども用いながら、極めてリラックスした調子で語りました。アチャン・チャーは主に、僧院で比丘たちに対して指導をしましたが、同時に在家の人々にも豊かな教訓を与えました。

「本当の」アチャン・チャーの口調とはどんなものなのか、彼に会ったことのある人でも、誰も想像できる人はいないでしょう。アチャン・チャーは、様々な状況に対して智慧と慈悲と巧みな方便で応える、素晴らしい役者のような存在でした。ですから彼は、人によって異なる人格のように見えることがあったのです。アチャン・チャーは、人々を元気づけ、鼓舞し、時には怖い教師として振る舞うこともできましたが、喜劇役者顔負けのユーモアの才能を発揮し、絶妙なタイミングでジョークを言って、文字通り人々を絶句させることもありました。古参の高弟によるこうしたアチャン・チャーの思い出話は、後年彼を知り、彼の人物像を思い描いてきた新しい弟子たちにとって、驚きでした。古参の弟子はアチャン・チャーを、タフで感情に流されない、恐ろしい時さえあるミステリアスな人物で、神通力《じんずうりき》の持ち主であると表現していました。けれども、彼と会った人々にとっておそらく最も重要な事実は、彼がその長年にわたる指導において、多くの人々に対して、最大限の愛情をもって接してきたということです。

他の宗派の仏教や、他のテーラワーダの指導者から仏教を学んだ人にとって、アチャン・チャーの用いる仏教用語は、一般的に受け入れられた解釈と正確に対応していないことがあります。彼の教えは、ほとんど専門家向けといったものではなく、形式ばってもいませんでした。アチャン・チャーはタイのほとんどの瞑想指導者のように、経典解説をするようなことはありませんでした。そして彼はしばしば、教えとは修行の正しい方法を指摘し、誤解を取り除き、実践が逸脱することを避けるためのものであることに尽きると述べました。したがって、彼の言葉をあまりにも文字通りに解釈したり、定見として受け止められたりすると、誤解が生じる可能性があります。彼はあるときには、伝統的な仏教用語である五蘊《ごうん》*(色蘊、受蘊、想蘊、行蘊、識蘊)という表現を用いて、心について語ります。そしてまたあるときには、ただ単純に感情や思考という単語を用いて心について語ります。後者は、個人の人生に対する見方や、世界観について述べる際にも使われます。彼はしばしばタイ仏教において共通するテーマである「知る者(the one who knows)」について語りました。時にはそれを、心自体として中立的な意味で語りました。それは私たちのベースとなる気づきであり、煩悩にも智慧にもなるポテンシャルを秘めたものです。アチャン・チャーはそれを、仏性《ぶっしょう》という表現で語ったこともあったかもしれません(この概念について、テーラワーダ仏教の中で言及されることは稀です)。

また、パーリ語に由来を持つタイ仏教の用語は、大乗仏教で使われているサンスクリット語由来の仏教用語と、同じ意味で対応しないことがあります。他の用語に関しても、大乗仏教では常に特定の意味を持つ用語も、アチャン・チャーは形式ばらずに、流動的なものとして用いました。さらに、仏教に起源を持つタイの言葉の中には、今日ではその本来の意味をほとんど失ってしまっているものもあります。一例をあげると、タイ語のタンマターは、サンスクリット語のDharmata《ダルマター》に由来し、通常は法性《ほっしょう》(事物の本来あるがままの姿)として訳されます。ですが、タンマターは、タイ語では単に、「普通」を意味する言葉です。アチャン・チャーは、このタンマターという言葉を、「自然」を意味するタンマチャートという言葉と共に、頻繁に使用します。自然とは私たちにとって単なる物理的環境を意味するものではなく、それゆえ自然に対して私たちは手を加えるべきではないという考え方があります。これは、私たちに雑草をとることや、灌漑《かんがい》のための設備を作ることを禁ずるという意味ではなく、原因と結果の法則によって生じる現象に抗することをやめ、それを受け入れることを説いたものです。タンマターとタンマチャートという言葉は、一般的なタイ人には、「普通」「自然」といった特別でない意味しか持ちませんが、アチャン・チャーはダンマの観点からこの言葉を、「現象のあるがままの姿」という意味で使用していました。

パーリ語とタイ語からの翻訳に関しては、原語の意味をより正確に伝えるため、文脈によって複数の訳語を使用しました。Anicca《アニッチャ》は普通、「無常」と訳されますが、アチャン・チャーはしばしば、存在の不確実さを表すためにこの表現を使いました。Dukkha《ドゥッカ》は「苦しみ」、または「不満足」と訳されます。ヴィパッサナー瞑想で観察をする三相のうち、三つ目のものは、自己を構成するものも、自己に属するものも存在しないという真理、無我*です。アチャン・チャー自身は、パーリ語のanattā《アナッター》、もしくはタイ語の同意語を法話で使用しましたが、本書ではこれらも文脈に合わせて訳すようにしています。

伝統を受け継ぐ

アチャン・チャーは、タイの中心地から遠く離れた辺境の地に住んでいましたが、一九六〇年代後半から、西洋人の修行者たちがワット・パー・ポンを見つけ、彼の指導のもと、数年間にわたって僧院に滞在し、修行をする人たちが増えてきました。この「聖者というよりも、ウシガエルのような見た目の太鼓腹の僧侶」（注　Batchelor, Stephen. "A Thai Forest Tradition Grows in England." Tricycle, Summer 1994.）は、文化の壁や社会層の違いを超えて、人々に真理を伝える力を持っていました。長年にわたり、彼は多くの人々の心に触れ、彼らの人生をよりよい方向へと導きました。

タイでは、アチャン・チャーが最も辺境にある僧院を訪れたときでさえ、たくさんの現地の人々が彼を一目《ひとめ》見ようと押し寄せました。大人たちがアチャン・チャーの乗っている車を出迎えるために、子供のように村から走ってきて、「ルアンポー（先生）！」と叫ぶ姿を見たことは、今でも忘れられません。アチャン・チャーの存在こそが人々にとっての帰依所《きえしょ》*であり、各人がそれぞれの立場に応じて彼から恩恵を受けているのでした。彼は活気に満ち溢れており、人々を元気づけ、絶対的な信頼感と安心感をもたらす存在でした。

現在、欧米では、かつてアチャン・チャーの下で修行をした経験のある数人の比丘を含む、彼の法脈に連なるいくつかの修行のためのグループがあります。かつてアチャン・チャーの下で修行をし、現在は還俗している元比丘や清道尼、そして在家の修行者も多くいます。そのようなグループを時折訪れると、人々が彼に対して今でも愛情と感謝の念を持っていることに、感銘を受けます。

「ルアンポーはいい人ですよね」

といった素朴な感想から、

「アチャン・チャーは、私がこれまでの人生で出会った中で、最も心に残る人です。彼はタイが生んだ最も偉大なる人物の一人でしょう」

といったものまで、アチャン・チャーが彼に出会った人々の人生に大きな影響を与えたことは間違いありません。

けれども、こうした感想は盲目的な個人崇拝といった意味のものではありません。アチャン・チャーは常に、彼の弟子が過度に彼に対して依存してしまうことを警戒していました。そして、もし弟子たちが誰かに依存してしまうのなら、それは彼らの人生を惨めなものにするものであると考えていました。アチャン・チャーは教えを説くたびに、ブッダは自ら真理を明《あき》らめようとせず、他者に盲従する人を決して称賛することはなかったと語りました。

アチャン・チャーと過ごした日々の思い出話と、彼の教えの解説だけでも、一冊の本を書くことは可能です。けれども、ここからはアチャン・チャー自身の言葉で、その教えに触れていただければと思います。

謝辞

アチャン・チャーのサンガの比丘たち、とりわけ本書の商業出版の許可をくださった長老会に大変感謝いたします。タイにおいて仏教書は、施本の形で刊行されるのが一般的な習慣となっていますが、今回、世界のより多くの読者に本書を読む機会を提供するという目的のため、商業出版の許可をいただくことができました。ワット・パー・ナナチャットのアチャン・ジャヤサローは、アチャン・チャーのサンガの長老方に本書の出版意図を明瞭に伝え、コンリット長老による出版の提案に口添えしていただきました。

カリフォルニア州レッドウッドバレーにあるアバヤギリ僧院のアチャン・パサンノーは、用語についての疑問に対し手助けしてくれました。また、状態のよいとは言えない法話の録音テープを一言一句丁寧に聞き取り、翻訳を慎重にチェックしてくれました。アチャン・パサンノーとアチャン・アマロー、そしてアチャン・ジャヤサローとジャック・コーンフィールドは、本書を編纂するに際して、有益なアドバイスを提供してくれました。また、ラオ語の表現で不明な点があり悩んでいた際には、パスコー長老に助言をいただきました。本書に収められた法話の多くは、タイのウボンラーチャターニー在住のパイブーン・ジョンスワット氏が収集し、リマスタリングしたテープから収録されたものです。これらのテープに録音された法話は、一九六〇年代後半から一九八〇年代初頭にかけて語られたものです。熱帯地方であるタイで、これらのテープが比較的よいコンディションを保って保存されていたこと自体、一つの奇跡と言えるかもしれません。

本書第三章の「呼吸への気づき」と「平安への道」は、ワット・パー・ナナチャットのサンガによって翻訳され、出版された『平安への道』から抜粋されたものです。

本書を出版することを決断してくださったシャンバラ・パブリケーションズのピーター・ターナー社長に感謝いたします。出版社の代表としてさらなる責務を負うことになるにも関わらず、限りない忍耐を持って、本書を完成へと導いてくれました。また、担当編集者のエミリー・バワーにも感謝いたします。彼女は編集者として真のプロフェッショナルであり、そんな彼女と一緒に働けることは喜びでした。そして、妻のリリー。彼女は私が本書の出版に携わっていた一年半の間、常に私の背中を見守っていてくれました。

はじめに

ブッダは言いました。

「空《くう》*を観るものは、死の王によって捕らえられることはない」

悟った人間が亡くなった時、何が起きるのでしょう？　四大《しだい》*が散じるだけです。「人」や「自己」というものもないのに、どのようにして死や再生があり得るのでしょうか？　ただ、地、水、火、風が散じるのみです。死の王が追いかけることができるのは、地、水、火、風のみです。「私」が存在しないとき、それを追いかけることのできるものはいません。同様に、もしあなたが問題の解決策を探しているのなら、その「あなた」がいるがゆえに、常に問題が存在することになります。「私」が存在しないとき、いかなる問題も存在しません。そのとき、もはや解決すべき問題はなく、解決する人も存在しないのですから、解決の必要はありません。にもかかわらず、もし自分は死ぬのだと信じているのなら、あなたは転生することでしょう。

今日、私は少々大人向けのダンマの話をしています。もし、まだ成熟した知性を持っていない人が、私たちの身体ですら自分のものではないという無我の教えを聞くと、彼らは戸惑ってしまうかもしれません。そして、悪くすると

「身体が存在しないということを確かめるために、自分の身体にナイフを突き立てるべきだろうか？」
「『私のもの』は何も存在しないのだから、持っているすべてのコップと皿を粉々に叩き割らなければならないだろうか？」

などと考えてしまいます。しかし、それは誤解です。ダンマの教えは正しく理解されなければ、人々をこのような馬鹿げた誤解に導いてしまうような危険性があります。

では、私たちはどのようにしてダンマに心を向け、それに取り組めばいいのでしょうか？　預流者《よるしゃ》とは、その心がニッバーナへの流れに入り、その境地から後退することのない人のことを言います。預流者は怒っても、その心は苦しみと執着のサイクルに戻ることはありません。預流者の心にはまだ欲がありますが、それらをありのままに観る力を持っているため、そうした欲が再生することはないのです。

預流者はダンマの流れに入り、ダンマを観ますが、彼の存在そのものはまだダンマとなったわけではありません。預流者の心にはまだ怒り（dosa）や欲（lobha）があり、時にはそれらに突き動かされてしまうことがあります。それは、預流者はダンマを観て理解はしていますが、まだ彼の存在そのものがダンマとなったわけではないからなのです。彼の心が、まだダンマそのものになっていないのです。彼はダンマを学び、理解し、実践し、観たかもしれません。けれども、実際にダンマそのものとなることは、相当難しいことなのです。それは、私たち一人ひとりが到達すべき場所であり、偽りのない地点です。

私たちはみな、籠《かご》の中の鳥のようなものです。籠の中の環境がどんなによいものであっても、鳥は満たされるということがありません。鳥はいつも休むことなく籠の中を飛び回り、籠から抜け出して自由になりたいと願っています。たとえこの世界で富裕層であったり、特権階級であったりしても、それは所詮、金メッキされた籠の中にいる鳥のようなものにすぎません。

ダンマを聞き、そしてそれを観ても、私たちは未だ苦しみの中にいます。私たち自身がダンマとなるまで、この不満足（dukkha）という苦しみから解放されることはないのです。自分自身がダンマとなるまで、私たちの幸福は外的な要因に依存します。快楽、名声、富といった物質的なものに依存してしまうのです。私たちはあらゆる種類の知識を得ることができるかもしれませんが、それらの知識は世間的な価値観により汚れており、私たちを苦しみから解放するものではありません。私たちは、依然として籠の中の鳥なのです。

ダンマの正しい修行法というものは、師《し》資《し》相承《そうしょう》に伝えられるものであり、今日においても長い法脈を保っています。実際のところ、ダンマとはただの真理です。それは、いかなる特定の人物に属するものでもありません。もし、私たちが特定の指導者のみを崇拝し、そのように振る舞うのなら、それはダンマとは言えません。そのような考えを抱いている人は、常に周囲に師匠がいるかを確認し、いないのなら手抜きをして修行をします。そうした修行のあり方は、雑用や、義務として修行をしているのと一緒です。

それは、工場で働くようなものです。私たちは、工場を所有する会社のために働いています。本当のところ、その仕事が好きではありませんが、お金を稼ぐためにそれをやっているのです。私たちは、あらゆる機会にそうしたことを気軽におこないます。そうした行動をする傾向にあるのです。自分が尊敬する師匠に頼るというのは、修行の初歩の段階ではあり得ます。しかし、私たちはそれから自らにこう

アチャン・チャー。1973年頃。

問うのです。

「いつになったら、私たちは本当のダンマに出会うことができるのだろう?」

ブッダの教えとは、明瞭なものです。それは人を悟りへの流れへといざない、自分自身で証悟《しょうご》させるものです。自分自身を観るとき、私たちはそこにダンマを観ます。ダンマを観るとき、私たちはそこにブッダを観ます。そのようにして、私たちは悟りへの流れに入るのです。

以前にも言ったことですが、もし、あなたがダンマに達したのなら、嘘をつくことも、人のものを盗むことも出来なくなります。私たちは、嘘をつくことは、他者を欺くことだと思っています。他人に知られることなく、悪行為ができると思っているのです。けれども、もしあなたが預流者になったら、誰にも知られずに悪行為をすることは不可能です。それが可能だと考えるのなら、あなたは単に無知なだけです。たとえあなたが水中や空中で暮らしていようと、一人でも、たくさんの人の中にいても、誰にも知られることなく悪事をなすことは不可能です。このことを本当に理解したとき、あなたは預流者です。

預流者でない人は、悪行為をして、なおかつ誰にも知られないことは可能だと考えるでしょう。そのような人は自分自身を卑下しているのであり、ダンマを観ていません。ダンマを観る者は、どんな状況であっても、他人を欺いたり、何か有害なことをしたりすることはありません。私たちが立ち止まり、ブッダの真の教えに思い至るなら、ブッダがダンマのあるところにはどこにでも、それを観る人がいると言ったことを思い出すでしょう。それは、他ならぬ私たち自身なのです。そうではないと考えることは、本当に無駄なことです。自分自身が証人だというのなら、それはブッダの意図したことと矛盾しています。もし、自分自身が証人だというのなら、私たちは嘘をつくことも、悪行為をすることもできず、自身の修行は常に北と南を指すコンパスのように、まっすぐで誠実なものとなるはずです。

コンパスを持っていれば、深い森に入ったときでも、私たちは自分が進むべき方向がどちらか分かります。もし、勘違いをして東に向かっていると思っても、コンパスは正確に私たちが南に向かっていることを示します。すると私たちは気づくのです。

「あぁ、間違えた。東に向かっていると思ったのは勘違いだったんだ」

と。コンパスは常に正しい方向を示すので、私たちは自分の推測に頼るのをやめます。このように、自分がどこにいても、私たちは自らに真実を指し示す感覚を持っているのです。思考は私たちを他の場所に導くかもしれませんが、私たちにはコンパスがあります。思考とは私たちに間違った方向をもたらすものであると知っていれば、私たちは安心して自分の思考や感情を手放すことができます。

悪行為を好むのは、人間の性《さが》です。私たちは悪行為によってもたらされる結果を嫌いますが、にもかかわらず、そうした行為に没頭してしまいます。私たちはひどい結果を望まないのに、そのひどい結果を生む行為自身はおこないたいのです。これは、正見（sammā - diṭṭhi）ではありません。物事は、それ自体によって生じることはありません。物事は、原因の結果として生じるのです。原因なしに、結果を得ることはできません。私たちは、少しだけ仕事をして、お金持ちになることを望みます。私たちは道（magga《マッガ》*）、果（phala《パラ》*）、ニッバーナに達することを欲しますが、厳しい修行は望みません。知識を得たいと思っていますが、勉強したくはありません。勉強はせずに試験に合格したいので、僧侶から聖水を得ようとします。その目的は何でしょう？　聖水は何をもたらすのでしょうか？　必要なのは、猛勉強をすることです。けれども、人々とはそうしたものです。まぁ、彼らは年老いた僧侶から聖水をかけられることによって何らかのインスピレーションを得るのかもしれませんが、常識的に考えるなら、それはダンマに則った行為とは言えません。彼らは、まだそうした段階にいるのでしょう。

　ダンマを実践すると、原因と結果があることが分かります。真剣に修行に打ち込む人は、疑念（vicikicchā）に終止符を打ち、問題を解決することができます。それは、コンパスの針が常に正しい方向を指すようなものです。私たちは森に入ったとき、勘違いによって東を北と認識してしまうことがあるかもしれません。けれども、コンパスは常に正しい方向を指し示しています。これが、ダンマの持っている性質です。私たちはそれを、実相法（sacca dhamma《サッチャ・ダンマ》）と呼びます。

　ですから、ブッダの道を正しく歩めば、間違いはありません。原因が正しければ、結果もまた正しいのです。

　私たちが抱くのは正見かもしれませんし、邪見かもしれません。どちらであれ、それはあなたの修行の結果に根ざしたものです。ただ、これら二種類の道があるのです。けれども、あなたが邪見を持っているときには、それを邪見とは気づかず、むしろそれが正見であると思うでしょう。そして、あなたはそれを理解できず、物事はうまくいかないでしょう。

実際のところ、本当のダンマについて学ぶべきことは、それほど多くはありません。打ち込むべき修行に、原理原則があるだけです。あるがままのものに気づき、直接的な経験からのみ学ぶのです。私たちが学ぶべきことは、何を、どのように実践するのかということです。そのように理解し、修行の道をまっすぐ進んでください。それが、すべてです。

説明と指導は、一体のものです。マンゴーにたとえて、指導について語ってみましょう。マンゴーはその成長の段階によって、小さかったり、大きかったり、酸っぱかったり、甘かったりします。私たちは一個のマンゴーから、マンゴーについてのあらゆる知識を得ることができるのです。

しかしながら、瞑想は個々人によって異なります。一部の人々は、より多く勉強をする必要があります。もし勉強をしないのなら、彼らは何も理解できなくなるでしょう。それとは対照的に一部の人々は、勉強などする必要はないと言うかもしれません。けれども、実際のところ、彼らもまた勉強をしています。彼らは、実践から直接学んでいるのです。学習には、こうした二つの種類のアプローチがあります。私たちはＡＢＣの綴りから学ぶことも、実践のメソッドを通じて学ぶこともできるのです。

もし、事実が明確でないのなら、私たちはそれを髪、爪、歯、肌などに見て取ることができます。それらの性質は常なるものではなく、清潔でも美しくもありません。これは、学ぶための方法の一つです。もし私たちに学ぶ意欲があるのなら、これらを本当に真剣に観察し、それらについて考えるでしょう。こうした学びがなければ、私たちはそうした事実を知ることはありません。私たちは髪の毛や爪が美しくないという文章を読むかもしれませんが、にもかかわらず、それらは美しく、魅力的です。私たちは、その美しさの背後に隠されたものを知らないのです。事実は、五蘊と四大が生じては滅しているだけです。それが、すべてです。それらが清浄ではなく、不確かで、無常（anicca）・苦（dukkha）・無我（anattā）なものであることは、今ここに見て取ることができます。それらは、三相に満ち溢れたものなのです。

私たちは、

「色は無常である。受は無常である。想は無常である。行は無常である。識は無常である……」

と唱えます。ですから、私たちはこのことを、知識としては知っていると言えます。しかし、真剣に問いただされれば、本当にそれを知っているとは言えません。色《しき》（rūpa《ルーパ》*）が実際に無常（anicca）であることが示される時が来たら、私たちはそのことを知っていると主張することはできません。病気になり、身体に激しい不快感を抱えているとき、私たちは非常に動揺し、なぜこんなことになってしまったのかと、自分自身に尋ねます。その時こそ、私たちの目の前に無常が示された時なのです。私たちは日々、

「色は無常である。受は無常である……」

と唱えています。こうして読誦しているため、私たちは無常を理解していると思ってしまいますが、実際の現象としての無常についての私たちの理解は、はっきりしたものではないのです。私たちは経典に書かれた文章に従って読誦しますが、それはただその文章を形式的に理解しているだけです。整然と美しくなされる経典読誦にもかかわらず、私たちは大事な点を見逃しているのです。

身体の部分を対象に瞑想したり、不浄観をしても、欲望を経験する人もいます。彼らが

「肝臓、腸、胃……」

と唱えるとき、彼らの心はさまよい、鶏の肝臓や腎臓、豚の腸などを含め、かつて食べたものなら何でも妄想するようになります。そして、空腹を感じるようになるのです。私たちがこうしたことを理解できるようになるまでには、本当に長い時間がかかります。

実際、真理はこれらの事柄のすべてに内在しています。そのことを知るのに、特別なことをする必要はありません。ブッダは、瞑想の重要性を強調しました。座って瞑想をするとき、私たちは真理を観ます。瞑想を意味するbhāvanā《バーワナー》という言葉は、現象を生じさせるものという意味に解釈することもできます。まだ生じていないものがあるなら、それを生じさせるのです。そして、まだ存在していないものがあるなら、それを存在させるようにするのです。

どこにいようと、どんな環境にあろうと、ダンマを学ぶことは可能です。あなたが若かったとしても、何かできることがあるはずです。ダンマを学ぶのは年配者のやることだと、捨て置くことのないようにしてください。これは、多くの人がよく考えることです。

「年を取ったら、僧院へ行って、ダンマを学ぼう。今は、それはできない。まずは人生においてやらなければならないことがたくさんあるので、年を取るまで待たなければならない」

そう言って、彼らは年長者にダンマを学ぶ責任を押し付けるのです。

私は実際、年を取っていることがそれほど偉いのか分かりません。あなたの周囲に高齢者はいませんか？　彼らはどのような体形をしていますか？　彼らは徒競走であなたについていくことができますか？　彼らの歯は抜け、視力や聴力は衰えています。立ち上がろうとするとき、彼らはうめき声をあげます。座るときも、彼らは再びうめき声をあげます。それにもかかわらず、私たちは「年を取ったら修行をするぞ」と考えることを好むのです。どういうわけか、私たちは、自分の老後は元気いっぱいだという考えを抱くのです。村に住んでいる老人のキエムさんは、若い頃、大きな材木を運んでいたものです。ですが、今、彼は歩くために杖を必要としています。人生とはこのようなものです。ですからどうか、このようなおかしな考えを抱かないようにしてください。

私たちが生きている間は、善と悪に注意を払うべきです。間違ったことや悪いことは、何もしないようにしましょう。善いことがあれば、やろうと努力しましょう。それが、すべてです。これらは、誰でも実践できるものです。老後になるまで、それを実践することを待つ必要はありません。あなたは高齢者を見たことがありますか？ ちょっと動こうとするだけでも、彼らはうめき声をあげることになります。なぜだか分かりませんか？ それでも、私たちは目と耳を閉じて、こう言います。

「これを最初に終わらせよう。この仕事を片づけてからにしよう。そして年を取ったら、僧院へ行くとしよう」

このことが理解できますか？ もし年を取ってしまったら、長時間座って瞑想をするのは困難です。法話を聞いても、聴力が衰えているため、はっきりと聞き取ることは難しいかもしれません。ですから、どうか年を取るまで待たないでください。着実に修行を続けてください。年を取る前なら、あなたには若さがあります。私たちは最初に老いていて、それから若くなることはありません。老いるということに関しては、一方通行なのです。

事実、私たちは生まれてからずっと、年老いてきました。あなたはおそらく、自分は若者であると感じていることでしょう。しかし、誕生とほぼ同時に、私たちの老いは始まっています。私たちの老化は、母親の胎内にいるときから始まっていると言っても過言ではありません。母親の胎内にいるときから、私たちは成長を続けています。そしてその後、出産に至ります。臨月にならなければ、出産には至りません。その場合、私たちは胎内にとどまります。そして、私たちが幼児から子供にかけて少しずつ成長するにつれて、老化は進みます。ですから、今に至るまで、あなたは確かに老い続けているということができます。あなたは自分が老いているとは思わないでしょうが、それはこの事実を直視していないためです。けれども、もし老い続けていないのなら、現在のあなたは存在しないのです。あなたは、すでに老いていると考えたほうがよいのです。そうすれば、あなたは人生において、真のダンマを学ぶことの重要性を感じるようになるでしょう。そしてその結果として、高潔さと徳が身につきます。私たちは若い頃から徳のある生き方をするべきです。そうすれば、年を取ってから、確実に幸福になることができます。今、善い業《ごう》（kamma《カルマ》）*を積めば、後になって悲惨な結果を生むことはありません。これは、私たちが従うべきよい法則です。後になって苦しみをもたらすような行為は、避けることができるのですから。こうしたことは、私たちが若い頃に真剣に考えたほうがよいことです。けれども、あなたがダンマを学ぶ以上に重要な仕事があると考えているのなら、そうしたことをじっくりと考える時間はないでしょう。

仏教では、最初に私たちの行動と話す内容を清らかにすることを目指すべきです。これは、戒《かい》（sīla）と呼ばれます。それは、簡単に実践できるものです。身体的な振る舞いと、話す内容が清らかなら、心は静まり、確固としたものになります。これは、単純化された説明です。この心の静けさとは、どのようなものなのでしょう？　もし、何も他人から盗んだものがないなら、私たちは気に病む必要はありません。警察が泥棒を探しにやってきても、あなたは自分が犯人ではないと知っているので、リラックスしていられます。こうした心に不安のない状態にあれば、心に感覚や思考が生じても、あなたはそれらにはっきりと気づく（sati）ことができます。簡単に言うと、これを戒《かい》・定《じょう》・慧《え》の成長ということができます。

以前に、サマーディ（samādhi）を身に着けるために修行をするには、指導者が必要だということをお話ししました。参考までに、私の修行時代の話をしましょう。サマーディを得るための修行をするためには、まず師匠を見つける必要があります。師匠を見つけると、あなたは彼に香、ろうそく、花を捧げます。そして、あなたは彼に敬意を表し、帰依文《きえもん》を唱えます。

「清浄ではない戒（sīla）が清浄になりますように。私の心に、サマーディが生じますように……」

私は経典を学んだ後、喜（pīti《ピーティ》）、楽（sukha）といった様々な禅支《ぜんし》について完璧に唱えることができました。私はサマーディが訪れることを願い、そして座りました。しかし、それは決して生じることはありませんでした。私はただ座っていましたが、何も起きないので、だんだんイライラしてきました。そして、私はこう考え始めました。

「この瞑想法は間違っているんじゃないか？　戒とサマーディが備わるように唱えるだけでそれが身につくなら、確かに簡単なことだろう……。だが、戒とサマーディが備わるためには、精進することが必要だ」

このことが分かるようになった結果、私はそれまでおこなっていた修行法を捨てました。

修行には、簡単そうに見えるものも、難しそうに見えるものもあります。けれども、どのような場合でも、心配しないでください。難しかろうが、簡単であろうが、ブッダが説いたのは、不放逸（appamāda《アッパマーダ》）であれということです。ただ、不放逸であればいいのです。なぜなら、人生は不確かだからです。私たちが、物事が確実であると考えるときはいつでも、そこに不確実性が潜んでいます。放逸とは、物事を確かなものだと見なすことです。不確かなものを確かなものだと見なして握りしめ、それらの中に真実を見出そうとすることは、正しくありません。注意してください！　不確実性は、いつかきっとあなたに噛みついてくることでしょう！

ですから、物事に取り組むときに、それが真実か偽りか、よいか悪いか、楽しいか楽しくないかといったことは、気にすることはありません。大切なのは、仏道に沿って心を育てるということです。これは、正見を確立することを意味します。どうか、気づき（sati）を失わないようにしてください！　何かを作り出すことに夢中にならないでください。そうしたことを重要視することは、自分自身を見失わせる原因となります。物事に失望し、動揺しているとき、それが不幸な状態であると気づいていても、その事実以上に苦しむことのないようにしてください。もしあなたが好きなことがあっても、夢中にならないでください。好みを持つのは構いませんが、過度なものにはならないように。地元のことわざではこう言います。

「酔っぱらってはいかん！」

と。あなたが不幸な状況に遭遇したとき、その不幸に酔わないようにしてください。そして、あなたが幸福や快楽を経験するときも、それに酔わないようにしてください。

「酔っぱらってはいかん！」

ということわざは、物事に過度にのめりこまないということを意味します。節度を保って振る舞うようにするのです。物事が起きても、ＯＫ。物事が消え去っても、ＯＫ。もし、その物事に夢中になっているのなら、私たちはそれを失うときに苦しみます。また、不快な出来事が生じ、それが継続した場合にも、私たちは苦しみます。物事に執着し、過度に握りしめてしまうと、それらの物事の真実の姿から逸れ、道から外れてしまうのです。これはダンマではありませんし、その時、私たちはダンマの実践者とは言えません。こうした過度なおこないは、私たちを道から逸らせるものなのです。

こうした迷いは間違ったものの見方から生まれるものであり、苦しみの原因となるものです。本書における修行法の解説は、こうした苦しみを滅する方法を知ることを目的としています。修行とは、ただ苦しみを滅する方法を理解するためにおこなうものです。このような視点を身に着けていれば、私たちは苦しみと、それがどのようにして生じるのかを知ることができます。私たちは、苦しみを滅した状態があることと、それを実現するための修行法を知っています。その修行法こそ、私たちが今日仏教と呼んでいるものなのです。仏教とは、それ以外の目的のために存在するものではありません。苦しみを理解していなければ、それを和らげるためのいかなる方法も知らずに、苦しみに直面することになってしまいます。何かを好きになったとき、私たちはそれに制限を設けない傾向があります。それが本当に有益であるかどうか、慎重に検討しないのです。そして、誰の助言にも耳を傾けません。誰も、私たちを止めることはできません。自分好みの感覚に夢中になっている人がいるとき、あなたが何を話しても、彼は節度を取り戻そうとはしないでしょう。

「絶対問題ないから！」

と彼は言うのです。そのことに夢中になっているわけですから、彼にとって、それはすべてよいことになってしまうのです。後になって、食べ過ぎて気持ちが悪くなったり、具合が悪くなったりすることなど考慮しません。具合が悪くなったことに彼が驚いたころには、すべては手遅れです。

ですから、ブッダは私たちに、苦諦、集諦、滅諦、道諦からなる四聖諦《ししょうたい》*を理解することを求めたのです。あらゆる実践が、この四聖諦に集約されます。これが、仏道修行のすべてといっても過言ではありません。ダンマを簡潔な言葉に要約するのなら、「苦が生じ、苦が滅す」という言葉に表すことができます。これらの他には、何もありません。

「苦が生じ、苦が滅す」

のです。

なぜ私たちは、輪廻《りんね》(saṃsāra《サンサーラ》)*の輪の中で苦しみ、迷っているのでしょう？　なぜなら、私たちは真理を知らないからです。私たちは、苦しみという真理を理解していないのです。それゆえ、私たちは、それが幸福をもたらすと勘違いをして苦しみを握りしめ、最後には手痛い目に遭うのです。それはまるで、畑に一匹で横たわっているコブラを見て、それを不憫に思う農夫のようです。彼は、人間は生き物に対して慈悲の心を持ち、慈しみの念を持って接しなければならないと思っています。彼は、コブラが本当はどんな存在であるかを知らないのです。彼は、コブラが私たちにひどい痛みを与える生き物であることを知りません。ですから、彼はコブラに触れ、やさしく抱きかかえます。腕に抱いたコブラの暖かさを感じた瞬間、コブラは彼に噛みつきます。これは、農夫が善い心を持っていたにも関わらず、適切な知識に欠けていたため起こったことです。コブラは、私たちを殺すことができる生き物です。このことを、私たちは理解しておく必要があります。私たちが四聖諦を理解していないときにも、まったく同様のことが言えます。

あらゆる苦しみは、原因があって生じます。原因から生じます。原因が消えれば、苦しみも消えます。すべてのダンマは、好ましいか不快かにかかわらず、原因から生じます。苦、集、滅、道という四聖諦の四つの側面を理解することが、私たちにとって必要なことのすべてです。あらゆることが四聖諦の四つの側面に集約されているので、これ以外のダンマを学ぶ必要はないのです。

外界からの情報の接触点となる六根《ろっこん》は、眼《げん》、耳《に》、鼻《び》、舌《ぜつ》、身《しん》、意《い》からなります。私たちの心に気づきがあり、体験したことを苦しみとして認識するとき、それを手放すことができます。実際、それは即座に私たちの手を離れていきます。

ですから瞑想実践者は、このことをはっきりと理解しておくようにしてください。この重要な事実を知ることは、私たちの実践において決定的なものになります。四聖諦を明確に理解するために、経典を通じて学ぶなど、多くの学問的なアプローチがあります。読者の中には、おそらく経典やアビダンマを学んだことのある人もいるでしょう。経典やアビダンマの中では、人間の心について広範囲に語られているため、あなたはそれらすべてを学ばなくてはならないと考えているかもしれません。一見、それはよいことのように思われますが、そうすることによって私たちは経典に書かれていることを実際に体験することなく、それらの記述に拘泥《こうでい》してしまう可能性もあります。単に、経典に書かれていることを丸暗記しているだけの存在になってしまうのです。

簡単な例として、算数の勉強があります。一部の人々は、段階的に学ぶ必要があり、その後、計算できるようになります。しかし、ある種の人々には、そのような必要はありません。そうした人々は、生来の数学的なセンスがあるので、足し算、引き算と段階を追って説明しなくても、あっという間にそれらを習得してしまうのです。センスのある人々は、数学的思考を駆使するだけで、苦労をして計算法を習得した人々と同じ答えを暗算によって導くことができます。世の中には様々な人たちがおり、それぞれの人に適した方法というものがあります。たどり着く結果は同じでも、そこに到達する方法が異なるのです。直観的な才能の持ち主の中には、正規の学歴を持っていない人もいるかもしれません。彼らは正規の学校に通っておらず、授業を受けたこともないかもしれませんが、それにもかかわらず、通常の学生と同じように理解し、同じ答えを導き出せるのです。彼らの知識は確かなものであり、有用なものです。

十分な教学に励んだ後でなくとも、瞑想実践に取り組むことは可能です。「独覚《どっかく》」と呼ばれるブッダの存在が、その好例です。独覚は他人を指導することはできませんが、自分自身を教化《きょうけ》することはできます。独覚は自分自身で理解していても、それを他人に伝えることはできません。独覚の心は常に平安で健やかですが、その境地を他者に伝えることはできません。言うなれば、それは口がきけない人のようなものです。口のきけない人も、夢を見ます。彼は夢の中で、畑、山、動物など様々なものを見ます。ですが、彼が目を覚ましたとき、夢の中で見たものを、他の人に伝えることはできません。もし、健常者が夢の中で蛇を見たら、目が覚めた後、その蛇について他の人に話すことができます。牛の夢を見ても、同様に牛について他の人に話すことができます。独覚とは、何かの夢を見た、口のきけない人のようなものなのです。それでも、独覚には欲（lobha）、怒り（dosa）、無知（moha）の三毒が無く、輪廻の輪を脱しています。彼らにとって人生の重荷は、ごくわずかです。口のきけない人も、夢の中で様々なことを見て、それについて話すことができる人と同じだけの、知識と経験を持っています。知識という面に関して言えば、彼らは同等なのです。

ですから、こうしたことのすべては、内面の問題なのです。ブッダは私たちに、真理を探究することを求めました。私たちが今いる場所に、真理はあります。汚れているものを見つけたとき、ただそれを避けようとする人がいます。ですが実際のところ、問題なのはそれを如何にしてきれいにするかということです。私たちが掃除をすれば、汚れていた場所はきれいになります。しかし、一部の人々は汚れた場所を見つけると、それを避けようとし、どこか他に清潔な場所があるだろうと考えます。清潔さと汚れというものは、混ざり合っているものです。煩悩のある人と、悟りを開いた人も、混ざり合っているものです。知っているということと、知らないということも、混ざり合っているものです。それらを切り分けることができるようになったとき、私たちはそれらを明確に理解することができます。

ブッダの生涯を見てみると、手っ取り早い近道を歩もうとしていないことが分かります。ブッダは、真に正しいことを為《な》しました。けれども、私たちにとっては、話はここで終わりません。私たちの心が、何かを好ましいと感じても、最後には悲しみとなって終わります。なぜなのでしょうか？　私たちは自分が好きでないものは、悲しみを感じることなく、失ったり、捨てたりすることができます。なぜなのでしょうか？　これは私たちにとって、ごく普通に起こる出来事です。

正しい理解を持ってから、瞑想実践を始めるようにしてください。そうすれば、挫折することはないでしょう。預流者《よるしゃ》のように、私たちの心はダンマに惹きつけられています。他人と一緒に暮らしていても、ほとんど問題は起きません。このように、ダンマに心が惹きつけられる段階に達すると、私たちの心は調和で満たされます。誰かに何かを言われても、私たちは一般の人々がするような反応はしません。もし、己の心に責任感を持っているのなら、私たちは互いに反目したり、嫉妬したりすることなく、誠実に振る舞うことでしょう。これが、預流者への道を歩む人々のあり方です。そうした人々は、どこにいるのでしょう? 心がまっすぐな人は、時に「鈍物《どんぶつ》」などと人から呼ばれることもあります。けれども、徳があり、最終的に悟りを開くような人は、こうした種類の人からのみ生まれるのです。

最後に、私たちの修行がどのようなものであるか、サンガの四つの徳を表す言葉を使って述べたいと思います。正しい道を実践し、ニッバーナへの直道《じきどう》を歩み、輪廻から脱するために修行をし、身《しん》・口《く》・意《い》の三業《さんごう》*を調えたものは、修行の完成へと導かれることでしょう。

第１章

ダンマを聞く

Hearing Dharma

ダンマを説くときは、人々に本当に理解してもらうために、何度も何度も同じことを繰り返し語る必要があります。これは、ごく一般的なことです。ダンマの重要なポイントを理解するためには、こうするより他ないのです。

ブッダの言葉は、「金口《こんく》」と呼ばれます。なぜなら、それは人々の心を真理へと導くものだからです。ブッダの言葉は、合理的で、含蓄《がんちく》のあるものです。ブッダの言葉が心に触れた時、私たちは自分自身や他人に害を与えることをやめ、欲（lobha）、怒り（dosa）、無知（moha）の三毒を手放します。

けれども、ブッダの言葉を聞いても、自分たちの信条に合致しないという理由で、それを間違った教えだと言う人々もいます。実際のところ、私たち生命にとって、しっくりくる教えというのは、常に善いものであるとは限りません。私たちの心には、善悪に対する概念がありますが、それらの定義は不確実なものです。しかしながら、よいスピーチというものは、率直で、心に響くものです。ブッダの言葉は、難解でも、また逆に浅はかなものでもなく、ただ私たちの心の悩みを和らげ、煩悩から解放するという目的のために語られたものなのです。

ですから、ブッダの言葉は、単に人々の個人的な好みにおもねるようなものではありません。ある種の人々は、

「私が同意できない考えについては、善い教えとは言えず、ダンマであるはずがない」

と言うでしょう。しかしこれは、善いことには同意し、悪いことには同意しないといった種類の問題ではないのです。それは単なる先入観であり、聞き手の側の習慣的な好き嫌いの問題です。もし、あらゆる事柄について納得してもらうまで待つのなら、いつまで経っても同意を得ることは難しいでしょう。

私たちは、自分が同意できないことはしたくないのです。自分が好きなことなら、たとえそれがどれだけの悲嘆をもたらすものでも、それを受け入れ、行動に移すのです。毒の入った食事が、美味なこともあるでしょう。けれども、それは後になって、私たちに害をもたらすのです。

ブッダとその弟子たちによる法話は、すべて善いものです。それが、ダンマなのです。しかし、俗世間の人々がそれを聞くとき、彼らの心に響くものがなければ、容易に理解することはできないかもしれません。ダンマを理解し、実践するのは簡単ではないのです。

いかなる言語も、私たちの理解を助けるための道具です。言語は、ただ言語であるに過ぎません。誰かが私に、英語の単語を一つだけ言ったとしましょう。単語一つだけなので、私には彼が何を言っているか、手掛かりがありません。英語は世界的に普及している言語ですが、そのときの私にとって、何の意味も価値もありません。私たちが、どんな国のどこに住んでいようと、正しいことと間違っていることが明確に理解できるように話してください。こうした会話は、有益なものです。それも、ダンマです。しかし、ダンマを聞くことは、それを理解することによって、私たちの心をダンマそのものとすることを目的としたものであり、単に知識を増やすためにおこなうものではありません。それは、私たちがブッダの歩んだ道をたどり、その教えを実践することを可能とするものです。私たちはまだ悟りに達していませんが、ダンマを聞き、その教えをよく噛み締めるべきなのです。

それは、ある意味では簡単なことです。たとえば、ブッダは怠けと放逸は良くないことだと説きました。その話を聞いていれば、私たちの心に怠けや放逸が生じたとき、それが何であるか理解することができます。怠け心に気づくことができれば、私たちはそれを避け、勤勉でいられます。怠けは、私たち

アチャン・チャー。後列、左から四人目。高弟たちのグループと。1980年頃撮影。

の心の中に生じるものです。怠け心が生じたら、それを、ダンマを実践する機会と捉え、その心を抑えるよう努力してください。ダンマを聞いたら、それを心に沁み込ませるようにしてください。ダンマが十分心にしみ込んだら、今度は私たちの心から、自然にダンマが生じるよう努力します。これは、それほど難しい修行ではありません。私たちはただ自分の心に気づき（sati）、そこからダンマが生じるようにすればいいだけです。あなたは、ダンマがただ自身の口から音として語られるのではなく、自分の心そのものがダンマとなることを望んでいるはずです。頭の中に、知識を溜めこまないようにしてください。身・口・意の三業をダンマと一致させてください。

ダンマを聞くことの目的は、ダンマの実践方法を知ることにあります。そこで、私たちに疑問が生じます。「ダンマを生み出すための実践」というとき、一体ダンマとは何なのでしょうか？　ダンマとは、この世界のすべてです。ダンマでないものは、存在しません。私たちが目で見えるもの（rūpa）は、すべてダンマです。この世界に存在するものは、すべてダンマです。ダンマの意味の一つに、自然というものがあります。自然とは、誰によって形作られるのでもなく、ただ、ありのままに生じるものです。この世界に生じる現象の本質は、ダンマです。これは、私たちの暮らす、物質（rūpa）の世界についても言えることです。

ブッダは私たちに、ダンマを観て、そしてダンマ自身の中に入り込むようにと言いました。それはつまり、あらゆることを、あるがままに観ることを意味します。生物や物質だけでなく、感情や思考といった精神的な現象も、ダンマです。この世界には、二つの種類のものがあります。目や、他の感覚器官によって知覚できるものと、そうしたものによっては知覚できない精神的なものです。それは、私たちの心と身体から遠く離れたところにあるものではありません。けれども、この自然そのものであるダンマは、私たちの願望とは無関係に、因と縁によって生じます。そして、生じたものは必ず変化し、最後には滅します。あらゆる現象の上に、このダンマの法則は働いています。この変化のスピードを速めたり、遅らせることができる人は、誰もいません。自然の現象は、その原因に応じて、それ自身の存在の形態を有しているのです。

戒（sīla）と教学は、私たちがダンマを理解しようとするときに、助けとなる道具です。教学は、言葉によって伝えられるものです。しかし、ダンマは言葉の中には存在しません。むしろ言葉は、人々に道（magga）への道筋を指し示すものです。言葉は人々の心をつかみ、ダンマが理解できるよう、導くものです。ですから、言葉で説かれた教えそのものは、ダンマではありません。私たちは耳で言葉を聞き、舌で話しますが、そこに究極の価値はありません。言葉や概念は、ダンマそのものではありません。もし、言葉や概念が実際にダンマそのものだったら、あらゆる現象の上に、それ自身の独立した存在を持つでしょう。ですから、ダンマを理解するためには、何かを壊したり、変えたりすることより、むしろ現象の中に真理を観るための智慧を養うことが大事なのです。

　私たちの身体は、幻のようなものであると理解してください。それは、因と縁によって生じたものです。そして、私たちの身体は、特定の法則性を持って維持されるものであり、誰が望もうと、その思った通りになるようなものではありません。私たちは、誕生した時点では小さな赤ん坊ですが、やがて大人になり、老いていきます。私たちの身体は、その法則性に則って、変化していくのです。誰が何と言おうと、望もうと、私たちの身体は、成長し、老いていきます。そんな私たちの身体に対し、一日でいいから老いるのをやめてくれと嘆願したり、泣いたり、喚いたりしたところで、無益なことです。私たちの身体は、誰に命令されることもなく、原因によって生じ、縁によって育ち、最後には滅します。これが、変わることのない、人間の世界における存在の真理です。ですから、ブッダは私たちに、この事実を観察するよう説かれたのです。これは、大変重要なことです。皮膚、歯、髪、そして身体の残りの部分を観察したとき、私たちはそこに何を見出すでしょう？　そこにあるのは、絶え間のない変化です。それらは生じては、それ自身で変化し、朽ちていきます。身体は生まれてから、誕生したときの力に依存することなく、因と縁の力によって育っていきます。生まれるのも、老いていくのも、同じ法則によるものです。私たちに許可を得ることなどなく、身体は勝手に成長し、老い、やがて死にます。それ自体として、こうした現象は生じるのです。私たちには、自分の身体を監督する権限はありません。色《しき》(rūpa)は、それ自身の性質によって変化し、最後には滅します。これが、自性法《サバーバダンマ》(sabhava - dhamma)です。いつ、どこであれ、私たちが自分の身体を監督できることなどないのです。

「ねぇ、私の言うことを聞いてよ。私が泣いているのに気がついてよ。年を取らないようにしてよ。私が言った通りにしてよ」

などと言っても、無意味なのです。自然とは、そういったものです。これは、ブッダが説いたダンマの一部です。私たちは身体自身ではなく、また身体の所有者でもないのです。

こうした真理について明確に認識していないのなら、私たちは現象を正しく理解することはできません。それを、無明《むみょう》（avijjā《アビッジャー》＊）と言います。無明に覆われている時、私たちは現象を自己、あるいは自分のものとして見てしまいます。自と他の区別が現れてくるのです。これが、無明です。そして、無明がある時、行《ぎょう》（saṅkhāra《サンカーラ》＊）が生じます。私たちは、現象（saṅkhāra）に抗います。私たちはある種の現象を欲し、またある種の現象を避けるべく、それらをコントロールしようとします。そうして、好悪《こうお》という罠に囚われるのです。

「これは、私が好きなものだ。もっと欲しいな。それは、私が嫌いなものだ。こっちに来ないでほしいな。これはこっち、それはあっち……」

こうした考えは、無知から生じるものです。あなたは、他人の家や畑から、自分のものではないものを略奪しようとする人のようになります。欲望は次から次へと、山のように生じますが、あなたはそれがどこから来たのか、一体自分をどこへ導くのかさえ分からないのです。

法話を聞くことは、真にダンマを理解することではありません。法話は、私たちがダンマを理解できるように導くためにある、言葉に過ぎません。人々に真理を理解してもらうために話をすることは、善行為ではありません。けれども、もし法話をする人間自身が正しくダンマを理解していないのなら、それを聞いた私たちもダンマを体験できず、何の益もありません。私たちは法話で聞いたことを実践し、自

じが生じるのです。もしあなたが、現象の世界には我《アッター》（attā）などなく、ただ因と縁によってのみ物事が生じるということを理解します。これこそが、ブッダが実際に説かれたことなのです。もしこのことが理解できていないのなら、あなたはまだ苦しみ（dukkha）の中にいます。理解できているのなら、もうあなたには渇望することは何もありません。もはやあなたは何が起きても、泣くことも、笑うこともないのです。

小さな子供の頃から、私たちは泣いたり笑ったりして暮らしてきました。頭がおかしくなりそうになりながら、ひと時も心安らぐ瞬間はありませんでした。常に自分のものではないものを得ようとして争い、決して得られないものを欲します。私たちはいつも、不満足と苦しみを感じて生きているのです。自分の心自身がダンマとなるように法話を聞き、ダンマを観るための実践に励めば、私たちはこの人生における問題に、終止符を打つことができます。今、ここで終止符を打つことができるのです。私たちが自分の好みで季節を変えることができないように、物事とは自分の望むように変化させることができないものだと理解してください。ただあるがままに生じては滅するという現象の性質は、不変です。ダンマを学び、実践したとき、ブッダは事態を改善することを説いたのではなく、真理の観点から物事を観ることを説いたのだと、私たちは理解します。もし、あなたが事実を変えたいと思うのなら、それはダンマでも、真理でもありません。それは単に、物事を作り出し、操ろうとする、私たちの習慣です。もし、私たちが現象の真の姿を観ないのなら、修行の道を歩むことはできません。そのとき、私たちは四聖諦から外れていることになるのです。

ブッダの開教以来、仏道修行者は、事実を自分の好むように作り変えることを欲することなく、ただそれを知り、手放してきました。智慧とは、現象（saṅkhāra）を理解することによって得られるものです。私たちがまず知る必要があるのは、現象です。現象は、生じては滅するという性質を持っています。それ以外の見解は、いかなるものであれ、私たちの心に埋め込まれた無明（avijjā）によって生じる、不浄なダンマです。そこにあるのは、決して寂滅することのない、永遠に続く輪廻のみです。そして、その輪廻を止めるための、如何なる方法もないのです。

それは、雨水を貯めておく樽の縁《へり》を這う虫のようなものです。虫は常に動き回っていますが、決してどこへも行けず、ただ樽の縁の周囲をぐるぐると回っているだけです。一般の凡夫が考えていることも、同じようなものです。彼らは、問題に決着をつけることはできません。ただ、以前からいる場所にとどまり続けるだけです。以前に比べ随分進歩したものだと思うかもしれませんが、私たちは同じ輪の中をぐるぐると回っているだけで、結局同じ場所に帰ってくるのです。このことを理解する智慧がないため、私たちは自らの心の中に輪廻の輪を見出すことができません。私たちは、無知のことを智慧と誤解してしまっているため、真の智慧に触れることができないのです。こうして無明に管理されるようになってしまうと、仏道修行をするための基準も無くなり、もはやどうにもならなくなってしまいます。これは、ダンマではありません。ブッダは、ダンマの中に私たちが知るべきものが眠っていると説きました。これは、事実には何の解決策も、変更や調節も必要ないのだということを意味します。なぜなら、ダンマはそのあるがままの姿で常に完璧だからです。ですから、私たちはコントロールしようとすることを手放せばいいのです。

事実を減らしたり、増やしたりすることはできません。私たちは、事実に触れても、それは正しくないとか、大きすぎる、小さすぎるなどと捉える傾向があります。なぜ、大きすぎるとか、小さすぎるなどと物事を捉えてしまうのでしょうか？　それらは、私たちの知覚作用によって起きるものです。こうしたことは、凡夫の煩悩によって引き起こされることにすぎません。それは大木を相手にボクシングやレスリングをするのと同じくらい、愚かで徒労に満ちたことです。ですから、ブッダは私たちに、ダンマに従って物事を観るようにと助言をしたのです。

私たちが知覚するものは、自然なものであり、単なる事実です。それらがダンマに則って生じていることに気づいていれば、何が起きようと、不幸な結果にはなりません。自分の身体に何が起きようと、それに影響されることはありません。現象の世界に益がないことを知ると、私たちはあらゆるものが寂滅した場所で、揺るぎない境地で過ごします。ブッダは、四念処《しねんじょ》*を観察することを説きました。解決したり、取り除かなければならない問題などありません。私たちは、ただ真理に従って、事実に気づけばいいのです。

私たちの身体は、生、老、死を体験します。安定したものは、何もありません。この現実こそがダンマであると、理解してください。それは真理であり、変えることも、壊すことも、解決することもできません。この地点に到達したら、もはや何も言うことはありません。もはや、運ばなければならない重荷はありません。真理に従い、気づきを絶やすことがなければ、どこにいようと、何をしていようと、放逸になることはありません。ただ事実をありのままに観ていれば、現象は生じては滅していきます。これ以上、求めるものがありますか？　何かに怒ったり、泣いたりしますか？　何に骨を折って、苦しむのですか？　何か欲しいものや、なりたいものがありますか？　物事が大きくても小さくても、長くても短くてもいいと言えるようになるのはいつですか？　自然に対して、何か言いたいことはありますか？　輪廻が存在する。それが、すべてです。この深遠な真理を理解するとき、私たちは平安かつ自由で悲しみもなく、誰とも争うことがなくなるのです。

　ダンマを学ぶとは、自然な現象が生じては滅していく過程を観察することです。このことを理解したら、あとは修行あるのみです。渇愛（taṇhā《タンハー》*）がまだ残っている人は、このことが理解できていません。他人に対して怒りを感じるのなら、それはまだダンマが身に染みて分かっていないということです。そのとき、まだあなたは物事に惑わされ、自由ではないということです。ダンマを学べば、そうした物事に惑わされることはなくなります。そうすれば、もはや問題が生じることはありません。「私」や「私のもの」があると信じるときにのみ、問題は生じます。「私」や「私のもの」があると信じるのなら、数えきれないほどの問題が、永遠に起き続けるのです。自分本位になり、ありとあらゆる種類の悩みに巻き込まれることになってしまいます。

　旅行者はホテルに到着すると、部屋の料金を交渉し、スタッフに滞在期間を知らせます。けれども、そこがあまりに快適だと、彼はホテルが自宅であるように感じ始め、しばらくすると、旅を続けることを忘れてしまいます。ホテルの経営者が、部屋を出ていかなければならないと言っても、彼はホテルを去ることを拒否します。

「ここは俺の家だ！　何で出ていかなきゃならないんだ！」

　こうした意見の相違によって、争いは引き起こされるのです。

　身体、心、人生といったものを、「自分のもの」と見做すようになることは、このホテルを退去したがらない旅行者の振る舞いに似ています。私たちは、仮の住まいであるこの身体、心といったものに対して間違った認識を持っており、それゆえ常に苦しみ、争っているのです。同じ両親から生まれた兄弟も、大人になれば反目しあうようになります。同じ村に暮らす村人たちも、仲良くすることができません。同じ国に暮らす国民も、相互不信に陥っています。これらはすべて、「私」や「私のもの」があると信じ、執着するが故に引き起こされることなのです。

ですからブッダは、私たちの身体に立ち戻り、それを観察するように言ったのです。それこそが、私たちが学ぶべきダンマなのです。取り除いたり、変えたりしなければならないものなどないのです。私たちは、

「現象（saṅkhāra）を観察し、執着から解き放たれた人は、幸いである」

と言います。心は、現象です。身体も、現象です。現象は、「私」でも、「私のもの」でもありません。それゆえ、現象を観る人は、平安なのです。彼らは、心と身体を自己としてではなく、ただ単に現象として観るのです。

何かが生じても、それはただ単に現象（saṅkhāra）です。「私」がいないなら、幸せな人も、苦しんでいる人も存在しません。ただ、現象があるのみです。そのとき、幸福とか苦しみといったものは存在しません。何かに影響を受ける人は、存在しません。このように現象を観るのなら、あなたはダンマを観ることができるでしょう。人、個人といった、いかなる種類の実体も存在しません。元気な人、落ち込んでいる人、怒っている人、執着している人、そして死ぬ人も、存在しません。ただ、現象が生じるのみです。ダンマを観ることというのも、そのようなものです。瞑想実践者の心に何が生じようと、そ

の人の程度に応じてダンマを知ることができます。これこそ、功徳というものです。功徳を積んでいけば、やがて平安の境地が実現します。

見解（diṭṭhi《ディッティ》）がはっきりしていないため、ダンマを変えようとしたり、調整しようとしたりすると、苦しみが生じます。呼吸を例にとってみましょう。呼吸は、絶え間なく出たり、入ったりを繰り返しています。呼吸のおかげで、私たちの生命は維持されています。食事と同様に、酸素は私たちの中に入り、栄養源となって、身体を支えてくれます。入息、出息があるがゆえに、現象（saṅkhāra）は生きることができます。息を吸っても吐かなかったり、吐いても吸わなかったりしたら、大変なことになります。けれども、誕生して以来、私たちは老いることを望みません。私たちは、死ぬことも望みません。一緒になっているものが、バラバラになるのが嫌なのです。何かものを掴んでいる時、私たちはそれを手放すことを嫌います。しかし、現実は私たちが望むような結果にはなりません。なぜなら、物事はただあるがままに変化するのですから。

あらゆるダンマは、因と縁によって生じます。因と縁が存在する時、それに応じて結果が生じます。誰がこれを生み出したのでしょう？　これはただ単に、自然の法則なのです。何かが滅する時、それもまた自然の法則として起こるのです。この自然の法則を、ダンマと言うのです。

世間で一般的に行われている法話は、このシンプルな事実を、言葉巧みに表現したものです。それはダンマそのものではありませんが、人々に真理を理解させ、修行へと導くものです。私たちは、自らがダンマを所有できると思っています。自分はダンマを理解できる。自分こそがダンマだと思っているのです。もしそれが本当ならば、私たちには欲（lobha）、怒り（dosa）、無知（moha）がないはずです。

ダンマを理解し、具現化しているのなら、私たちの心に欲、怒り、無知といったものは生じません。欲、怒り、無知を滅することがない限り、私たちは煩悩の奴隷のままです。私たちが欲、怒り、無知を観察すると、それらはすぐに消え去ります。深遠なダンマとは、このようなものです。これは、一つの例です。

それから、自制心と慈悲の心を持った人々とサンガを形成し、戒律を守って生活をするという、ダンマに則った生き方があります。争いごとから離れた生活をするというのも、ダンマです。これは、sīla《シーラ》 - dhamma《ダンマ》 と呼ばれます。sīla - dhamma は、サンガのメンバーが幸福であるために必要な実践です。けれども、こうした幸福は、ただ苦しみの始まりとして得られるようなものなのです。

それは、知識や道徳心を持っていない人々に比べれば、よいことです。しかしながら依然として、この幸せを作り、維持することが苦しみにつながります。これだけではまだ私たちを解脱へと導くことはできませんが、それでもなお、そうした幸せが得られない状態に比べればよい状態です。出世間のための因や縁を作ることは、また別の問題です。

ですからダンマについて聞くときには、それがすべてであると思わないようにしてください。それらの話は心に留め、修行に励んでください。不死であり、苦しみが滅し、真の平安であるニッバーナに達するための因と縁を作ることに励んでください。

仏教徒である私たちは、これらを少しずつ学び、瞑想を通じてそれらを実践する必要があります。心の中に欲（lobha）、怒り（dosa）、無知（moha）が生じたら、それに気づく（sati）ようにしてください。欲、怒り、無知が生じたとき、それに気づくなら、ダンマを知ることになります。欲、怒り、無知は、私たちの敵であることを理解してください。

「あぁ、いつになったら欲、怒り、無知が心から消え去るのだろう？」

十分な睡眠を通じてではなく、一貫した瞑想実践を通じて、欲、怒り、無知を段階的に心から取り除くのです。戒（sīla）とダンマを実践してください。まだいくらか渇愛（taṇhā）は残っていますが、あなたは自分の心の中にそれが存在することを知っています。苦しんでいても、それを深刻に受け止めないでください。そして、苦しみに飲み込まれることなく、それに気づくようにしてください。牛や水牛の番をしているとき、畑に入られないようにするため、あなたは牛たちを見張っていなければなりません。それでも、牛たちは穀物を少し食べてしまうかもしれませんが、できるだけ食べさせないよう努力してください。あなたが番をしているので、牛たちは少ししか穀物を食べられません。あなたが一日中眠っていれば、牛たちはおそらく穀物を平らげてしまうことでしょう。ですから、私たちは放逸であってはならないのです。

教学と瞑想実践の目的は、私たちの心が、ダンマを観られるようにすることにあります。私たちの心がダンマを観るとき、苦しみは終焉を迎えるのです。私たちは、自分が何を修行しているのか、疑問に思う必要はありません。私たちには健康な目や耳、足があります。目を開いたのなら、あとはやるべきことをやるだけです。行動を開始するのを躊躇したり、目の不自由な人に頼る必要はありません。私たちは、話すことができます。私たちは、口がきけない人ではありません。ですから、口のきけない人と会ったとき、彼らの前で話すことができます。私たちは朝一番に目を覚まし、すぐに出かけることができます。まだ、眠っている人を待つ必要はありません。

なぜ、他人を待つ必要がないのでしょう？　なぜなら、ここは危険な場所だからです。この場所は、不安と混乱と悪事に満ちた、欠陥の地です。ブッダは、もしこのことを知っているならば、無知な人々があなたと共に歩むのを待たず、直ちに彼岸《ひがん》へと赴くべきであると説きました。あなたが歩けるのなら、足を骨折している人を待たないでください。なぜでしょうか？　あなたが明晰で、自由となるまでは、有害なものから少しずつ逃れるべきだからです。それは、徳と知識を養うことを意味します。悪から解放される日まで、あなたは少しずつ善の因となることを為します。そしてそれは、解脱をするための因となるのです。悟りを開くのです！

同じ池に咲く蓮も、成長するペースはそれぞれです。蓮のうち、あるものは花開き、あるものはまだ水中にあり、またあるものは水面に顔を出しています。私たちは、自分の能力に応じてできることをするべきなのです。もし、他の蓮が咲くまで待っているのなら、魚や亀に食べられてしまうかもしれませんよ。

火事であなたの家が焼け落ちようとしているとき、それを無視して家でくつろぐことはできません。持てるだけの荷物を背負って、あなたは家から逃げ出さなければなりません。欲、怒り、無知は、私たちを焼き尽くす炎のようなものです。死は、休むことなく毎日、私たちを追いかけてきます。少なくとも、今後私たちは輪廻を繰り返す回数を減らすべく努力をする必要があります。功徳を積むとき、私たちは

「ニッバーナに達するための因となりますように」

と唱えます。ニッバーナに達するための因を作るために、私たちは何をすべきでしょうか？　まず、

瞑想実践は不可欠なものです。ただ座って、法話を聞いているだけでは駄目です。それは、ニッバーナに達するための因とはなりません。法話を聞いた後には、瞑想を通じてその意味を確認しなければなりません。そして、手放すべきだと気づいたものは、手放すようにしてください。

「あの男性の瞑想の境地はまだ大したことないな……。あの女性が実践している瞑想法は何だろう……」

などといった、くだらない妄想に時間を費やさないでください。他人には構わないことです。虎が追ってきたら、周囲の人が逃げ始めるのを待つ必要はありません。そんなことをしていたら、あなた自身が危険に身をさらすことになるのです！

ニッバーナとは、そこに留まれるような場所ではありません。別の言い方をするなら、それは行くとか、留まるといったものではないのです。進むことも、退くことも、留まることもできません。このことを、理解してください。ニッバーナに達すると、果（phala）自身が現前します。ダンマを観《かん》じ、果を得るのです。そうすれば、道（magga）の終極に達していなくても、もはや疑念（vicikicchā）が生じることはありません。

これが、ダンマを学ぶ人にとって、ふさわしい態度です。ダンマやサンガの外には、共に調和して生き、苦しみを超越し、幸福や平安を実現することができるものはありません。

ダンマは、私たちが家で見つけることができるどんなものよりも、はるかに優れています。私たちが家に持っているものは、大抵何かしらトラブルを引き起こすだけのものです。それは、私たちに平安をもたらすようなものではありません。家に財産がある場合、そこにあるのは不安や争いといった、私たちの心を痛ませるものだけです。ダンマは、そうしたものよりも、はるかに価値のあるものなのです。世間で暮らすときにも、ダンマは不可欠です。私たちは、ダンマなしには生きていくことはできません。ダンマなしに、完璧であるものなどないのです。不放逸（appamāda）でいてください。正しくダンマを理解し、瞑想をすれば、私たちはダンマの内にその価値を見出します。家にはものが依然としてあるでしょうが、もしダンマを観るなら、私たちはそれらをこれ以上所有しようとすることをやめるでしょう。そして、依然として世間との関わりあいはありますが、私たちはそれがもはや何であるかを知っており、真剣に関わることはありません。子供の相手をするように、対応してください。

「ママ、こっちに来てよぅ。パパ、それが欲しいよぅ。ねぇ、こっちを見てよぅ」

と子供が言ったら、その子の両親は、

「はいはい。大丈夫だよ」

と応えますが、決して子供の発言を真剣には受け止めません。あなたは子供に安心感を与えるため、話を合わせますが、その話が真実ではないと分かっているため、そのことにとらわれることはありません。ですから、所帯を持ち、世間的な責任を果たしつつ、世間の価値観に流されない生き方は可能なのです。あなたは世俗のことに煩わされたり、奴隷のように働くためではなく、心の平安と厭離のために生きているのです。それこそが、真の意味での成功というものです。どんなに財産を持っていようと、それが何であるかを知り、どのように使うべきかを知っていれば、問題はありません。

このように修行をすれば、あなたはダンマが本当に価値のあるものだと知ることでしょう。そのためには、正しく理解をし、瞑想実践を続けていく必要があります。

もしあなたが現象は本当に存在するものだと思うなら、そこから苦しみと恐れが生じます。あなたは、物事が様々な形で生じることを恐れています。何を見ても、あなたは恐れを感じます。実際のところ、あなたは自分自身をさえ恐れているのです。思考が存在するとき、すぐさま恐怖が生じます。恐怖は、あなたを惑わすための幻想を生み出します。怖がりの人は、森の中に居ようが、家の中に居ようが、幽霊を目撃します。ネズミが走り回っている音を聞いても、怖がりの人は、それが幽霊の立てる音だと思い込みます。怖がりの人は、何かあるとすぐに恐怖を抱きますが、実際のところ、彼らは自分自身の心に惑わされているだけなのです。

あなたは、家庭で何か問題を抱えているかもしれません。そのことについて考えると、あなたは泣きたくなってきます。人々は、お互いに非難し合います。

「この人は、私のことを気遣ってくれない。あの人は、面倒ごとばかり起こす」

心は、このようにして逃げていくのです。実際のところ、それはあなたが心に描いたものにすぎないのです。妄想をすると、あなたの心は迷い、最後には悲嘆にくれることになるでしょう。とても幸せになっても、それもまた、あなたが心に描いたものにすぎません。泣いたり笑ったりすることがあっても、それもまた、あなたが心に描いたものにすぎません。

「これはいい。本当に素晴らしい！」

あなたは我を失い、喜びの中に浸り込んでしまいます。心は一つの対象を取り上げ、それに対して、あなたは恐れを感じます。そして、また別の対象に対しては、あなたは嫌悪を感じるかもしれません。それから、あなたは他の対象を愛するでしょう。最終的に正気を失い、涙を流し続けるようになるまで、あなたはその対象に異常に執着するようになるのです。対象に触れるたびに妄想をすると、こうした反応に終わりはありません。

　こうしたことはすべて、私たちが習慣としておこなっているものです。実際のところは、何も生じていないのです。泣いたり、笑ったりするようなことは、何もありません。また、愛したり、憎んだりするほど価値のあるものも、何もありません。ただ、私たちの心が惑わされているだけのことなのです。ですからブッダは、私たちに今、ここで自分の心に向き合い、それを正すべきであると説きました。ダンマは真理であり、それは確実なことです。けれども、私たちは真実の存在ではありません。私たちは、泣き、そして笑います。私たちは愛し、そして憎みます。現象に対して、反応するのです。様々な現象について、善い、悪いと言っては、追い求めていきます。なぜなら、私たちは自己というものが存在し、自分自身でものを所有できると信じているからです。そうして、無明（avijjā）に囚われているのです。

　ですから、私たちは何かを得ようとするべきではないのです。体調が良くても悪くても、心が晴れやかでも、落ち込んでいても、そうしたものを本当に存在するものとして受け止めないでください。様々な現象を本当に存在するものとして受け止めれば、自分自身の身を滅ぼすことになります。ブッダは、幸福が訪れても、それに捉われてはいけないと説きました。泣いたり、笑ったりするようなものは、何もないのです。現象は、私たちの心の中で生じているのです。そして、その現象は因によって生じます。私たちの心が握りしめているため、現象は存在するように見えますが、本当は何も存在していないのです。ダンマが観えないため、私たちはいつも、本当には存在しないものを、実在するかのように見なしているのです。

しかし、現象は本当には存在しないということを語るとき、それなら自分たちにできることは何もないと言う人もいます。現象は本当には存在しないということは、完全に受け身であり、なすすべもないという意味ではありません。極端に陥ることなく、現象を本当のものだと盲信することがなければ、私たちは適切に物事に対処できます。感覚の対象がまだ滅しておらず、感覚器官を備えた身体も健やかなら、それらをうまく活用し、物事に対処してください。感覚の対象が滅しても、どうか涙を流すことなく、手放してください。空しい内外の現象に惑わされ、悲嘆にくれないでください。私たちは、自らの心身を自己と見なす癖があります。私たちはそれを、「私」とか「私のもの」と呼びます。けれども、自らの心身を自己と思いこんで執着するとき、私たちはダンマから外れます。そしてその結果として、苦しむことになるのです。

私たちの修行はすべて、心によってダンマを観て、心がダンマそのものとなることを目指すものであると、理解してください。ダンマを観ても、まだ心に怒りの習慣が残っているかもしれません。けれども、修行を続けていくと、怒りのエネルギーは徐々に減っていきます。同じことは、欲にも当てはまります。それは、正しい修行によって心に生じた智慧（paññā）のために起こることです。これは、あなたにとってよい変化です。ダンマに手を加える必要はないのです。すでに解決済みのことを、また敢えて解決しようとすることはやめてください。解決すべきなのは、まだ解決されていない物事の方です。椅子にするために、岩のように硬く、デコボコした木を平らにしようとしているのなら、諦めたほうが賢明です。それとも、そこに座って泣いていますか？　すでに平らな別の木材があり、ニスも塗ってあるならば、それ以上作業をする必要はありません。自分に合うようにダンマに手を加えるのではなく、ダンマに則って生きるようにしてください。

ダンマは真理です。あなたが真理に達したら、もはや大きい、小さい、幸福、苦しみといった概念は存在しません。そこにあるのは、平安のみです。思考が生じても、心は平安です。あなたが現象を経験しても、それはただ、それだけのことになります。それを増やそうとも、減らそうとも思わなくなるのです。心が感覚の対象に触れても、その縁に則って反応するのみです。

椅子が一つしかない部屋を想像してみてください。あなたが椅子に座っていると、誰か他の人が来ても、座る椅子はありません。心とは、そのようなものです。もし、苦悩という客人がその部屋を訪れても、ダンマがすでに椅子に座っているのなら、彼らは出ていくしかありません。もし、あなたに気づき（sati）があれば、感覚の対象に触れ、欲（lobha）、怒り（dosa）、無知（moha）が生じても、それらは心の中に留まる場所はありません。心の中の椅子は一つで、すでに気づきが座っているため、欲、怒り、無知には座る場所がないのです。欲、怒り、無知は、部屋を出ていくしかありません。欲、怒り、無知は、あなたをダンマから引き離すことはできません。道（magga）と苦悩（dukkha）は、心の中で戦い続けています。心の中の椅子に誰も座っていなければ、苦悩がその椅子に座ることになるでしょう。それは、あなたの心に気づきがないことを意味します。あなたがダンマを理解していないのなら、無知が心の中の椅子に座ります。そうして、終わりのない苦しみが続くのです。

道（magga）と煩悩は、このようにして戦い続けています。もし、道（magga）が十分な力を持っていれば、心の中で何かが生じても、私たちはダンマに則った行動を取ります。ダンマに則った行動を取るには、十分な心の力が必要です。心に力のない人は、進歩することは難しいでしょう。これは心と、内外の対象の関係の問題です。心が内外の対象に惑わされないなら、何が問題なのでしょうか？　感覚の対象は感覚の対象であり、心は心にすぎません。これが、心に響くようにダンマを聞くということです。そのようにして、ダンマが心に入り込んだなら、もはや問題はありません。瞑想実践によって、道(magga)が苦しみを滅してくれますから。

家に誰もいないと、招かれざる客がやってきて、勝手にくつろいでしまうかもしれません。招かれざる客たちは家でどんちゃん騒ぎをし、散らかし放題にすることでしょう。それは、あなたが望む結果ですか？　ダンマを理解しておらず、善いことと悪いことの区別がつかず、心が感覚の対象に触れ、反応することにも気づかないのなら、心は散らかり放題になります。よい出来事が起これば、あなたは笑うでしょう。悪い出来事が起これば、あなたは動揺し、泣くことさえあるかもしれません。それは、誰もいない家と同じことです。善いことと悪いことの区別がつかず、混乱しているような修行者は、本当はダンマを理解していないのです。それでは、修行者失格です。ですから、私たちはダンマが心に染み込むように、瞑想をしなければなりません。そのために、私たちはウポーサタの日にはダンマを聞きに行くのです。

ですから、日常生活において、どんな姿勢のときであっても、これを学ぶようにしてください。感覚の対象に触れたら、それらの対象と心は別のものであることに気づき、適切に対処してください。感覚の対象と心を一緒にしないことです。そうしなければ、私たちは感覚の対象を知ることはできません。感覚の対象を知ることができなければ、自分が良い、悪いと感じる対象に引きずりまわされ、苦しめられることになってしまいます。それらによって満たされることはありません。ただ、苦しむだけです。心は、感覚の対象によって無知になってしまい、判断力が失われます。ですから、常に気づきを保つことが重要なのです。

あらゆる姿勢で、心の中で「ブッドー」と念ずる瞑想をするように言われています。「ブッドー」とは常に「目覚めている人」という意味です。感覚の対象に触れたとき、私たちがそれに気づく(sati)ことができるなら、物事を解決することができ、他人に真理を説くことができます。これが、ブッドー瞑想のもたらす果(phala)です。「目覚めている人」になってください。そのために、ブッドー瞑想を実践してください。ダンマを聞き、その果を知るのです。そうすれば、ダンマを理解し、それを実践することができます。私たちは瞑想実践し、ダンマを観るべきです。そうすれば、あなたの心の中にダンマが生じます。そうすれば、ダンマを理解し、ダンマを観る人になれます。これが、仏果《ぶっか》を得る方法なのです。

第２章

ダンマを理解する

Understanding Dharma

ダンマは今、ここに

ダンマには神聖な価値があるため、私たちはそれを実践します。私たちは、物質的な富への執着を持っていますが、これからはそれを内なる富へと変えたいと願っています。内なる富は、洪水や火災、または泥棒のような災難によって失われることはありません。洪水や火災、泥棒といった災難は、内なる富を見つけることはできません。外的な脅威は、私たちの心の中の幸せに触れることはできないのです。ブッダが説いた修行の功徳とは、こうした心の平安のことです。このような心の平安を得るための一つの方法は、布施をおこなうことです。布施をおこなうことによって、私たちは自分の心の中の欲望に打ち克つことができます。

布施、戒律を守る、生きとし生けるものに対し慈悲の瞑想をおこなうなど、どのようなダンマの実践をするときでも、ブッダはその目的は平安を求めるためにするべきだと説いています。ですから、paccuppanna《パチュッパナ》 - dhamma《ダンマ》、言い換えるなら「今、ここのダンマ」は非常に重要です。私たちは仏教の伝道を支援するために布施などをおこない、そうした活動もダンマと呼んでいますが、自分たちが何をしているのか理解するべきです。ただ功徳を求めているだけでは、ブッダの教えを学んでいるとは言えません。私たちは、善行為をすることと、功徳を区別する必要があります。功徳を積むことを目的化することは、智慧（paññā）に欠けます。智慧なくして、私たちは、決して苦しみから解放されることはありません。善行為もせずに、功徳だけ期待している人は、背負っている荷物を下ろせない人のようなものです。その荷物は、最終的に私たちを押しつぶすほど重くなります。手放すことこそ、善行為です。それこそが、ブッダの教えなのです。私たちは、より善い存在となるため、幸福になるためにダンマを聞きます。そしてそれは、私たちとその周囲の人々双方に、利益をもたらします。物事を握りしめることは苦しみにしかならないので、私たちは手放すことを学びます。ドゥッカ（dukkha）とは、「満たされないこと」という意味ですが、私たちは満たされない人生を送る必要はありません。けれども、その原因を知っていますか？　苦しみは、今現在あるのです。私たちは、過去を見る必要はありません。あらゆるダンマは、原因から生じます。ダンマは、神秘的な力でこの世界に出現するわけではないのです。世界中の人々を苦しめている犯人は、存在しません。彼らは、正しい知識の欠如の故に苦しんでいるのです。重い岩を想像してみてください。もし、私たちがその岩のそばを歩くだけなら、重さは関係ありませんね。けれども、その岩を持ち上げようとするのなら、それはまた別の話です。

誕生、若さ、老化、貧困、富などといったものは、私たちがそれをよく理解していなければ、苦しみの原因となります。ブッダは私たちに、苦、集、滅、道からなる四聖諦を知るようにと説きました。私たちが四聖諦を理解していれば、苦しむことはありません。

一部の人々は、苦しみとは心に固有のものであり、消え去ることはないと主張します。私は今日、このことについて、ある人と話をしていました。私は、苦しみとは人間の心に固有のものではないと説明しようとしました。それは、今この瞬間に生じるものです。心の中に嫌悪感が生じた瞬間、あなたは苦しみを感じます。レモンを想像してみてください。あなたがレモンをただそこに置いたままにしたとき、それは酸っぱいですか？　酸っぱさは、どこへいってしまったのでしょう？　酸っぱさは、レモンと舌が触れるときに生じるのです。レモンと舌が触れていないとき、酸っぱさは消えてしまいます。レモンと舌が触れた瞬間、酸っぱさは生じます。そしてそこから、嫌悪感と苦しみが生じます。これらの苦しみは、人間の心に固有のものではなく、瞬間的に生じるものです。

心が平安になったとき、それが道（magga）の終わりです。これが、ブッダが皆に達成してほしいと願った、修行のゴールです。しかし、修行を完成させる前に、私たちは平安な心を得るための修行法を知る必要があります。本当のダンマに達していないため、私たちの心は平安ではありません。そのとき、心はまだ未熟で信頼性が低く、現象をありのままに観る智慧に欠け、あらゆる現象や、sabhāva《サバーバ》-dhamma《ダンマ》を観ることができません。sabhāvaとは「自性」を意味します。ありのままに存在するということです。この世界にブッダがいようといまいと、現象はただありのままに存在しています。現象には、それ以外の在り様はないのです。

私たちは、正見から学び始めると教わってきました。それから、正思惟《しょうしゆい》、正業、正語、正命、正精進、正念、正定があります。八正道には八つの項目があると言われていますが、それは、本当は私たちが歩まなければならない一本の道に含まれるものなのです。正見が確立すれば、正思惟も確立するでしょうし、正思惟が確立すれば、正語をはじめとした他の正道も確立することでしょう。心が正しく整えば、最後まで正しい修行の道を歩めるはずです。道に迷うことなく、平安というゴールへと辿り着けるのです。

ブッダは、手放すことを説きました。ブッダは、楽しい経験をしても、それをただ喜びと認識するようにと説きました。つらい経験をしても、それをただ苦しみと認識するようにと説きました。喜びや悲しみ、幸福、苦しみといったものを経験する人は存在しません。それらのことは、それ以前の原因の結果として生じますが、正しい修行をおこなっているなら、それらの中に主《あるじ》を見出すことはありません。ブッダは、ただ喜び、苦しみといったものが存在するだけであって、自己、我（attā）といったものは存在しないと説きました。これが、正見です。私たちは無我（anattā）であり、所有することのできるものは何もありません。

撮影者不明。
アチャン・チャー　1977 年頃。

私たちは、「私の」足、「私の」腕、「私の」友人といった言葉を使ってものを考えます。そのため、私たちは自己というものが存在すると思ってしまうのです。しかし、ダンマの観点から見ると、自己、我（attā）といったものは存在しません。無我であるものを、我であると思い込んでいるのです。我があるように見えるかもしれませんが、それを信じ込まないようにしてください。あなたが蛇に出会っても、それを手で掴もうとしないなら、噛まれることはありません。依然として蛇はまだそこにいますが、あなたの体内に毒がまわる危険性はありません。ですから、ブッダは自分自身を観察するようにと言ったのです。このことは、理解しにくいかもしれません。世間とは、パンニャッティ(paññatti・施設)*によってできています。私たちがブッダの心に達した時、世間で考えられていることは、すべて偽りだと分かるでしょう。逆に覚者の言葉を聞いても、世間の人々はそれが間違いだと感じることでしょう。

人々が、自らが良いことや悪いことを経験する主体であると考えているとき、無常(anicca)の為すがままになってしまいます。あらゆる現象は変化するので、それらに執着することは、不満足(dukkha)しか生みません。あなたは刻々と変化する現象が去来するたびに、一喜一憂することになるのです。邪見によって心を侵され、誤った考えを抱いてしまったために、混乱してしまったのです。あなたは幸福と苦しみを背負い込むことになり、そしてそれはどんどん重くなっていくのです。

もし正見があれば、感情は、ただ感情です。喜びは、ただ喜びです。悲しみは、ただ悲しみです。喜びにも、悲しみにも、主《あるじ》はいません。ブッダは、このように現象を観察するようにと、私たちに説きました。私たちが一定の期間そのように観察するのなら、心の中で何が起こっているのかを観るダンマが生じます。私たちが経験したこの幸福とは、厳密には何なのでしょうか? 私たちが経験しているこの苦しみとは、何なのでしょうか? それらは、永続するものでしょうか? それは、どれくらいはっきりしていますか? 私たちは、以前に経験したことを、はっきりと見ることができます。私たちがかつて経験した幸せ。それは終わりましたか? 私たちは、不幸を経験したことがありますか? それは永続するものでしたか？　現象を理解し、それに巻き込まれないとき、私たちはもはや何も所有しようとしないので、心は平安になります。しかし、それでもまだ私たちは、自分の生活を楽しみ、この世界にあるものを活用することは可能です。私たちが所有する家財道具（キッチン用品、家具など）は、本当は私たちのものではありません。私たちは日常的に家財道具を使いますが、それらは自分に属するものではないと理解することが重要です。そうすれば、私たちはそれらの道具を何の苦しみも感じることなく、快適に使用することができます。私たちは、世間的な理解を超えた智慧（paññā）と共に、それらの道具を使うのです。「これは私のものだ」という執着を手放していなければ、途端にそれらのものは、私たちにとっての重荷になります。こうした邪見を持っても、物事は決して自分の望んだようにはならないため、苦しみを生むだけです。

なぜ、ものは壊れるのでしょうか？　なぜなら、それが存在するからです。それは壊れるものであると理解しているなら、ものが壊れても泣く必要はありません。コップが自分のものでないなら、それに巻き込まれることなく、壊れていようといまいと問題はありません。あなたの家にはものがあるのですから、このことについてよく考えてみるべきです。さらに、あなたは子供たちに、ものの扱い方について教える必要があります。お皿に対して「それは私のものではない」と言っているなら、あなたが使えるお皿はなくなってしまいます。あなたは出世間的にものを観ますが、話す時は世間的に話すべきです。子供たちに出世間的な概念を話したら、誰もお皿を洗わなくなってしまいます。

世間で暮らしていくには、常にやるべきことがありますが、それに執着しないようにする。すると、心は平安で、苦しみのないものとなります。心が平安だと、リラックスして働くことができます。これが、正命というものです。もちろん、熱心に働いても問題ありません。

ブッダは私たちに輪廻から脱出することを願いますが、私たちは再び生まれたいと願います。この世で、何を得ようというのでしょうか？　私たちは、生きる苦しみを理解していません。私たちはまだ、ブッダが観たようにこの世界を観ていないのです。ブッダは、慢（māna）《マーナ》*についてこう説いています。

「私は、彼より優れている。私は、彼と同等である。私は、彼よりも劣っている」

こうした考えは、正しいものではありません。こうした慢（māna）の心が生じなければ、問題は生じません。

人々は幸福、富などを求めます。彼らは功徳に執着し、目に見える利益だけを求めますが、精神的な成長は望みません。算数では、足し算、引き算、掛け算、割り算を学びますが、私たちが人生において望むのは、足し算と掛け算だけです。ですが、それはただの自己愛に他なりません。人々は、彼らに功徳をもたらすようなことを実践しますが、病気や人生における問題などに遭遇すると、不審に思うようになります。なぜ、こんなことが起こったのだろう？　功徳は、どうしてしまったのだろう？　こうした考えを抱くことは、功徳といったものについて、きちんと理解していないことを意味します。私たちは、猫を犬に変えるような功徳は求めません。現象（saṅkhāra）の性質を変えるようなことは、できないのです。現象とは、その性質上、不確かなものです。ですから、何が起きても過度に心配したり動揺したりする必要はないのです。

私たちが、善行為や健全さと呼ぶものは、世間（loka）では賢さ、思慮深さといった言葉で呼ばれています。善行為と功徳は、対になったものです。功徳とは生の肉のようなもので、しばらくすると傷みます。智慧（paññā）は、生肉が傷まないように保つ塩のようなものです。塩がないのなら、冷蔵庫に入れておきなさい！　智慧に及ぶ光はなく、渇愛（taṇhā）に及ぶ川はないと言われています。ですからブッダは、行動し、食べ、観るとき、それらを渇愛にしてはいけないと説きました。私たちは世間で暮らしていますが、常に明晰で、心が渇愛に翻弄されることのないようにしてください。そのためには、常に物事を手放すことが大事です。

　ブッダの教えは、すべての人が輪廻の輪から逃れることの助けとなることを目的としています。しかし、煩悩があり、智慧もまだ育っていないとき、私たちは様々な考えを持っています。私たちは何も所有していないという法話を聞くと、自分は何も得ることができないのだと思い、不安になります。そのような話は、私たちを不快にさせます。

　実際には、「私」とか「私のもの」という言い方はできますが、それらはあくまでパンニャッティにすぎません。それは、勝義諦《しょうぎたい》*のレベルの話ではありません。私たちは、日常生活の中で、パンニャッティをどのように使っているかを学ぶ必要があります。一例をあげるなら、私たちの名前です。生まれた時、私たちに名前はまだありません。この世に生まれた後で、私たちは名前を付けられたのです。名付けられる前に、名前はありませんでした。そこにはただ、空《くう》がありました。空《くう》の場所には、私たちは何でも置くことができます。人々はこのように空《くう》として生まれ、その空《くう》なるものに名前がつけられます。ですから、私たちは他人をジョンとかメアリーといった名前で呼ぶことができるのです。それらの名前はパンニャッティです。本当は、彼らはジョンでもメアリーでもありません。彼らは世俗諦《せぞくたい》*の次元ではジョンやメアリーですが、勝義諦のレベルではジョンでもメアリーでもありません。本当は、ここには誰もいないのです。ただ、縁起だけがあるのみです。しかし、私たちはジョンと会ったら、「ジョン」と言わなければなりません。また、メアリーに電話をするときは、「メアリー」と呼ばなければなりません。それは日常生活においては、コミュニケーションのために便利なので、そうしているだけのことです。

生じたものは、滅します。滅した後に、再びものは生じます。生じては、滅する。すべての現象はこの法則に支配されています。私たちが明晰に観察するのなら、ブッダが説いたことが真実であると分かります。現象の真の姿を観ることとは、私たちに苦しみをもたらすものではありません。「私」とか「私のもの」といったものが存在しないことを知ると、以前よりずっと快適に生活できるようになります。ものに執着しないので、私たちはこの世界で、リラックスして生活することができるようになるのです。

一部の人々は、こうしたことを考えると、何かをしようとする情熱を失います。彼らは、自分が何かを得ることができないのなら、何を使えばいいのだ、と考えるのです。実際のところ、「私のもの」を得るために働くことは、私たちに大きな苦しみをもたらします。「私」とか「私のもの」といった考えを抱かずに、仕事に取り組めるようになった方がよいです。そうすれば、執着のない心を育むことができます。真理の観点から見ると、働くことさえも、手放す対象になるのです。

これが、正見です。パンニャッティをパンニャッティとして知り、パンニャッティがどのように見え、それらがどんな名前を付けられているか理解してください。ブッダは、これらすべての名付けられたものは、空《くう》であると説きました。ブッダがバラモンのモーガラージャに教えを説いたとき、彼はこう言いました。

「モーガラージャよ！　そなたはこの世界を空《くう》として観るべきです」

これらの言葉は、一般の人々がやる気をなくす原因となります。

「世界を空《くう》として観るのなら、死王はあなたを追いかけることはできないでしょう。死王は、あなたを見ることができません」

ブッダは、弟子たちにこのように説きました。

世界が空《くう》であると言うと、この世界には何もないという意味に受け止める人もいるかもしれません。私たちが鉢やたんつぼを見るとき、それらは実在しています。鉢やたんつぼは存在していないのではなく、空《くう》なるものとして存在しています。それらは存在しますが、空《くう》なのです。私たちはあるものにパンニャッティとして「たんつぼ」などと名前を付けて呼ぶことができます。あるいは、別のパンニャッティを使用して、それを「かめ」と呼ぶこともできます。実際には、これらの名称の実体は空《くう》ですが、私たちはそれらの名称を実在するものとして見て、執着するようになってしまいます。

あるところに、愚かな人と賢い人がいました。ある日、愚かな人は市場に行き、買い物をしました。愚かな人は、自分が何を買ったのか理解していません。彼は無意識におまるを買いました。そして、彼は家に帰り、それをご飯を盛る大皿として使いました。そして、いい買い物をしたと満足していました。彼は、自分が大皿だと思っているものが、本当はおまるであることを知らないのです。

そこに賢い人がやってきて、愚かな男がおまるを大皿として使っているのを見て、驚きました。

「こいつは何をやっているんだ？　おまるを大皿として使うなんて……」

ですから、一人は愚かな人、もう一人は賢い人と呼ばれるのです。なぜ、愚かな人はこんな失敗をしてしまったのでしょう？　おまるは新品でした。一度も、おまるとしては使用されていないものです。ですから、おまるといっても清潔なものです。では、なぜ皆、おまるを大皿として使用しているのを見ると、不快な気持ちになるのでしょうか？　それは、私たちが概念に執着しているからです。そして、この執着は、私たちに嫌悪感と怒りをもたらします。

「おい、あの馬鹿を見てみろよ。あいつ、おまるを使ってご飯を盛っているぞ！」

この二人のうち、本当に愚かなのはどちらでしょうか？

おまるは、それ自身では何の意味も持っていません。普通のかめも、何の意味も持っていません。私たちは、ある種の容器におまると名前を付けます。そして、誰かがそのおまるを使って、ご飯やスープをよそったら、それを見た人は不快に感じることでしょう。この否定的な感情は、何を意味するのでしょう？　その否定的な感情は、ある容器をパンニャッティとして

「これは、おまるです」

と名付けたことから生じたのです。勝義諦の観点から見ると、それはおまるではありません。それがおまるかどうかは、私たちがその容器をどう認識し、どのように使うかにかかっています。その容器が清潔であれば、私たちはそれを様々な用途に利用することができるのです。

このような真理を理解すれば、何が起こっても取り乱すことはありません。私たちには、何の所有物もありません。それでも私たちは、大皿、おまる、そして普通の容器を何の問題もなく使うことができます。それらのものは、自分自身に名前を付けたりしません。私たちはそれを、いくつかのものと呼ぶこともできます。どのようなパンニャッティを使っても、うまくいくことでしょう。

ですから、法話を聞くときには、物事には二つの側面があることに注意して聞くべきなのです。他人があるものをたんつぼと呼んでいるのなら、私たちもそう呼べばいいでしょう。その人たちがあるものをおまると呼んでいるのなら、私たちもそう呼べばいいでしょう。それは、世間の決まりに合わせて話すことや、世間の常識に合わせて生活することを意味します。ブッダとその弟子たちは、世間の人々と隔絶《かくぜつ》することなく暮らしていました。彼らは、善人、悪人、賢い人、愚かな人といった、あらゆる種類の人と共に、暮らしていました。彼らは、世俗諦と勝義諦の双方を理解していたため、どこにいても問題なく暮らすことができました。あなたがこうしたことを理解しているとき、心は平安です。そこには、執着がありません。それは、正見の結果です。あなたは何がパンニャッティか、何が解脱かを理解しており、心は煩悩から解放され、現象を手放すことができます。

ブッダは私たちに、ダンマを実践することを望みました。しかし、ダンマを実践するとは、どういうことなのでしょうか？　ダンマとは、あらゆることを意味します。目で見る色（rūpa）、耳で聞く声（sadda）、それら全てがダンマです。なぜなら、ダンマは縁起によって成り立つ存在を意味するからです。現象は、生じては滅します。現象はそのようにあるので、私たちはそれ以上のことを期待することはできません。私たちは、この真理を内面化し、自らの心と身体を観察するべきです。私たちが観察するべき対象は、ごく身近にあります。私たちの心と身体は、永続的なものではありません。それらは、実体を持つものではありません。ブッダは私たちに、それらを本当に実在するものとして見ないように勧めました。なぜ、実体のないものを、現実に存在するものとして見ようとするのですか？　生じては滅し、常に変化し続けているものに、実体があると思いますか？　実体のないこの世界こそが、私たちの唯一の現実です。ブッダは、私たちに無常（anicca）・苦（dukkha）・無我（anattā）という真理を理解することを望みました。このことが理解できず、現象に執着するなら、苦しみが待っているだけです。観察し、手放すことが私たちを解脱へと導きます。

真剣に修行をする人は、尊敬に値します。なぜでしょう？　なぜなら、彼らはブッダを観るからです。彼らがここに座ると、まるでブッダが彼らの前にいるかのようです。歩いているときも、立っているときも、横になっているときも、彼らはブッダと共にあるのです！　彼らは、自分自身の心の中にブッダを観るので、ブッダ、ダンマ、サンガを尊重します。ブッダの教えが衰えることはありません。ブッダは私たちの心の中に存在しているので、その教えが失われることはないのです。彼らはどこにいても、ブッダのダンマを聞きます。

この考えに最初に触れたとき、私の頭はほとんど爆発するようでした。かつて私は、アチャン・マンに教えを乞いました。彼はこう言いました。

「おまえさん、わしらと一緒に修行をして、ブッダのダンマを聞きなさい。おまえさんが木の下に座るとき、ブッダの教えに耳を傾けるんじゃ。おまえさんが歩いているときも、ブッダのダンマを聞くんじゃ。そして、おまえさんが眠るときも、ブッダのダンマを聞くんじゃ！」

私はアチャン・マンからこの言葉を聞いたとき、その意味が理解できませんでした。なぜなら、それは論理を超えた教えだったからです。このような教えは、清浄《しょうじょう》な心から生まれるものです。私は、こうした言葉を正しく理解することができませんでした。なぜなら、彼らは本当にダンマを観ることについて、話をしているからです。しかし、これは私たちにとって、遠い世界の話ではありません。なぜなら、ダンマではないものは存在しないからです。

私たちは、大昔にブッダが般涅槃《はつねはん》*に入ったと思っています。けれども、ダンマを観る者は、ブッダを観ます。このことを理解するのは、難しいかもしれません。あなたがブッダを観るとき、あなたはダンマを観ます。あなたがブッダとダンマを観るとき、あなたはサンガを観ます。それらは、私たちの心の中に存在します。それらを、はっきりと観るようにしてください。ただ言葉の上で理解することは、避けてください。人々は、「ブッダは私の心の中にいます」とよく言います。しかし、彼らの振る舞いは、その言葉と一致しません。そして、ブッダの教えに従って、修行をすることはありません。

心とは、ダンマを知るものです。ダンマを知るものは、ブッダです。ブッダは、ダンマを説きました。ブッダは、ダンマを知ることによって悟りましたが、悟りを「得た」わけではありません。たとえば、あなたは教師かもしれません。ですが、あなたは教師として生まれたわけではありません。あなたは勉強をして知識を蓄え、他人に学問を教える経験を積みました。あなたは教師を多年にわたり続け、いつかは退職し、やがて亡くなります。しかし、私たちは、教師は死なないと言うことができます。なぜなら、あなたを教師にした力は消滅していないのですから。勝義諦のダンマ、私たちがブッダになるという真理は、消えることはありません。ですから私たちは、物質的存在としてのブッダと、精神的存在としてのブッダという二種類のものがあることを理解する必要があります。ブッダは言いました。

「アーナンダよ、よく修行に勤め励みなさい。そなたはきっと修行を成就させることでしょう。ダンマを観るものは私を観、私を観るものはダンマを観るのです」

私たちがブッダとアーナンダ尊者のやり取りを聞いても、彼らが何について話しているのか理解することは難しいでしょう。ダンマはブッダであり、ブッダはダンマである。こうした表現は、私たちを混乱させます。しかし、真理とはこのようなものです。最初は、ブッダはいませんでした。ダンマを悟ったとき、彼はブッダと呼ばれるようになりました。それより前は、彼はゴータマ・シッダッタ王子でした。私たちも同じです。私たちはジョーやアリス、またもしかすると王子などと呼ばれているかもしれませんが、ダンマを悟ったのなら、私たちもまたブッダです。私たちとブッダに、異なるところはないのです。ですから、ブッダはまだ生きているということを理解してください。

ブッダはどこにいるのでしょう？　私たちが何をしていても、真理はそこにあります。私たちは、悪いことをしても、誰にも見られていないのなら問題ないと考えています。気をつけてください！　ブッダが見ています。ブッダは、私たちが修行の道を正しく歩むことを助けるため、今も存在していますが、私たちはそれに気づかないだけです。仏道修行者は、善をおこない、悪を避けることに疑いを抱きません。彼らは、自分自身の証人だからです。しかし、私たちは悪行為をすることは可能であり、誰も見ていないと思っています。そのようなことはありません。自分自身が、見ています。どこにいようと、私たちがおこなうことはすべて、見逃されることはありません。それが、業（kamma）と呼ばれるものです。行為の中に、真理が存在します。ブッダは、その原理について説いたのです。世界中の人々が修行をし、悟りを開くなら、彼らは皆ブッダとなり、道を説く人となるでしょう。

ですから、ブッダはまだ存在しているのです。あなたは、このことを喜ぶべきです。それは、悲しいことではありません。しかし、一部の人々は不満を感じ、こう言うでしょう。

「あぁ、もしブッダがまだここに存在するのなら、私も今すぐブッダになれるだろうに。悟りを開くことができるだろうに」

しかし、私たちが修行をするとき、善悪の基準として、ブッダは今ここに存在しているのです。

ブッダは、ダンマを悟ることのできる人間というものを「特別な存在」と呼びました。たとえば、私たちは動物とは異なり、概念を理解することができます。正師について修行をすれば、私たちは正しく修行の道を歩み、悟りを開くことができます。他の生命に生まれるよりも、人間に生まれた方が、修行ははるかに容易です。

経典には、人間として生まれることは困難であると書かれています。このことを理解するのは、難しいと思います。それなら、どうして私たちはここにいるのでしょう？　人々は、常に生まれています。ときには、双子が生まれることさえあります。本当の人間とはどういうものか分からないので、私たちは経典の言葉を理解することができません。私たちの周囲を見渡すと、たくさんの人々がいます。その中で戒律を守っていないようなタイプの人々は、偶然人間に生まれてきたようなものです。彼らは人間の外見を装っていますが、中身はほとんど動物のようなものです。

私たちは子供の頃、この世界についてほとんど何も知りません。何を学ぶべきか、何が真の富なのか、人間にとって戒とは何か分からないのです。私たちは成長するにつれ、親と教師から学び、徐々に戒（sīla）を身に着け、やがて人間として出来上がります。そうして初めて、私たちは人間として生まれたと言うことができるのです。

人間として生まれた私たちは、動物として生まれた場合よりも、大きな可能性を秘めています。私は時折、脱穀《だっこく》されていない米の山の上に眠っている犬の話をします。空腹になると、犬は食べ物を探しに行かなければなりません。米の山がどんなに大きくても、犬は米を脱穀し、調理することができないので、それを食べることはできません。犬は周囲をうろついて食料を探すかもしれませんが、何も見つけられず、米の山に戻るだけです。米の山の上に寝ていますが、犬のお腹はグーグー鳴っています。食料の山の上に寝ているにもかかわらず、犬は飢えて死んでしまいかねない状態にあるのです。

犬に比べて、人間は大きな可能性を秘めています。その可能性は、善にも悪にも使うことができます。私たちが人の皮をかぶった動物と呼ぶような悪人は、一国を破滅に導くかもしれませんが、国を亡ぼす犬の話など、聞いたことがありません。一方で、人間はダンマに関心を持ち、真摯に修行をすれば、動物には不可能なことも達成することが可能です。

実際のところ、戒（sīla）を守ることは簡単ではありません。戒を守ることが正しいと分かっても、実践するのは難しいのです。簡単な例を挙げてみましょう。五戒についてです。私たちは、常に五戒を守ります。それは、真っ当な人間かどうかを測る尺度です。生き物を殺さない。与えられていないものを取らない。淫らな行為をしない。偽りを語らない。放逸の原因となり、人を酔わせる酒・麻薬類を使用しない。誰もがこの五戒を守れば、世界に大きな問題は生じないでしょう。ダンマを悟っていなくても、争いごとはほとんど起こりません。真の意味での人間の世界がそこにはあります。五戒を守っている人は、幸福になります。五戒を守っている人が過去を振り返ってみても、他者に害を与えていないので、悔いが残りません。そのため、死の時を迎えても、後悔することは何もないのです。私たちは真っ当な人間になるために、仏法を学んでいるのです。

功徳を積むために、ブッダの教えが広まるよう支えることは、善いことです。それは、木にたとえれば樹皮や葉の部分のようなものですが、善いことには違いありません。木には、樹皮が必要ですから。布施をしたり、仏教の行事に参加するときは、欲や煩悩からではなく、善い心を持ってそれに臨んでください。因果の法則を信じる、仏教徒としてそれらをおこなうのです。あなたが家に帰ると、人々はこう尋ねるでしょう。

「僧院へ行って、何か功徳は得られたかい？」

あなたは、家族に対して功徳とは何かを説明することができます。こうした種類の活動は、方便（upāya）《ウパーヤ》と呼ばれます。経典に説かれていることも、方便（upāya）の一つです。このことを、理解してください。それは、パンニャッティなのです。真のダンマとは、目で見ることも、耳で聞くこともできないものです。

教師が生徒に指導をするとき、このような例を使います。「A氏は、たくさんのお金を持っています」。実際には、A氏は存在しません。教師が黒板にチョークで描いたにすぎない存在です。それは、A氏ですか？　パンニャッティとしては、A氏は存在すると言えます。しかし、A氏は周囲を走り回ったり、何かをすることはできません。私たちは授業の中でA氏について話すことはできますが、A氏は黒板を飛び出して、動き回ることはできないのです。これが、方便（upāya）です。A氏は存在しません。私たちはただ、Aという文字を使用して架空の人物を想像し、何らかの目的のために存在していると仮定しているだけです。

気づき（sati）があり、自分自身を明晰に理解していれば、私たちは修行を進めることができます。一部の人々は、自分にはセールスの仕事があるので、瞑想をするための時間はないと考えるかもしれません。あなたは仕事中、呼吸をしますか？　呼吸をする時間があるのなら、あなたにはダンマを実践する時間があります。瞑想とは、ただ気づきがあることを意味します。しかし、仕事をしている時の瞑想というと、多くの人は、市場の中で目を閉じて、座って瞑想することをイメージします。気づきとは、私たちが今、何をしているのかを知ることを意味します。今日、あなたは不適切な発言、行動、考え事をしましたか？　気づきがあるのなら、それらに気づいていなければならないはずです。

ですから、ダンマを学ぶということは、出家をし、僧院で暮らすことを意味することだと考えないでください。あなたが仕事や、家事、執筆といったことをしていても、それらは呼吸をしているのと同じことです。あなたは気づきを実践するための時間を特別に捻出する必要はありません。寝ている間でさえ、私たちは呼吸をしています。なぜでしょう？　呼吸とは、生命にとって必要不可欠なものです。実際、呼吸は非常に純化された栄養源です。私たちは、二分間さえも呼吸を止めることはできません。二時間、もしくは二週間、最高のごちそうを食べられなくても、私たちは我慢できます。けれども、呼吸を止めて、どれだけの時間耐えることができますか？　ですから、ブッダは私たちに、呼吸を観察するようにと説いたのです。「ブッドー」という言葉を唱えながら、入息、出息を観察します。私たちの身体のあらゆる部分が、呼吸によって成り立っています。呼吸は、最高の食べ物です。呼吸を観察するとき、私たちはそれがお金、金《きん》、ダイヤモンドなどよりも、はるかに価値のあるものだと分かります。息を吐いた後に吸うことができなければ、私たちは死にます。同じように、息を吸った後に吐くことができなくても、私たちは死ぬのです。

呼吸を観察することによって、私たちの人生の儚さを知ることは、死随念の実践になります。息を吸って吐き出さなくても、息を吐いて再び吸わなくても、私たちは死にます。これは、私たちが心を入れ替えるのに十分な事実です。それは、私たちを驚かせ、目を覚まさせるものです。私たちの物の見方は変わり、それに応じて行動も変化するでしょう。私たちは間違ったおこないをすることを恐れるようになり、そのような行為に対して恥を感じるようになります。渇愛（taṇhā）や怒り（dosa）の衝動に突き動かされることも、減っていくでしょう。気づき（sati）は自然に増していき、それによって生じた智慧（paññā）に助けられながら、私たちは多くのことを学ぶでしょう。

呼吸に気づき続けていると、そこから多くの種類の智慧（paññā）が生じます。これは、難しいことではありません。なぜなら、私たちはいつでも呼吸をしているのですから。眠るときも、私たちは眠りに落ちるその瞬間まで、呼吸に気づき続けることができます。とても簡単でしょう？　出家、在家に関わらず、呼吸に気づくことは私たちの心を清らかで、平安なものにします。

瞑想とは、私たちが苦しみを乗り越えるのに役立つものです。私たちは何が正しく、何が間違っているかを理解していますが、瞑想実践をしなければ、それらを明晰に判断することはできません。何をするときでも、私たちは智慧（paññā）を持って行動するべきです。それこそが、ブッダが弟子たちに望んだ生き方なのです。

仕掛けられた罠

何の痛みも感じず、病気になることのない身体など、存在することができるのでしょうか？　私たちは、マーラ（死王）の罠に捕らえられているのです。罠にかかってしまえば、マーラは私たちに何でもすることができます。マーラは私たちの目、耳、身体のどこでも苦しめることができるのです。

動物に罠を仕掛けたり、釣り針に餌をつけたりするのと同じことです。鳥は罠にかかると、もはやどうすることもできません。罠にかかってしまったら、もうどうすることもできないのです。飛ぼうとしても、逃げることはできません。もがいても、罠を脱することはできません。やがて、罠を仕掛けた猟師が現れます。彼は自らの望み通り、鳥が罠にかかっているのを見つけます。

彼は鳥を捕まえます。鳥は猟師に嚙みつこうとしたり、つついたりして抵抗しますが、彼はそのくちばしをつぶすことができます。空を飛んで逃げようとするかもしれませんが、猟師はその羽をへし折ることもできます。狂ったように逃げようとしますが、彼はその足をへし折ることができます。罠の主である猟師は、そうしたことすべてに熟練しています。鳥は何とか逃げようとしますが、脱出は不可能です。

鳥と同じように、私たちも罠に捕らえられているのです。ブッダは真理を明晰に観て、そのことを知っていました。ブッダは王子であり、やがては王となり、王室のすべての財産を相続することを約束されていました。けれども、現象をありのままに観たとき、彼はすべてを手放すことにしました。彼は存在の真の姿を明晰に観て、後悔することなくそれらを後にしました。危険を察知して、王子の立場から逃げ出したのです。この世に生まれることは、鳥が罠に捕らわれることのようなものだと、ブッダは理解していました。縄は首にかけられています。自らが背負っているものに気づいた彼は、それらをすべて後に残し、その場から立ち去りました。悟りを開いた後、ブッダはこの不確実な世の中には、有害なものと有益なものがあることを説きました。彼はそうしたものに溺れることを自分自身に許しませんでした。彼は、王子として死ぬことを拒んだのです。ブッダは罠に捕らわれることを拒んだため、世間に別れを告げ、出家することにしたのです。悟ってから後、ブッダはこうしたことを理解するよう、私たちに説くようになりました。

ブッダは、世間で生きることの危険性について説きましたが、煩悩にまみれた人々は、そうしたことを直視することはありません。とても暗愚な人々なのです！ 彼らは生という罠から抜け出そうとはせず、煩悩と欲（lobha）を溜めこみ続けます。よく観察すれば、私たちは彼らが苦しみの中にあることを理解します。ですから、「生は苦しみ（dukkha）である」と言われるのです。私たちは、この世に生まれました。苦しんでいますか？ 私たちは、生まれました。私たちは腕と脚、目と耳を持っています。これらが存在するということは、苦しみ（dukkha）が存在することを意味します。世間で生きる以上、私たちは自活をし、家族を養うための仕事を見つけなければなりません。私たちは何か感覚の対象に触れると、それに執着するようになります。また何か別の感覚の対象に触れると、それに夢中になります。

自分自身や子供の将来のことも、常に頭痛の種です。経済状況に対する不安も、尽きません。

生まれてこのかた、常に身体のどこかが衰えていっています。耳はだんだん遠くなっていきます。視力もだんだんと衰えていきます。加齢と共に、身体の節々が痛くなってくることもあります。私たちは猟師の罠に捕らえられ、飛び立つことのできない鳥のようです。今や、猟師の為すがままです。私たちは、罠に捕らわれているのです。猟師は私たちを飼おうとするかもしれませんし、くちばしをつぶし、羽をへし折るかもしれません。ここで言う罠とは、私たちの五蘊や煩悩をたとえたものです。

人々の多くはダンマを理解せず、現実から逃げたいだけなのです。彼らは現実を避け、それから逃げようと、懸命に努力しています。彼らはあるがままの現実を拒み、ここではないどこかを望みます。そうして感覚の対象を欲したり、何かになろうと欲したりすることは、苦しみ（dukkha）につながります。

ですから、ブッダは私たちに身体を観察し、それに対し厭離の念を起こし、その正体が無我（anattā）であることを理解するよう説いたのです。農作業をすることを、想像してみてください。稲が実る時期、鳥たちに稲を荒らされないように、私たちは案山子《かかし》を立てます。私たちは棒で人形を作り、それに服を着せ、案山子を作ります。案山子があれば、鳥たちは恐れ、田んぼに近寄ってきません。もはや、田んぼを荒らされることはありません。案山子は、役立つものです。そのおかげで、米を無事に収穫することができます。けれども、案山子の正体は、棒で作った人形に、服を着せたものに過ぎません。米の収穫が終われば、田んぼの案山子は用済みです。

私たちも、案山子のようなものなのです。意識を失えば、私たちの身体は案山子と何ら変わりはありません。田んぼの案山子はどこへ行くこともできず、最後には捨てられる運命です。

案山子と違い、私たちは好きなところへ行くことができます。あらゆることを考え、感じ、欲望し、遍歴することもできます。私たちはどこかへ行くことを考え、そして行きます。どこかへ滞在したいなと考え、滞在します。私たちは世間の人々のように、歌ったり、踊ったりして遊んで過ごしたいと思っています。それは簡単に言えば、死ぬ日を待っているようなものです。収穫の時期が来ると、作物は刈り取られ、米は集められて、田んぼの案山子は捨てられます。

収穫の日が来たら、私たちは死ぬのです。物事には、始まりと終わりがあるということを理解していない人は、落ち込んだり、舞い上がったりし、空回りし続けることでしょう。病気になることも、老いることも、死ぬことも、私たち自身が望んだことではありません。けれども、私たちが望むと望まざるとにかかわらず、それらは生じるのです。

私たちは自然の法則を理解しておらず、物事が安定し、永久に続くことを望みます。

「これは私、それは彼女」

と何を見ても、「私」や「私のもの」という概念でとらえ、ダンマを顧みることはありません。大事な点は、私たちがこの世を去るとき、来世に持っていけるものは、何もないということです。富や名声、または幸福や苦しみといったものであっても何でも、すべてこの世に残していくしかありません。そうしたものは、世間的なものにすぎないのですから。

私たち人間は、籠の中の鳥や、水槽の中の魚と変わりません。飼い主が捕らえようと思えば、いつでも捕まえることができます。殺そうと思えば、いつでも殺すことができます。輪廻の輪の中で苦しむというのは、そういうものです。現象のありのままの姿を理解するには、ダンマを学ぶ以外の道はありません。

ダンマに目を向けて、よそ見をしないようにしてください。よそ見をしていると、きちんと現象を観察することができません。ダンマに疑念を抱いたときは、自分自身を観察するようにしてください。自分の心と身体を観察するのです。確かなものが、そこにありますか？　そこに、自己を見出せますか？　本質といったものがありますか？　永遠に続くものはありますか？　私たちの心と身体には、そのようなものはないのです。

私たちの髪は、やがて白髪になります。歯は、老化と共に抜け落ちます。耳は年と共に遠くなり、目も老眼になります。皮膚は乾燥し、しわが増えます。なぜ、こうしたことが起こるのでしょう？　私たちには、物事を自らが望むようにコントロールする力はないからです。私たちの心と身体は、誰の命令も聞かず、ただ条件に従って変化していくのです。

それは、南へ向かって流れる川のようなものです。もし仮に私たちが川の流れを逆に変えようとしても、それは不可能というものです。北向きに川が流れることを望んでも、川はただ南へ向かって流れるのみです。いつになったら、この矛盾は解消されるのでしょうか？　悪いのは私たちでしょうか？　それとも川のほうでしょうか？　こうした矛盾は、私たちにストレスを生じさせるものです。けれども、自然はただその法則に沿って変化していくのみです。どれほど強く私たちが自然の法則を変化させることを願っても、それは不可能です。こうした現実に直面したとき、私たちはどうすれば幸福になれるのでしょうか？　川の流れを変えることはできません。それを変えることは、不可能だと理解すべきです。

それは、私たちの能力を超えたことです。

ですから、ブッダは私たちに、瞑想をし、ダンマを聞き、この川という真理を理解することを求めました。川が南に向かって流れているのなら、そのまま放っておくことです。抗ってはいけません。智慧のある人なら、川が南へ向かって流れるのを見たら、それが自然であると受け入れ、抗うようなことはしません。そのとき、何の葛藤や欲求不満も生じません。川の水はただ、あるがままに流れます。それが、ダンマです。老、病、死。私たちはこの世に生まれ、年老い、そして最後には死という形でこの世界から消え去ります。この真理を理解する人は皆、平安な境地に達することでしょう。

ブッダは、現象（saṅkhāra）を知るための智慧を説きました。水は、現象です。私たちが自分のものであると考えているこの身体は、ただ地、水、火、風の四大から構成されているものであり、それらはすべて常に変化しています。母親の胎内からこの世に生まれて以来、私たちは変化し続けてきました。赤ん坊から、幼児へ。そして大人になり、やがて老人へと、今日にいたるまで、自然の法則に沿って変化し続けてきたのです。

このことを理解すると、本当は「自己」や「他者」といったものは存在しないということが、よく分かります。それが、自然の法則というものです。泣いても喚いても、それは変わりません。笑い飛ばしたとしても、その法則は不変です。止めようとしても、誰にも止めることはできません。この法則は、誰かを喜ばせるために存在するわけではありません。ブッダは私たちに、この真理を探究するようにと説きました。永続するものや、安定したものというのは、この世界に存在しません。この真理が理解できないのなら、私たちは苦しむことになります。真理の観点から言えば、「自己」とか「他者」といったものは存在しないのです。存在するのは、地、水、火、風のみです。それが、すべてです。私たちが死ぬとき、それらは散じてバラバラになります。それが、自然の法則というものです。

もしダンマを学び、それに則った生活をしたいと思うのなら、自然を観察しなければなりません。木々に目を向けたことはありますか？ 大きな木、小さな木、高い木、低い木と、様々です。乾季が来れば、葉は落ちます。雨季が来れば、葉は再び生えます。落葉する時期になれば落葉し、芽吹くときになれば、芽吹くのです。散る時がくれば、散る。私たちと同じです。これが、現象（saṅkhāra）というものの持つ性質です。私たちは、生まれ、老い、死んでいく。そして、再び生まれます。草木と何ら変わるところはないのです。

森には、美しい木とそうでもない木があります。ねじれた枝を持つ木もあれば、まっすぐで高く生えた木もあります。人と同じです。善人も、悪人もいます。心根がまっすぐな人も、ひねくれた人もいます。それが、自然の法則というものです。

木々の場合、それらを生じさせた因と縁は何になるでしょうか？ 土壌や水が、木々が育つための因と縁となります。私たちが育つための因や縁となるのは、業（kamma）です。業とは、私たちの行為のことです。私たちが健康に生まれるか、病弱に生まれるかは業によって決まります。智慧のある人に生まれるかどうかも、業によって決まります。木々は、季節によってその姿を変えます。それが、自然の法則です。私たちは、業すなわち行為によって、変化していきます。

善いおこないをすれば、善い結果が得られます。悪いおこないをすれば、悪い結果が得られます。美しい行為は私たちの人生を美しいものとし、醜い行為は醜い人生をもたらします。これが、業

（kamma）と呼ばれる存在の真理です。たとえば今、あなたがこうして私の話を聞いているのも、業の結果です。そして今、あなたはこの話を聞くことによって、平安に達するための業を積んでいます。戒（sīla）を守り、法話を聞き、瞑想をすることは、善い業となり、善い結果を生み出すための原因となります。

法話を正しく聞くためには、理解力が必要です。理解力が高ければ、多くの智慧を得ることができます。理解力が低ければ、得られる智慧はわずかです。正見が確立していないとき、私たちはたくさん苦しむことになります。正見が確立していれば、苦しみは消え、静かで穏やかな心が訪れるでしょう。

今、皆さんは精神的な修養を求めて、この僧院に来ています。ここでは、外面的な振る舞いのみならず、心の内面まで含めて、修行をしてもらうことになります。それが、ダンマを学ぶということです。私たちの身体の中に、ダンマは存在します。どこか遠くへ行くことなく、自らの心の内に、それをはっきりと見出すことができるのです。

自分の心身に対する理解が深まると、世間に対して厭離の気持ちが生じます。それ故にブッダは、生、老、病、死を観察し、そのダンマを理解することを私たちに説いたのです。

もし自然の法則に従って生活をしているのなら、ダンマを実践していると言うことができます。ダンマを実践していると、人間というのは皆同じようなものだということが分かります。どの村や国の出身であるかというのは、問題ではありません。現象を正しく観察するのなら、そこに何ら差異がないことが分かります。この世界に生まれ、変化を続け、そして結局最後には、死という形でこの世界から退場します。それは誰の身にも起こることです。そのことを理解するため、ブッダは私たちに戒（sīla）を守り、ダンマを学ぶことを説きました。私たちは皆、同じなのです。そのことが理解できれば、私たちは他者を許すことができるようになります。生、老、病、死は誰の身にも起こるのですから。私たちは皆、同じ一族の一員です。このことが理解できれば、平静な心が生じます。自分の身体を観察すると、他の人たちと同じだということが分かります。他人の子供も、自分の子供と変わりありません。他人の両親も、自分の両親と変わりありません。私たち自身の存在というものは、他の誰かの存在と相違ありません。このことが理解できるようになると、他人と争ったり、妬んだりすることがなくなります。

このようにものを見ることを、正見と言います。正見を備えていれば、果（phala）を得ることができます。正見を備えていれば、正思惟、正語、正業、正命、正精進、正念、正定といった八正道のすべてが整います。正見を備えているなら、私たちはどこにいても常に、ダンマを実践することができます。

ブッダは私たちに、自分自身を観察するようにと説きました。彼は決して天国や、遠くにある山や空を目指すような教えを説いたことはありませんでした。ダンマは常に、私たちと共にあります。自分自身を知るようになると、執着心が減ってきます。執着心が生じるのに、気づくことができるようになるのです。気づきがなければ、執着が減ることはありません。

ダンマを学ぶ者は、自らの精進によって、どれくらいの果（phala）が得られるのかを、知るべきです。自分が何をしているのか。正しく修行をしているのか、間違った修行をしているのか。修行をすると、どのような結果が得られるのか。こうしたことをよく理解をした上で、私たちは修行に取り組むべきです。こうしたことを理解していなければ、私たちは修行から何の成果も得ることはできません。ただ、指導者に言われたまま、何も考えずに修行に取り組んでいるのなら、まったく進歩はありません。

言われたからやる、というのでは何にもなりません。ブッダは私たちに、賢明であることを求めました。智慧を備え、今この瞬間に生じていることに気づくには、賢くあることが必要です。死んでから修行をしようとしても、手遅れです。今この瞬間に気づかずに、後になって気づくことはできません。今すぐ、気づかなければならないのです。

自分の身体を十分観察し、それに執着が無くなってくると、私たちは自分たちが籠の中の鳥のようなものだということを理解します。鳥の飼い主は、いつでも好きな時に、籠の中の鳥を殺すことができます。私たちの身体も、いつ不調をきたすか分かりません。身体とは、そういうものですから。身体が変化していくことを止めることは、私たちにはできません。私たちは、自分の身体に命令をすることはできません。なぜでしょう？　本当は「自分の」身体ではないからです。実際のところ、「私の」身体というものは存在しません。「私の」足、「私の」腕、「私の」目というものは、存在しません。「私の身体」という概念は、パンニャッティにすぎません。コミュニケーション上、そのように表現しているだけのことです。

ここで「私の」ものだと思っているものを、五蘊と呼んでも構いません。あるいは名色《みょうしき》（nāma-rūpa）であるとか、心身と呼んでもいいでしょう。それらは、同じものを指しているのですから。

ブッダはこう説きました。

「比丘たちよ。自らの心を観察するものは、マーラ（死王）の罠から抜け出すであろう」

私たちは、自分の心を本当に理解しているでしょうか？　心が悲しいとき、私たちは泣き、楽しいときには笑います。心が何かを渇望すれば、私たちはそれが欲しくなります。こうしたことを理解するのは、それほど難しくありません。心を制御するのはそれほど難しいことではありませんが、そうしたことを教わったことのある人は少数です。もし心に怒りが生じたら、すぐさま制御するようにしてください。鞭を取り、心を飼いならすのです。ですが、このように心を訓練する人はほとんどいないのです。

もし本気で心を鍛えようというのなら、のんびり寝ている暇はありませんよ。寝るときも、ただ寝るのではなく、瞑想を実践してください。ベッドに横たわったら、出る息と入る息を観察してください。毎晩、眠りにつく前に、呼吸を観察するのです。ただ、それだけでいいのです。寝る前に、特別なお経を唱えたりする必要はありません。

「まだ呼吸をしているかな？」

と考えながら眠りについたあなたは、翌朝目を覚まし、こう思うことでしょう。

「まだ生きている！」

一日が過ぎ、また眠る時が来たら、再び自分に尋ねてください。

「眠りについたら、再び目を覚ますだろうか？」

毎晩、寝るときにこのことを自分に尋ねるのです。それを続けていると、やがて機が熟してきます。そのとき、あなたは「自己」とか「他者」と呼ばれているものの、真の姿を理解するでしょう。パンニャッティというものの正体が、何であるのかが分かるのです。すると、重いものは軽くなり、長いものは短くなり、難しいものは簡単になります。しかし、それには精進が必要です。精進すれば、きっとやり遂げられることでしょう。惰眠を貪っているだけでは、何も得ることはできないのです。

外の世界を観察する必要はありません。私たちが観察すべき対象は、すでにここにあります。それは生まれてからずっと、私たちのそばを離れたことはありません。現象が生じると、すぐさま私たちはそれが無常であり、苦しみをもたらすものであり、私たち自身ではないことを観察します。私も他者も同様に、この無常・苦・無我という性質を持っています。これが、第一段階のダンマの観察です。これが、私たちを修行の完成へと導く道です。この道を歩めば、この世界に再生することなく、それゆえもはや死ぬことのない境地に至れます。

気づきがあれば、物事を正しく理解できます。農作業をしているときと、同じようなものです。太陽はまだ高く昇っているか？　日は暮れかかっているのか？　そうしたことは、太陽の位置を観察すれば分かります。日が暮れたら、今日の農作業は終わりです。後はただ、家に帰るだけです。

仕事をするとき、私たちは時節というものをよく理解する必要があります。一日中気づきを保つことができれば、時節を正しく知ることができます。野良仕事へ行く時間か？　一日の野良仕事を終え、家に帰る時間か？　気づきがあれば、そうしたタイミングを正しく知ることができます。常に心と身体を観察しているのなら、適切な時節を知ることが可能なのです。以前と比べ、心と身体はどうなっているか？　今はどんな感じか？　小さな子供のようか？　このように観察を続けると、やがて心は変化していきます。厭離の念が生じてくるのです。それは人生の不確かさや、妄想にまみれた人生の空しさから生じます。このように心が変化するまで、心身の観察を続けてください。心が変化しなければ、ダンマを観ることはできないのです。

物事が生じるためには、必ず原因が必要です。ダンマを学ぶことによって、私たちは善い因を作っています。あるところに、夫婦がいたとしましょう。彼らは愛し合っていますが、時には意見が対立したり、喧嘩をしたりすることもあるでしょう。やがて、夫婦のどちらかが亡くなり、一人が取り残されます。そうした時に、僧院に足が向く人は多いです。病気になった人のようなものです。病気になると、人はすぐに医者を見つけようとします。病気でないときは、医者を見つけようなどとは考えないものです。

このように、物事とは原因があって生じるものです。私たちの感情も、同様です。快適に生活している時、私たちはこの物事には原因があるという道理について考えず、心は成長することがありません。また、快適な生活の中では、厭離や無執着といった心を養うことも困難です。そうした時は、指導者の教えに耳を傾けるべきです。長老方は、様々なアプローチを用いて、私たちがダンマを学べるように導いてくれます。自分の髪や歯、肌、爪を観察してみてください！　以前と同じように若々しいですか？　それとも、前に比べて変化していますか？　そうしたことが如実に分かるため、ブッダは私たちに自らの身体を観察するように説いたのです。自分の身体を観察してください。自分の身体を観察し、不健康であると気づいたのなら、あなたは自発的に病院に行ったり、薬を求めたりするでしょう。それは自然なことです。熱が出たり、身体が痛かったりして仕事ができない。そう思って初めて、私たちは病院に行こうと思うものです。病気になる前は、医者へ行こうなどとは思いません。誰かが医者へ行けと言っても、症状がないのなら、医者へ行こうとは思わないでしょう。症状が出て初めて、医者へ行く原因が生じたことになるのです。

瞑想も同じことです。なぜ私たちは、改めて自分の身体を観察しなければならないのでしょうか？

自分の身体を観察することによって、厭離や無執着といった心を生み出すことができるからです。厭離や無執着といった心が生まれれば、煩悩は静まります。無明が明に変わるのです。ブッダは常に、生、老、病、死を観察するようにと説きました。私たちは自らの身体を観察することを通じて、生、老、病、死を理解することができます。

死について考えることは、自らの心を厭離や無執着といった方向へ向かわせるきっかけとなります。そして死への理解が深まるほど、世間に対する無執着の心は強まります。修行が進むにつれ、ダンマに対する理解が深まります。そして、ダンマが理解できると、心に平安が訪れます。これ以外に、心が平安で満たされる道はありません。

それゆえ、四念処の中に、身体の観察を意味する身念処が含まれているのです。頭頂部から足の裏まで、何度も繰り返し観察してください。身体を観察することによって、厭離や無執着の心を養うのです。

たとえば、あなたに家族や財産があるとしましょう。人生が万事快調な時、私たちは幸せなので、心が成長することはありません。きちんと整備されたボートを漕いでいるときに、そこから落ちて泳ぐ羽目になることを想像しますか？　ボートが沈むようになって初めて、泳がなければならないことについて考えるようになるものです。

「どうしていつも身体を観察することについて説くのですか？」

と尋ねる人もいます。それが私たちにとって有用なものだからです。ボートに乗っているときは、水泳の重要性について気がつかないかもしれませんが、泳ぎを学んでおくことは有用なことです。ボートが沈んだときに、泳げること以上に有用なことがあるでしょうか？

瞑想をして、真理を理解すれば、結果は自然と生じます。無常・苦・無我を観ることによって心を養ってはじめて、あなたはダンマの実践者と呼ばれるのです。

無常・苦・無我が理解できると、その後の修行はスムーズに進みます。自分や他人の心と身体の内に、無常・苦・無我を観ることができるようになるのです。そうすれば、自然と徳を養うこともできます。私たちが観察しなければならないのは、自分自身の身体です。それこそが、ブッダが説いたことです。ブッダは、私たちが行くことができない世界や、見ることのできないものについて説くことはありませんでした。ブッダはただ、私たちの存在の事実から学ぶことを説いたのです。私たちは座る時も、歩くときも、寝るときも、この自分自身の身体と共にあります。

このように、いつも自分の身体と共にあるのに、私たちはそれをしっかりと観察しようとはしません。瞑想ホールに置いてある骸骨のようなものです。村人たちはよくその骸骨について噂話をしますが、実際にそれを観察しようとはしません。たまに実際に見る人がいても、怖がってしまう始末です。彼らは瞑想ホールから逃げていきます。彼らは、骸骨が見たくないのです。そうしたものを、見ようとしない人々なのです。彼らが骸骨を実際に見たのなら、怖がらないはずです。もしあなたが怖がっていたとして、どこへ逃げていくのですか？　骸骨は常に、あなたと共にあるのです。考えてみてください。もし逃げ出したとしても、骸骨はあなたと共にいるのです。どこへ行っても、骸骨はあなたと共にいます。逃げ場はないのです。

このことを理解すると、自然と厭離の気持ちが生じます。

「あぁ、本当にこの世は無常・苦・無我なものだなぁ！」

ということが理解できるのです。骸骨は、あなた自身です。キンマ（嗜好品）を噛んだり、たばこを吸ったりするときも、骸骨はそばにいます。こっちにいっても、あっちにいっても、骸骨はそばにいます。お喋りをしている時も、骸骨はそばにいます。なぜなら、骸骨はあなた自身だからです。いつの日か、あなたは瞑想ホールの骸骨のようになります。誰でも、そうなるのです。瞑想ホールの骸骨も、かつてはあなたのように生きていたのです。いつの日か、私たちも必ず瞑想ホールの骸骨のようになります。怖いですか？ 私は嘘を言っていますか？ 死から逃げることはできますか？

一人の人を観察すれば、その人が他の人と同じであること、あなた自身と同じ人であることが分かります。ですから、一人の人を理解すれば、宇宙に存在するすべての人々を理解することができるのです。私たちは皆、同じです。私たちは本質的な部分では皆、同じなのです。

この真理を、理解してください。私たちは皆、死ねば必ず瞑想ホールの骸骨のようになります。このことが腹に落ちると、自然と心が変化します。常にこのことを、心に留めるようにしてください。すると、物事とは無常なものであると理解できるでしょう。唯一確かなものと言えば、私たちの業(kamma）です。この世では、善い原因は善い結果をもたらし、悪い原因は悪い結果をもたらします。正しい思考はあなたを正しい道に導き、間違った思考はあなたを迷わせます。私たちの過去のおこないの結果が、今の在り様なのです。この業の法則のみが唯一確かなものであり、過去のおこないの結果は、やがて必ず生じます。

私たちの身体もまた、無常です。自分自身の身体ですら無常なのですから、家族、友人、財産といったものも無常です。確かなのは私たちに結果をもたらす、身・口・意の三業です。善因は善果をもたらし、悪因は悪果をもたらします。確かなものは、ただそれだけです。

ブッダは、このことを探究するようにと説きました。私たちは、この人生で何かを得ようとする必要はないのです。世間的な望みは捨て、生きている間はただ善いおこないをすることに注力してください。死んでしまったら、何もできませんから。ブッダは私たちに、一刻の猶予もなく、ただちに修行を始めるべきだと説きました。私たちには、まだ機能している目と耳があります。意識もはっきりしているので、物事を理解できます。何もかも手放してしまいなさい！　生きているうちにあらゆるものを手放せば、光がもたらされるでしょう。すべてを手放し、ただひたすら観察するのです。生きているうちにこそ、頑張らなければなりません。死んだら、もう修行をしたくてもできないのです。

タイの伝統では、きちんと葬儀をすることは、亡くなった人の供養になると考えられています。葬儀が終わると、カオニャオ（蒸した餅米）を作って供物として亡くなった人に捧げ、その後葬儀の参列者で食べたりします。供物として捧げても、亡くなった人はもうここにはいないので、カオニャオを食べることはできません。

生きているうちに修行をすることが大事です。ブッダは人間として生まれてくる機会の貴重さを説きました。人間として生まれ、修行ができる機会を大切にするべきです。もし、自分自身に悪い点があるのなら、すぐに改めるべきです。反対に善い部分があるのなら、より育てるべきです。善と悪は、あなたの二人の友人のようなものです。もし、あなたが今、善友と一緒にいるなら、あなたの将来は善いものとなります。反対に、あなたが今、悪友と一緒にいるなら、あなたの将来は悪いものとなります。どれほど財産を持っていても、それによって幸福になることはありません。若者たちは物質的に豊かになろうと日々奮闘していますが、そうした努力によって、彼らが決して幸福にはならないことが分かりますか？　私たちは、そうした努力は空しいものだと知るのに十分な年齢に達しています。物質的に豊かになろうとする代わりに、心の静けさや手放すことを探究するべきです。私たちはすでに十分世俗の務めを果たしました。もうそれらから卒業し、修行の道を歩むべき時です。

家で過ごしているときも、修行のことを忘れないようにしてください。物理的に出家をしていなくても、心の中では出家者と同じ気持ちで、真理を探究してください。俗世での地位や財産は、儚いものです。それらは、本質的な価値を持つものではないのです。あくまで、その価値は限定的です。そういったものは変化し続けるものですから、放っておけばいいのです。ブッダは私たちに瞑想をし、このことを理解するようにと説きました。これらが理解できれば、経典に初期段階の修行として書いてある内容ができたことになります。それは、私たちの身体への執着を破壊するでしょう。身体への執着を滅却するのです！　無常・苦・無我を理解すると、厭離と無執着の気持ちが生じます。そのとき初めて、信（saddhā《サッダー》）*が確立するのです。

このことを、よく考えてください。厭離と無執着の気持ちが生じてくると、やがてあなたは有害な行動を控えるようになるでしょう。有害な行動をやめたのなら、それが戒（sīla）です。もしこうしたことが理解できていないのなら、業（kamma）や悪行為が何かということが分かっていないことになります。もし理解しているのなら、そうしたことはやめるでしょう。善くない行動、発言はしないようになります。それが道徳というものです。悪い行為を一つもしていないのなら、道徳的な生活を送っているということができます。

邪見を手放せば、自然とサマーディ（samādhi）は確立します。サマーディが心に確立すると、智慧が生じます。ブッダ在世時、弟子たちはブッダの言葉を聞いただけで、即時に悟ることもありました。その瞬間に、阿羅漢果を得た人もいたのです。彼らは、戒（sīla）を守っていたのでしょうか？ サマーディを身に着けていたのでしょうか？ 彼らは輪廻（saṃsāra）に嫌気がさしていたので、悟ることができたのです。そのように、心底から輪廻に嫌気がさしているとき、戒を守っていると言えるのです。邪見のない時、心は静まり、サマーディが生まれます。心が穏やかなとき、瞑想は深まり、現象のあるがままの姿を知ることができます。

ダンマを聞き、瞑想をする時、純粋な道徳心と安らぎが生まれます。これこそが、道（magga）なのです。瞬間的に、それは生じます。疑り深い人は、短期間に阿羅漢果を得る人を見ると、善い業（kamma）のおかげでそうなったのだな、と思うでしょう。けれども、それは今、この瞬間にも起こり得ることなのです。本当ですよ。もし、私たちがブッダの言葉を聞き、それをはっきりと理解できるのなら、今、この瞬間にも悟りを開くことは可能です。ただ、手放せばいいのです。もし、今すぐ手放せなくても、明日でも近い将来でもそうすればいいのです。今、はっきりと理解できなくても、明日には分かるでしょう。明日まだ分からなくても、明後日には分かるでしょう。もし、私たちが本当にダンマに関心を持っているのなら、必ず分かる時が来ます。

「ダンマ」という言葉を聞くとき、「自然」という意味以上のものを付け加えないようにしてください。私たちは、ダンマを所有しています。私たち自身が、ダンマです。修行をするときは、真剣に努力してください。無常・苦・無我が理解できるよう、奮闘するのです。永続するものなど、この世にはないのだと理解するのです。それが、すべてです。

こうした見解に達すれば、あなたが見るものは、すべて真理となります。外部の現象が、私たちそのものとなるのです。たゆまぬ努力を続けるのです。すると、あらゆるものが、ダンマとなります。動物を見るとき、ダンマがそこに顕現します。大きな動物も、ダンマです。小さな動物も、ダンマです。岩、土、草、あらゆるものが、ダンマです。なぜなら、そうしたものは皆すべて、自然なものだからです。

ダンマを学ぶとは、ダンマを観ることなのです。それが、ブッダの説いた教えです。ダンマとは、私たちの遠くにあるものではありません。私たちは、道（magga）の源になるものについて話しています。もしあなたに信（saddhā）があり、ダンマを探究しているのなら、それをどこに探しに行くべきでしょうか？　あちこちの僧院で、あなたはそれを探し求めてきたかもしれません。遠くへ行かずとも、ダンマは今、ここであなたの身体の内に見出すことができます。この森の中でなく、どこか他の僧院へダンマを探し求めに行っても、構いません。きっと、そこでも同じことを説かれるでしょうから。

きっと皆さんは、様々な教えを聞いてきたと思いますが、根底にある原理は同じです。ですから、必ずしもたくさんの法話を聞く必要はありません。たくさんの法話を聞くより、聞いた教えを正しく理解することが重要です。何が重要な点か？　何をより深く探究するべきか？　どのように瞑想を実践するべきか？　どのように心を養っていけばよいのか？　私たちは、苦しみ（dukkha）から解放され、出世間へ赴くことを望んでいます。では、今私たちが暮らす世間（loka）とは何であるか、理解していますか？　苦しみは今、どこにありますか？　どのようにそれらを乗り越えるのですか？

苦（dukkha）と楽（sukhā）は、偉大な教師です。渇愛（taṇhā）と怒り（dosa）も、偉大な教師です。それらの中に、道（magga）があります。愛情に執着しているのなら、それらはやがて、あなたに痛みをもたらすでしょう。そのことを、観察するのです。これらの感情は、まさに道（magga）を指し示すものです。そうした感情に執着しているのなら、それは間違いです。観察することによって、私たちはそれらの感情を真に理解することができるようになります。

なぜ、愛着や執着といった感情を乗り越えなければならないのでしょうか？　よく考えてみてください。日常生活において誰かに執着しているとき、それは私たちを苦しみ（dukkha）に導きます。もし納得いかないのなら、さらに考えてみてください。私たちは、この愛着の正体を知らなければなりません。どうか、この愛着という感情に、はまり込まないようにしてください。他者への愛着、財産への執着といったものは、私たちに苦しみをもたらします。このことを、よく覚えておいてください。覚えておく自信がない場合は、どこかにメモしておくといいでしょう。これは、真理なのです。

欲（lobha）や怒り（dosa）といった感情が引き起こされたときは、それを観察するようにしてください。それらの感情を冷静に観察し、極端な道に陥らないようにするのです。衝動的な感情は、私たちを快楽への耽溺や禁欲といった極端な行動へと導くものです。ブッダは私たちに、際限のない快楽の追求と、苦行への没頭という両極端な生き方をしないよう戒めました。こうした教えは、時代を超えて普遍的なものです。

こうした真理は、自分自身の心を観察することによって見出せます。私たちは、自分の好きな人とは一緒にいたいと思い、嫌いな人は遠ざけたいと思うものです。こうした感情に、心当たりはありませんか？　そうした心の動きを、参究してみてください。これらの感情が、私たちに苦（dukkha）をもたらしているのが分かりますか？　これは、四聖諦の中の、苦しみとその原因に関する話です。愛着や執着が、苦の原因なのです。私たちの日常生活を観察してみれば、それが事実であると分かります。執着心やそれによって生じる不安というものは、私たちにとって有益なものですか？　無益な執着心に、囚われないようにしてください。バナナを食べて、その皮を捨てたとき、鶏や他の動物たちが皮に群がってきたとしましょう。そのとき、それは自分のものだという感情があるのなら、あなたはまだバナナの皮に執着しているのです。何かを得ると、私たちは喜びます。反対に、何かを失うと悲しみます。ブッダは、これら二つの両極端を避けるようにと説いたのです。このことを、あなたの心に刻んでください。

ですから、ダンマを学ぶ者は、執着や嫌悪といった感情が生じた際に、それを観察する必要があります。継続してそれらの感情を見つめ、心を育ててください。自分の感情を観察し、極端な道に陥ることを避けることは、心を育てる際に有用です。愛着や嫌悪といった落とし穴に落ちないように、注意してください。

ブッダは、このことをよく知っていました。修行とその悟りを通じて、ブッダはこの世の中は真に無常であり、苦しみに満ちており、無我なものであると理解していたのです。愛着を感じても、それに巻き込まれないでください。嫌悪を感じても、それに巻き込まれないでください。そうした感情に巻き込まれてしまうのなら、そうならないよう、心を鍛えてください。こうした感情は、私たちに決して平安をもたらすことはありません。

これこそが、ダンマです。ブッダは、こうした教えを説いたのです。私たちは、この事実を直視しなければなりません。これこそが、ニッバーナへの道です。私たちは、この道を進まなければなりません。

「もしこうした感情に巻き込まれるのなら、より下層の世界に再生するだろう」と自分の心に言い聞かせてください。そうした感情に執着してはならないのです。

田んぼで農作業をしているときのことを、想像してみてください。あなたは水牛に語りかけて、自分の思うようにコントロールできるはずです。それなら、なぜあなたは自分自身の心に語りかけ、それをコントロールすることができないのですか？

今、ここで語り合っているのは、原因がもはや生じない場所、原因が尽きた場所にたどり着く方法についてです。愛着や嫌悪を抱くということは、未だにまだ原因を生み出しているということを意味します。原因があるのなら、結果もあるでしょう。生があるのなら、死もまたあるでしょう。それが、この世界の法則です。愛着があるのなら、嫌悪もまた存在することになります。天界に再生する可能性があるのなら、地獄に再生する可能性もあるということです。地獄に再生する可能性があるのなら、天界に再生する可能性もあるということです。この世に生まれるということは、そういうことです。ブッダは私たちに、この現実を直視することを求めました。これは、一部の人々だけに当てはまる現実ではありません。普遍的な原理なのです。では、どこでサマーディを修習しますか？　何を対象に瞑想をしますか？　あなたがしなければならないことは、何かに出会ったら、即座に手放すということです。

今すぐ、真剣に修行に取り組んでください。鍛冶屋は熱することによって金属を柔らかくし、どのような形の道具を作ることもできます。それと同様に、私たちは柔軟な心を養い、どのような状況にも対応できるようにするのです。戒（sīla）、節制、瞑想実践は、まさにそうした柔軟な心を手に入れるためにあるのです。心が柔軟になれば、やがて平安な境地が訪れることでしょう。

第３章

ダンマを実践する

Practicing Dharma

平安への道

ダンマの実践は、私たち一人ひとりの心の中にある、欲（lobha）、怒り（dosa）、無知（moha）といった煩悩を取り除くためにあります。それらの煩悩は、私たちを輪廻の輪に引きずり込み、心の平安の成就を妨げるものだからです。

平安に達するには、心だけではなく、日常の言動や、立ち居振る舞いも調える必要があります。日常の言動や、立ち居振る舞いを調えるには、まず心を調える必要があります。けれども、心だけ調えて、普段の言動や立ち居振る舞いが粗暴なままなら、修行の進歩はありません。柔軟で美しい心を養うことは、木の柱の表面を滑らかにすることに似ています。柱を完成させるには、まず木を切り倒さなければなりません。それから、幹の部分から、枝を切り落としていきます。木の表面を滑らかにしていくのは、その後です。心を養う際にも、同じことが言えます。最初に荒っぽさが見える部分から修正していき、それから徐々に細かい部分についても調えていくのです。

私たちは心を清らかにするためにダンマを学びますが、実際に実践するのは困難を伴います。ですから、まずは言葉遣いや日常での振る舞いといったことが、柔らかくなるようにすることから始める必要があります。これは、椅子やテーブルといった家具を製作することと同様です。完成した家具はよく整っていますが、もとは森に生えている木だったのです。立派な家具を手に入れたいのなら、森から木を切り出し、木材の形にし、家具として組み立てる必要があります。心を清らかにするのも、それと同様です。

　そこで、真の幸福を実現するために、ブッダが私たちに説いたものが、戒（sīla）・定（samādhi）・慧（paññā）の三学*です。この三学こそが、私たちが歩むべき修行の道です。三学を実践することにより、私たちは欲（lobha）、怒り（dosa）、無知（moha）を完全に手放すことができるようになるのです。三学の実践は、楽しさや快適さを求める、私たちの日常的な習慣に逆らうものです。ですから、実践は容易なものではなく、努力を要するものだということを肝に銘じておく必要があります。

　ブッダは、この三学はあらゆる人が実践すべきものであると説きました。悟りを開いた仏弟子たちも皆、始めは私たちと同じ、普通の人間でした。彼らは、私たちと同様に、腕や足、目や耳を持ち、欲（lobha）や怒り（dosa）も持っていました。彼らも、悟りを開く前は、私たちと同じ凡夫だったのです。修行をすることによって、彼らは凡夫から阿羅漢となったのです。私たちは、阿羅漢となった仏弟子たちと同じ潜在能力を持っていることを、忘れてはなりません。私たちも、彼らと同様に五蘊から成り立っています。色蘊、受蘊、想蘊、行蘊、識蘊の五つの蘊によって構成されているのです。私たちは、善と悪を見分けることができます。悟りを開いた仏弟子たちと、私たちの条件は、同じなのです。彼らもまた、修行を始めた段階では、凡夫だったのですから。ブッダ在世時の弟子たちの中には、出家前に賊や殺人者だった者もいました。そのような人たちでも、ブッダは道（magga）と果（phala）を得られるよう、導きました。皆さんも、戒・定・慧の三学を実践することによって、道と果を達成してください。

自分の心の動きに気づくことができるのなら、言葉や身体による悪行為を避けることは難しくありません。私たちの話す言葉や、身体的な行為は、すべて心によって引き起こされるものです。私たちは気づき（sati）によって、自分を制することを学ばなければなりません。そうすれば、無軌道に悪行為を犯すことを防ぐことができます。そして、気づきによって自分を制していることの結果として、私たちの発する言葉や行為は、より優雅なものとなり、他人から見て感じのよいものとなります。

節度のある生活を送り、責任をもって自らの発する言葉や行為を管理することが、戒（sīla）を実践するということです。そして、揺らぐことなく気づき（sati）と戒を実践することが、サマーディ（samādhi）を実践するということです。これは、戒を保つという外面的な部分におけるサマーディですが、サマーディには、より心の内面に関わるものもあります。

修行を続けることによって、戒（sīla）とサマーディがしっかりと確立されれば、私たちの内外に生じる様々な現象を、しっかりと観察できるようになります。眼、耳、鼻、舌、身、意から成る六根に感覚の対象が触れるとき、自我が生じ、好悪、幸福と苦しみといった基準が生まれることになります。

もし気づき（sati）があるのなら、私たちは六根に感覚の対象が触れ、それに対する反応が起こることを認識することができます。「知る者」は自動的にそれらを識別することができるのです。私たちの内外に生じるあらゆる現象について、善と悪を見分けることができることを、智慧（paññā）と呼びます。これは初期段階での智慧であり、実践が進むにつれ、より高い段階の智慧が現れます。このように、修行の初期の段階から、戒・定・慧の三学を共に学んでいくことが重要です。

修行を続けていくと、新しい種類の執着や煩悩が生じることがあります。それは、善への執着です。サマーディが損なわれることを恐れ、心の中に不善なものが生じることを心配するようになります。それと同時に、あなたは修行に取り組むことに喜びを感じるようになり、より勤勉になります。心が感覚の対象と接触するときはいつでも、緊張をするようになります。他人の過失にも、よく気がつくようになります。これは、あなたが修行の成果に自覚的になったために生じることです。この段階に至って、ブッダの教えを学ぶための基礎となる段階が確立されたことを意味します。

そのようにして修行を続けていると、やがて出会う人全てに、何らかの欠点を見出すようになる可能性があります。そして、そうした態度は周囲の現象に反応し、修行に対して執着しているように見えるかもしれません。仏道修行に、過度に執着しているように見えるのです。けれども、そうした心配は無用です。修行が足りないよりは、熱心すぎるくらいがよいのです。たくさん実践し、身・口・意をきちんと管理してください。そうした実践には、やり過ぎるということはありません。

撮影者不明
アチャン・チャー。1975 年頃撮影。

修行の基礎が確立してくると、悪行為をすることに対して、恐れや恥の感覚を持つようになります。公の場であれ、私的な場であれ、時間と場所とを問わず、悪行為を避けるようになるのです。気づき(sati)を実践し、身・口・意を適切に管理していると、何が善で何が悪か、はっきりと区別できるようになってきます。確固不抜の精神で修行を続けていくうちに、私たちの心そのものが、戒・定・慧となるのです。

修行を続けていくことによって、戒・定・慧の三学は共に完成に近づきます。しかしながら、まだこの段階では、禅定(jhāna《ジャーナ》*)を修得するには早すぎます。心は、すでに相当清らかになっています。瞑想実践をしたり、心を育てるための努力をしたりしていない一般の凡夫に比べると、相当心は清らかになっています。貧しい人にとって数百ドルは大金ですが、大金持ちにとってははした金であるのと同じです。お金がないときの数百ドルは、大金です。それと同様に、修行の初期の段階において、顕著な煩悩を克服できた場合、それは大きな進歩であると感じられるかもしれません。この段階では、自分の出来る範囲で努力することができれば、十分満足感を感じることができます。

このような場合、あなたは修行の道を正しく歩んでいると言えます。歩んでいる道はまだ初期の段階ですが、継続して修行を続けることは難しいものです。心が清らかになるにつれて、戒・定・慧の三学は共に成熟していきます。それは、ココヤシの木のようなものです。ココヤシの木は大地から水を吸収し、幹を伝って全身に巡らせます。ココナッツに至った水は、その過程でろ過され、甘い果汁になります。粗大な土や水といったものが、甘い果汁というより繊細なものに変換されるのです。それと同じように、修行はまず粗大なものに取り組むことから始まりますが、瞑想によって心が清らかになっていくにつれ、より繊細なものに取り組むようになっていきます。

心が清らかになるにしたがって、気づき（sati）はより鋭さを増します。心の動きそのものにも気づきが向けられるようになると、瞑想実践はよりやさしいものとなります。もはや大きな過ちを犯したり、乱暴な振る舞いをしたりすることもなくなります。どのように振る舞ったり、話したりするのか迷った場合でも、感情的になることなく、気づきを内面に向けることが可能になります。サマーディは堅牢になり、智慧（paññā）も高まっているため、現象をよりはっきりと、容易に観察できるようになります。

その結果として、身・口・意によって行為がなされるときに、どのような心の動きがあるか、はっきりと観ることができるようになります。私たちの身体は、心の存在があってこそ機能するものです。心は、絶えず六根によって認識される感覚の対象の影響を受けます。智慧（paññā）が成熟するにつれ、あなたは心と感覚の対象の双方を、観察できるようになります。すると、段々と身体とは実体のないものであると感じられるようになってきます。身体とは、心と感覚の対象が接触することによって、一時的に生じるものにすぎないのです。

この段階に至ると、心《しん》（citta《チッタ》*）とは、ありのままで、何の偏りもないことが分かります。それは竿に掲げられた旗、あるいは樹木の葉のようなものです。何もなければ旗や木の葉は動きませんが、ひとたび風という外部からの力が加われば、揺れ動きます。ありのままの状態の心も、それと同じです。ありのままの心には、欲（lobha）や怒り（dosa）もなく、他人の過失を見つけたりすることもありません。心《しん》（citta）はそれ自体で独立しており、透明で清らかなものです。ありのままの状態の心には、喜び（sukha）も苦しみ（dukkha）もなく、ただ平安だけがあります。これこそが、私たちの心の本当の姿なのです。

ですから、修行の目的とは、本来の心に到達するまで、私たちの内面を探究することなのです。本来の心とは極めて純粋なものであり、そこに渇愛（taṇhā）は存在しません。本来の心は心所（cetasika《チェータシカ》）＊の影響を受けることはなく、快い現象、不快な現象といったものに惑わされることもありません。本来の心は常に覚醒しており、経験したことすべてに気づいています。

心がありのままの状態のとき、それは何かになるということはなく、揺るぎのないものとなっています。ただ、気づき（sati）のみがそこにはあります。心は、自らが清らかなものであることを理解しています。これが、本来の心の状態です。あらゆる現象は誰かにコントロールされているのではなく、ただ条件によって一時的に生じたものにすぎないことに気づくことによって、私たちはこの本来の心に至ることができるのです。

かつては欲（lobha）、怒り（dosa）、無知（moha）の三毒が心の中にあったため、快いものや不快なものを見たときにはいつでも、それに対して心が反応したことでしょう。そしてその結果として、私たちの心は常に、快（sukha）か不快（dukkha）のどちらかを経験することになるのです。気づきを実践することを通じて、あなたは自分が昔からの習慣や条件反射によって行動していることが分かるようになります。心《しん》（citta）そのものは本質的に自由ですが、私たちに執着がある限り、苦しみ（dukkha）に終わりはありません。心が自らの本当の姿を知らない限り、清らかにならない限り、私たちは自由になることはできません。それまでは、日常で経験する様々な影響を避けることはできないのです。言い換えるなら、帰依所なくして、私たちは自分自身に依ることはできないのです。

それらとは対照的に、本来の心は、善、悪といった概念を超越しています。けれども、あなたが本来の心から離れると、すべてが不確実になります。そして、それを静めるすべがない限り、いつまでも生と死、危険や困難といったものが続きます。

普通、誰かに批判されると、私たちは腹を立てるものです。気づき（sati）なしに感覚によってもたらされる印象を受け入れることは、刺されるような経験を引き起こします。それが、執着です。一旦刺されると、その経験は変化し、やがて私たちが再生する原因となります。けれども、瞑想実践によって現象に執着しないようになれば、心の中に何も形成されることはありません。それは、外国語で罵声を受けるようなものです。その場合、言葉の意味が分からないので、傷つくことはありません。

サマーディとは、しっかりと集中している状態の心を意味します。それは、私たちが瞑想実践をするほど、より強くなっていきます。サマーディが強くなると、心の中で瞬間、瞬間、生じては消えていくものに気づくことが、容易になります。心は、まったく動ずることがないほど安定したものになります。自分でも、自らの心が不動のものとなったことを確信することでしょう。心が良い状態や悪い状態、幸福や苦しみといったものを感じるのは、心所（cetasika）によって煩悩を引き起こされるためです。心《しん》（citta）は心であり、心所は心所です。心が心所によって惑わされることがないのなら、苦しみはありません。煩悩によって惑わされることのない心を、揺るがすことはできないのです。このとき、あらゆる現象は生じては滅するものとして理解されることになります。

この段階に至っても、まだ手放すことができないものが残っている可能性はあります。その場合、手放すことができないものがあっても、気にしないようにしてください。何よりもまず大切なのは、このレベルの気づき（sati）を維持し、発展させていくことです。気づきを保ち、煩悩を滅すべく精進しなければなりません。

この段階までダンマが理解できるようになると、普段の修行は以前より淡々としたものになってきます。経典ではこのことを、聖者への流れに入ったと述べています。それは、普通の人間のレベルを超えた心を意味します。凡夫から聖者へと、心が変化したということです。けれども、まだこの段階では、心の中に凡夫の部分が残っています。普通の人間のレベルを超えたといっても、まだ煩悩が心の中に残っているので、一時的にでもニッバーナを体験するまで、修行を続ける必要があります。向こう岸へと、川を渡っている人のようなものです。彼は川の向こう岸の存在を確かに知っていますが、今はまだ川を渡りきることはできないので、もとの岸に引き返すのです。

川の向こう岸の存在を知ることは、聖者への流れに入ることと似ています。それは煩悩を滅する方法を知っているが、まだ向こう岸へ渡ることができないという状態です。そのために、もとにいた岸に引き返すことになります。煩悩を滅した状態が本当に存在することを知ったのなら、瞑想を実践し、修行を続ける間ずっと、そのことは励みになります。修行のゴールと、そこへ至る方法について確信しているのですから。

簡単に言うなら、これは心《しん》（citta）そのものが生じた状態だと言えます。現象のありのままの姿を観る時、あなたはそこにただ一つの道を見出すでしょう。そして、その道を歩む以外、人生で取り組むべきことは何もないということを理解するのです。幸福（sukha）と苦しみ（dukkha）を追い求めることは、私たちが人生で為すべきことではありません。それらを追い求めることは、ただ苦しみを生み出すだけです。この段階に至った修行者はそのことをよく理解しており、気づきも正見も確立していますが、まだ完全に執着を手放せてはいません。

ですから、修行に取り組むときは、常に中道を歩まなくてはなりません。幸福（sukha）と苦しみ（dukkha）の状態にあるときはそれに気づき、双方から距離を取るよう注意するのです。どんなに幸福（sukha）な状態が魅力的でも、それに積極的な意味を与えることのないように。そしてまた、どんなに苦しみの状態が辛くとも、それを恐れないようにしてください。そうすれば、心のありのままの姿を観察することができます。そして、中道を歩むことができます。捨（upekkhā）の心と共に、私たちはその道を少しずつ歩んでいくのです。

良い状態と悪い状態の心を徹底的に経験した末に、幸福や苦しみ、喜びや悲しみといったものを手放し、世間を知り尽くした存在になれます。物事を完全に知り尽くすと、それに対する執着がなくなり、手放せるようになるものです。もはや、あなたは道の終わりに到達するために為さねばならないことを理解しています。そして、あなたは自分の執着を根こそぎ根絶するため、奮闘することになるのです。

瞬間、瞬間、変化する心の状態について、いちいち瞑想指導者に面談をして指導を仰いだり、何か特別なことをしたりする必要はありません。幸せ、あるいは不幸な心の状態に執着するとき、そのような執着は煩悩にすぎないと、しっかり理解するべきです。それらは、世間（loka）への執着なのです。では、何によって世間は生み出されるのでしょうか？　世間は、無明（avijjā）によって生み出されるのです。私たちに気づき（sati）がない時、現象に魅惑され、行（saṅkhāra）が作り出されます。ですから、世間は無明によって創造されるというのです。

修行が本当に面白くなってくるのは、ここからです。自分がまだ執着しているものに出会ったら、気づき（sati）の実践を続けてください。修行は完成に近づいていますが、長年の習慣を断つのは容易ではありません。気づきと智慧の力を阻むことができるものは、何もありません。一時的に心が不善な状態になっても、放逸にならず、それに気づいていれば大丈夫です。とげを踏んだときのことを、想像してみてください。普通、私たちはとげを避けようとしますが、それでも踏んでしまうことがありますよね。そんな時、どう感じますか？　仏道を学んでいるのなら、それが苦しみ（dukkha）であり、その衝動が私たちを輪廻の輪に縛り付けていることを知っているはずです。とげを踏んでしまうこと自体は、避けることができません。日常生活の中で、喜びや悲しみといった様々な感情が生じることも、避けることができません。けれども、気づきを実践していれば、そうした感情によって、自分を見失うこともありません。心の中のあらゆる執着を滅するまで、瞑想実践を続けてください。

ここまでくれば、もう世俗のことに巻き込まれることはないでしょう。ここからは、ただ心身を観察していくのみです。心の中で心所が生じては滅するのを、観察してください。滅するから、生じるのです。生まれるから、死す。死ぬから、生まれる。滅するから、生じる。生じるから、滅する。最終的には、あなたは滅のみを観察することになるでしょう。

このことを経験すると、何か他のものを探し求めることがなくなります。何が生じても、常に気づき（sati）を保てます。観るときは、ただ観るのです。知るときは、ただ知るのです。心と現象は、ただあるがままのものです。そこに、何も付け加えることはありません。

ですから、少しずつ心を静めながら、淡々と修行を続けてください。妄想してしまっても、問題ありません。妄想が出なくても、問題ありません。重要なことは、自分自身の心について、理解を深めることなのです。

戒（sīla）は幸福をもたらす――ソンクラーン（旧正月）の法話

戒（sīla）を守ることは、幸福への道です。

戒は私たちにとって財産であり、宝です。

戒は、私たちを無執着へと導きます。

戒によって、私たちは清らかになることができるのです。


今日、皆さんは、ブッダ、ダンマ、サンガの三宝に帰依するため、ここに集まりました。そうしてここに座っている今この瞬間にも、私たちは死へと近づきつつあります。ブッダは、

「情け容赦なく一日は過ぎ行く」

と説きました。皆さんは、与えられた時間を有効に過ごしていますか？　これはブッダから私たちへの、大変深刻な警告です。一部の仏教徒は、彼らがその日何をしているのか、過去に何をしたのか、あるいは明日何をするのかといったことをまったく反省することなく、日々を過ごしています。私たちの意図や振る舞いが善なのか悪なのか、自らのおこないが他者に害を与えないかといったことに気づき（sati）を向けることなく、日々を過ごしてはいけません。当たり前のように聞こえるかもしれません

が、このことがしっかりできている人は、本当に稀です。

カレンダーによると、今日は一年の終わりですね。しかし実際のところ、カレンダーに書いてあるような曜日といったものは、それほど重要ではないのです。その日が何曜日であろうと、私たちにとって今日が始まりの日です。一年は十二か月から成りますが、いつが始まりの日でも構いません。これは世間の習慣に反しているように聞こえるかもしれませんが、問題ありません。

伝統に従って、私たちは今日、ここに集まりました。ダンマの実践に取り組んできた一年の、最後の一日です。戒（sīla）に守られて、私たちはこれからも、幸福で調和のとれた生活をするでしょう。戒を実践していることにより、社会の中にあっても、私たちは幸福に過ごすことができるのです。

私が子供の頃、ソンクラーンになると村の長老たちは、私たち子供を聖水が湧き出ているという水場に連れて行きました。水場に行くと私たちは水を飲み、互いに誠実で正直に生きようという誓いを立てます。この村の辺りでは、こんな誓いの言葉ですね。

「私たちは別々の村に住み、それぞれ別々の考えを抱いていますが、互いに幸せでありますようにという共通の思いを持っています。皆で、精神性の高く、道徳的な生き方をしましょう」

私たちはこのように、自分たちの村、国、宗教、王室に対して誠実であるよう誓いを立てます。これは、互いに気づきを保ち、敬意を持つためにおこなうことです。そのようにすれば、身・口・意の三業を守っているというシーラ・ダンマによって、私たちの村や国に平和が訪れることでしょう。こうした生き方が、調和を生むのです。

もし私たちの生活から誠実さが欠けると、どうなるでしょう？　答えは、私たちの周囲を見れば分かりますね。同じ村の中でさえ、人々は互いに争っています。同じ国の国民、同じ家庭の兄弟でさえ、互いに争っています。これらはすべて、煩悩のなせる業《わざ》です。私は、特定の誰かを批判しようとは思いません。なぜなら、それらはすべて私たちの煩悩によって引き起こされるものですから。同胞といえる人たちが、理由もなく互いに争い、殺しあっています。なぜそんなことになるのでしょうか？　邪見のために、人々はそうした行為に走るのです。邪見を抱く人々は、戒（sīla）の大切さについて考えることはありません。

ですからブッダは、今日私たちが仏教と呼ぶ教えを開いたのです。仏教は、宗教というより科学に近いものと言ってもいいかもしれません。それは、他の専門分野の知識と比べても、深い智慧を含んだものだと言えます。世間で学ばれている学問は、たとえ博士課程にまで進学したとしても、そこで学ぶことが終わるということはありません。それらの学問はあくまで欲界のレベルのものであり、学ぶことによって、私たちに苦しみ（dukkha）をもたらすものです。それらを学ぶことは、苦しみを手放すことの助けにはなりません。科学としてのブッダの教えは、そうした世俗の科学とは一線を画すものです。仏教を正しく学べば、私たちは手放すことができるようになります。何か害のあるものに出会ったとき、それを見抜くことができるようになります。物事に執着して握りしめるのではなく、その手を緩め、手放すことができるようになります。仏教とは、無執着の教えです。それこそが、科学としてのブッダの教えなのです。

ブッダの教えは、あらゆる意味で正しいものです。ですが、ブッダの教えは私たちの日常的な振る舞いに反するものなので、改めてそれを学ぶ必要があります。これは、極めて妥当性のある教えです。たとえば、仏教には「善因善果。悪因悪果」という教えがあります。これらは普遍的な法則であり、確実なものです。ブッダの教えが確実なのは、それが純粋な智慧によってもたらされたものだからです。それ故に、ブッダの教えは真理と呼ばれるのです。それでも、「善因善果」というのは確実ではないと主張する人々もいます。戒（sīla）を守っているのに、何の善い結果もないと言うのです。

「戒（sīla）を守っているのに、どうして何も善いことがないのだろう？　世の中を見ていると、悪いことをしているのに善い結果に恵まれたり、善いことをしているのに悪い結果になっている人もたくさんいるようだが……」

そうした見方は、邪見です。真理という観点から見れば、ブッダの教えは時と場合によって変わるものではないことが分かります。何が起ころうと、ブッダが悟ったという事実は、確かなものです。真理は、常に真理です。それが事実と異なるように見えるというのは、理解が至らないために起ることです。

たとえば、A氏が逮捕され、何らかの犯罪で告発されたとしましょう。その容疑について彼は全く無実ですが、証人はいません。彼にあるのは誠実さだけですが、警察側には多くの証人がいます。このような場合、A氏が身の潔白を証明するのは困難です。警察側の証人が間違っていることを証明することができない以上、刑務所へ送られることになるでしょう。しかし、たとえそうであっても、彼は無実です。物理的に投獄されたとしても、正しいのはA氏なのです。彼の心自身は、何人によっても決して捕らわれることはないでしょう。

もし、A氏の身に起こったようなことが自分に起きたら、それはおかしいと考え、ひどく落ち込むことでしょう。けれども、ブッダによれば、それは全然おかしなことではないのです。自分にまったく原因がないのに、冤罪に巻き込まれるようなことが起こったのなら、その原因は私たち自身の業（kamma）にあるのです。今日、悪行為をしていなくても、昨日していたかもしれません。昨日、悪行為をしていなくても、それより過去にしていたかもしれません。結局、今悪い結果が出ているのなら、過去において何かしら悪いことをしていたのです。ですから、原因なしに結果は生じないという真理は、常に正しいと言うことができます。原因がなければ、現象は生じません。すべての現象は、原因があって起こるのです。私たちがこの真理をしっかりと心に留めておけば、健やかに生活を送ることができるでしょう。

このようなブッダの教えを、心から信じる人は稀です。私は今から二〇年以上前に、この僧院を在家信徒と、弟子たちと共に設立しました。あなたも、ワット・パー・ポンの歴史を聞いたことがあるかもしれません。ワット・パー・ポンを設立した当初、私たちは多くの困難に直面しました。けれども、そこで私たちは諦めることはありませんでした。私たちは真理を学ぶことの価値を重んじ、何も恐れなかったからです。これは大袈裟に言っているのではありません。僧院の比丘の多くは三年以上もの間マラリアに罹っており、その治療法もありませんでした。夜になれば、周囲は真っ暗闇です。僧院には懐中電灯の電池も、ランプ用の油も、ろうそくさえもないときがありました。今よりももっと多く蛇や毒を持った他の生き物がいたので、夜出歩くときは、自分たちの身を守るため、慈経を唱えながら歩きました。死ぬときは、死ぬときという心境で生活をしていました。そうした心境に至ったのも、私たちが戒（sīla）を守り、己の心を信じていたからです。

ブッダが説いたのは、自分自身を観ること、知ること、鍛えることです。他人の修行に過度に関わることは、慎んでください。自分自身を観察することに専念すべきです。他の人たちが良いと言っていても、それは評価の基準にはなりません。それと同様に、他の人たちが良くないと言っていても、それも評価の基準にはなりません。他人の言うことに囚われて、一喜一憂することのないようにしてください。他人の言動に左右されずに、何が真の問題であるか、自分自身で見出すようにしてください。他人に非難されたのなら、本当に自分に非があるかどうか、検討してみてください。悪い部分が見つかりましたか？　自分に非があるのなら、それを修正するべきです。悪い点を矯正するのです。他人に非難されても、動揺しないでください。他人の非難が正当なものでないのなら、気にする必要はありません。彼らは誤解しているのですから、非難されてもあなたは堂々としていればいいのです。他人の評価より、自分自身を信じるべきです。他人からの称賛や批判に、反応しないでください。他人の発言が正しいか否か、いちいち気にしないように。もしその発言が正しいのなら、それに動揺して議論をすることに意味がありますか？　それが間違っているとしても、彼らと争う必要はありますか？　他人から不当に非難されても、何も失うものはありません。心の中は、平安で満たされたままです。ですから、このように言われるのです。

戒（sīla）を守ることは、幸福への道です。
戒は私たちにとって財産であり、宝です。
戒は、私たちを無執着へと導きます。
戒によって、私たちは清らかになることができるのです。

五戒こそが、人間にとっての真の道徳的基準なのです。在家の仏教徒として、これまでに五戒を守ることを誓ったことがありますか？　五戒を守ることは善いことですが、中にはこのように答える人もいるでしょう。

「五戒を守ることはできません。俗世間で生活をしていると、戒律を守ることは困難です。周囲の皆に合わせなければなりませんから」

私の経験では、幸福な生活を送っている人たちは、戒（sīla）を守ることにあまり関心を持たない傾向があるように思います。私の所にやってきて、話を熱心に聞くのは大抵、高齢者です。そうした人たちは、僧院へやってきて、伝統的な形式で、戒を守ることを誓います。伝統に無関心な人たちは、仏教に価値を見出しません。彼らにとっては、戒を守ることなど、何の意味もないのです。それ故に、私たちの社会から悩み苦しみが無くなることはないのです。燃える炭を想像してみてください。誰かが、燃える炭は熱くないという妄想を抱いたとします。ですが、実際に炭を手でつかんでみたら、どうなりますか？　もちろん、熱いですね。このような、誤った妄想を抱くことを、邪見と言います。今日、世の中の人々の大半は、こうした間違った妄想を抱いています。周囲を見渡してみてください。長老とその弟子たち、大人と子供、政治指導者と市民といった人々の間に、調和が失われています。そのようなことになってしまったのはなぜなのか、誰も原因を理解していないように思います。本当は、私たちが道徳心を失ってしまったことが、社会から調和が失われた原因なのです。こうした社会には、もはや誠実さは存在しません。そこにあるのは、ただ熱と苦痛です。この熱こそ、地獄の業火と呼ばれるものです。

地獄のような環境の中で生活している人々は、さらに悪行為を重ね、やがて地獄の生き物のようになってしまいます。こうした生き方を、生きながら地獄に落ちると言うのです。

世の中から、誠実さが失われつつあります。もはや、昔日の半分程度になってしまったかもしれません。社会から誠実さが消えてしまったため、あらゆる場所で争いが絶えないのです。社会の混乱の原因は、世の中からダンマと道徳が失われてしまったことにあります。世間の人々は、今では道徳とダンマの代わりに、興奮と快楽を追い求めるようになっています。道徳は日々社会から失われ、代わりに不幸とトラブルが増えています。皆が不幸せになり、そしてその解決法は誰にも分かりません。

「どうしよう。どうしよう」

と言って戸惑うばかりです。

ダンマと道徳は真理であり、常に正しいものです。それらは、無謬です。貧しかろうと、金持ちだろうと、皆、ダンマを学ぶことができます。誰もが、善の道を実践できるのです。善とは、人間にとって柱となるようなものです。善という基盤の上に確立された人生は、光り輝くものとなることでしょう。善行を積んでも無駄になるのではないかと、心配する必要はありません。死んだ後も、私たちが積んだ善徳は、この世界に残ります。このことは、実際に観察することが可能です。積んだ徳は、消え去ることはありません。私たちの子孫が、その徳を相続することでしょう。そして、誰かが私たちの子孫と出合い、受け継がれている徳を目の当たりにしたとき、彼らの心は幸福で満たされることでしょう。このようにして、私たちは世界中の人々が幸福となることの手助けをすることができるのです。

慈（mettā《メッター》）、悲（karuṇā《カルナー》）、喜（muditā《ムディター》）、捨（upekkhā《ウペッカー》）の四つからなる梵住《ぼんじゅう》（brahmavihārā《ブラフマ・ヴィハーラ》）は、気づき（sati）の基盤となるものです。私たちは、出会うすべての人たちに、慈悲の心を持つべきです。友人でも親戚でもない人のことなんて関係ない、などと考えてはいけません。この世界に生きる私たちは皆、友人であり親戚です。「他人」という人は、存在しません。米を想像してみてください。様々な田んぼで収穫された種籾《たねもみ》が一つの場所に集められ、稲として育ち、再び種籾として様々な田んぼに広がっていきます。一粒の種籾から稲が生まれ、一本の稲穂からたくさんの種籾が採れます。種籾の数は大量ですが、一本の稲穂に実っているという意味では、同じ生命だと言うことができます。

私たち人間は、皆同じなのです。私たちは、共通の祖先を持ち、そこから世界中に広がったのです。今では世界各地に人類が広がったため、私たちが共通の祖先から生まれたことを忘れてしまっています。私たちは様々な人と出会ったとき、

「この人は他人だ」

と考えます。また、旅行に出て知らない村に行くと、

「この村は、自分の村ではない」

と思います。けれども、本当のところ、私たちの真の親戚とは、生老病死なのです。ブッダは私たちの心をダンマへと向け、ダンマに基づいて生活をするようにと説きました。これは、誰をも排除することなく、互いに助け合って生活することを意味します。苦しんでいる人がいたら、できる限り援助をしてあげるべきなのです。どうかこのことをよく考えて、周囲の人と助け合って生活をするようにしてください。私たちは世間の人々を、自分の親、親戚、子供のように考え、接するべきなのです。ところが、私たちはその原則を忘れ、互いを見知らぬ人のように見なし、動物のように攻撃しあいます。私たちが

同胞であることを忘れることは、互いに争い、殺しあうことを引き起こします。私たちは他人ではなく、一人の同じ人間なのです。人類皆兄弟ということを、忘れないでください。

誰に対しても、慈しみ（mettā）の心で接してください。女性の年長者に会うときは、自分の母親だと思って接するといいでしょう。そして、男性の年長者に会うときは、自分の父親だと思って接するのがよいのです。年上の人と会ったときには、自分の兄だと考えるのもいいでしょう。このように、誰もが私たちの兄弟であり、子供、親です。困難に直面している人に出会ったときは、このような態度で優しく手を差し伸べるようにしてください。

慈しみ（mettā）とは、愛のことです。愛には、二つの種類のものがあります。一つ目の愛は、自分の目的のために、人を選んで愛するというものです。そしてもう一方の愛は、あらゆる人を包摂するような愛です。一つ目の愛では、私たちは自分自身と、自分に近しい人のみを愛します。その場合、自分の家族や親しい人以外には、関心を持つことはありません。自分自身を大切にすることはよいのですが、それだけでは心が狭いのです。そうした考えも愛とは言えますが、梵住（brahmavihārā）とは言えません。ブッダは私たちに、あらゆる人々を包摂するような慈しみを持つことを求めました。私たちは誰に対しても、思いやりのある態度をとるべきです。近しい人も、縁の薄い人も、同じように愛するのです。そうすれば、私たちの心はあらゆるものを包摂する、限りないダンマとなります。そうした振る舞いを、自然な習慣とするようにしてください。

私たちは、暮らしている場所は様々でも、この世界に生まれ落ちたという意味では同胞です。ですから、他の人たちが苦しんでいるのに、自分だけ幸福になることは、不可能なのです。誰かが飢えている時、私たちはその人のことを放っておいて、自分だけ食料を買い占めるようなことはできません。私たちは、動物ではないのです。犬に餌を投げ与えたら、どうなりますか？　犬たちは、決して互いに餌を分け与えることはしないでしょう。犬たちが自覚しているのはただ、自分が空腹であるということだけです。彼らは餌を求めて走り回り、時には互いに噛み合ってまで、餌を奪おうとするでしょう。まさに弱肉強食です。もし犬たちに等分に餌をやりたいのなら、小さく分けて配る必要があります。餌をもらった犬は、しばらくは食べるのに夢中でしょうから、喧嘩も減ります。人間も、この犬たちと似たようなものです。

今日、私たちの社会が悪くなっているのはなぜでしょうか？　原因は、あらゆる人を包摂するような慈しみ（mettā）が欠けていることにあります。先日、私は若者たちが不良化しているという村の長老に会いました。その村の若者たちは近隣の村で強盗を働き、最近では自分の村でさえ盗みをしているといいます。そこで長老は、若者たちにこう諭したそうです。

「村の中で盗みをしちゃいかん。盗むなら、よその村に行ってやりなさい」

これが、村の長老が若者たちに説いたことです。私たちの社会では、年配者は尊敬されています。高齢者は、若者に比べて知恵があると思われていますから。しかし、結局のところ、彼らにできるアドバイスというのは、この程度のものです。本当は、彼らは自己中心的なのです。隣村の長老も、この村の長老と同じことを言っているかもしれません。

「村の中で盗みをしちゃいかん。盗むなら、よその村に行ってやりなさい」

私たちは、高齢者は若者に比べて知恵があると思っているかもしれませんが、それは悪知恵というものです。そうした知恵は、ダンマとは何の関係もありません。彼らの心にある慈しみ（mettā）は、ほんのわずかな人を対象としたものです。けれども、人々は往々にしてこのようになりがちです。

生活の中にダンマがなければ、私たちは動物と同じです。鶏を想像してみてください。鶏は食べ、眠り、繁殖する以外に何をしますか？ 誰かが鶏を飼っているとしましょう。彼は、たった一つの目的を成就させるため、鶏に毎日餌をやります。無知な鶏は飼い主の気持ちも知らず、毎日喜んで餌を食べます。餌は毎日与えられ、鶏はどんどん太っていきます。

「もう2キロになったかな？ 3キロになったかな？」

鶏は自分が餌を食べると飼い主は喜ぶと思い、ますます熱心に餌を食べます。そして遂に、市場が開かれる日がやってきます。それでも、鶏はまだ何も気づきません。毎日餌を与えられ従順になっているので、飼い主は簡単に鶏を捕まえ、トラックに載せます。飼い主の気分はウキウキです。そうして市場で売られ、肉屋のまな板の上に載せられても、鶏はまだ自分が殺されることに気がつかないでしょう。

もし私たちの生活にダンマが無く、嫉妬や悪意に満たされているのなら、社会に平和は訪れません。そのような環境に生まれた子供たちが、正しく学ぶことは困難です。家庭内でのコミュニケーションも緊張したものになり、ギスギスしてしまいます。こうしたことは、社会の中にダンマがないために起こることです。ところが、愚かな人々はこう言います。

「ダンマでお腹が膨れるかい？ 僧院に行ったところで、何か得するのかい？ ダンマって目に見えるの？ ダンマを学んで、家族を食わせられるの？」

愚かな人々は理解できないでしょうが、ダンマを食べることは可能です。むしろ、ダンマを食べないような生き方こそ、トラブルまみれなのです。ダンマを食べ、ダンマに従って生活をする人は、自然と誠実になり、幸せに生きることができます。それこそが、正しい生き方というものです。そのように生きれば、不安や惨めさに苛まれることなく、安心して暮らせます。こうした生き方を指して、「ダンマを食べる」と言っているのです。ダンマを食べなければ、社会から平和が失われ、争いだけが残るのです。

郷に入っては郷に従え、という言葉があります。地方に行けば私たちは、自分の知らない方言や習慣に出くわすこともあるでしょう。そんな時に、自分の基準を当てはめて自惚れたり、思い上がった態度をとってはいけません。他人の生き方を理解せずに、自分の自尊心を優先させるような振る舞いをすれば、問題を起こすばかりです。

アチャン・マンにこんな逸話があります。彼がかつて、少数民族の暮らすパクトー（Pak To）の山で、瞑想修行をしていた時のことです。ある日、その日の瞑想実践を終えると、村人がアチャン・マンを訪ねてやってきました。

「兄ちゃん、どこからやって来たんだい？」

「ウボンから来ました」

とアチャン・マンは答えました。

「もうご飯は食べたかい？」

「はい。もういただきました」

この村人は、アチャン・マンに対して目下の人間に話しかけるように会話をしています。タイの文化では、特に出家者に対してこのような話し方をすることは、礼を失するものであると考えられています。けれども、その土地の人々にとっては、それが最も親しみを込めた話し方だったのです。もし彼らの土地の習慣を知らなければ、腹を立ててしまう人もいるかもしれません。

「兄ちゃん、どこからやって来たんだい？」

などという調子で話しかけられれば、侮辱されたと感じ、返事もしないかもしれません。顔もひきつってしまうことでしょう。ですがアチャン・マンはそんなことに動揺するような人物ではありませんでした。彼は、村人の心を理解していたのです。けれども、私たちはアチャン・マンのように他人の心を理解してはいません。ですから、目下の人と話すときに、目上の人と話すときに使う敬語を使ったりしても、うまくいきません。良かれと思ってしたことでも、そのグループの中で定着している習慣を理解していなければ、衝突の原因となるだけなのです。

最近、私はよく考えることがあります。私は毎年多くの場所へ行って、法話をしています。そのうえ、ここワット・パー・ポンにやって来る人たちに対しても、法話をしています。それらを合わせれば、百人、あるいは千人を超える数になるかもしれません。ですが、その中で、真剣にダンマを学ぶために努力をするような人は、四、五人といったところです。ですから私は、大勢の前で喋るよりも、小さなグループに向かって話すほうが好きなのです。信（saddhā）が確立している人に指導をするのは、簡単です。千人もの人が修行をしていても、その中で気づき（sati）があり、熱心に努力をしている人が五十人程度しかいないのなら、全体の修行もうまくいくはずがありません。俗世間の仕事についても、同じことが言えます。田植えをする時のことを、想像してみてください。あなたが田植えをしていると、後ろから誰かがついてきて、植えた苗を引っこ抜いてしまいます。どんなにあなたが丁寧に苗を植えても、すべて引っこ抜かれてしまうので、努力は水の泡です。このような場合、どう対処したらいいでしょうか？　明日また田植えをしても、苗をすべて引っこ抜かれてしまうに違いありません。これでは、仕事にならないのです。振り向けば、何者かがあなたの植えた苗を引っこ抜いて、放り投げているのが見えます。どうすればいいのでしょうか？　努力をする意味があるでしょうか？　それほど遠くない未来に、私たちは死にます。それなのになぜ、私たちはこのような愚かな人たちのために、思い悩む必要があるのでしょうか？

ブッダは、無益な行動は慎むようにと説きました。「戒（sīla）を守ることは、幸福への道」というのは、真理です。ですが、世の中で幸福な人というのは極めて稀です。道徳や戒（sīla）について話そうとすると、人々は不安になるようです。今日の私たちの社会では、道徳的で心を育てることに関心を持つような生き方は、極めて困難になってきているのかもしれません。けれども、私たちが十分に徳を積んでおり、信（saddhā）が確立しているのなら、物事に対して思慮深くなり、極めて重要なダンマを実践するための時間を捻出するようになるでしょう。

「戒（sīla）は宝である」。あらゆる富や喜びといったものは、私たちの徳から生まれます。ここで言う富には、六つのものがあります。眼、耳、鼻、舌、身、意の宝です。今、ここに座っているときに私たちの身に備わっているこの宝は、私たちが過去に為した道徳的行為の結果として、ここに生じたものです。

通常、「宝」というとき私たちが思い浮かべるのは、お金、宝石、黄金といった目に見えるものだけです。私たちは決して、眼、耳、鼻といった自分の身体の器官を、宝だと想像することはありません。ですが、よく考えてみてください。もし自分にそうした感覚器官が欠けていたら、どうやって物質的な富を味わうのですか？ 私たちは、自分の身体を大切にするべきです。眼、耳、鼻といった感覚器官を管理する責任は、自分にあります。もし、誰かが、

「数千ドル払うから、あなたの腕を売ってください」

と言ってきたら、あなたはそれを承諾しますか？

「数万ドル払うから、あなたの眼球を売ってください」

と言われたら、興味がありますか？ 自分の身体は、あなたにとっていくらの価値がありますか？

このように、私たちにとって、すべてであると言ってもいいほどの価値がある身体や、様々な喜びを感じるための器官である感覚器官は、これまでに積んできた徳の賜物です。ですが通常、私たちはそのようなことに思いを巡らすことはありません。これが、道徳から生まれる富です。けれども、私たちはそれを富とはみなさないのです。

どうかこのことを、よく考えてください。ここに集まっている人の中にも、修行に身が入らない人もいるかもしれません。毎日は、あっという間に過ぎ去っていきます。時は止まりません。

「今日、私は何をしたか？ ちゃんと不放逸（appamāda）でいられたか？ きちんと、為すべきことを為したか？」

といったことを、自らに問いかけてください。私たちは皆、このように自分を見つめる必要があるのです。そうすれば、問題を解決することができます。他人の問題に、むやみに首を突っ込まないように。

まずは、自分自身の問題に取り組むのです。自分の問題も解決できないのに、他人の問題を解決することはできません。自分の問題を解決できて初めて、他人の役に立つことができます。けれども、他人があなたの助けをうまく活用できなくても、がっかりしないでください。そういうことは、起こりえることですから。あなたの援助が報われなくても、何も損をすることはないのです。

ブッダが説いたのは、こうしたことです。道徳は、あらゆるダンマの生みの親です。それは、呼吸が私たちの身体の生みの親であることと似ています。息が止まれば、私たちは生きていけませんよね？ 戒（sīla）についても同様のことが言えます。戒は、私たちの言葉遣いや身体的な振る舞いを、清らかにするものです。戒を正しく身に着けたのなら、道（magga）の半分は達成されたようなものです。もちろん、戒だけで修行が完成するわけではありません。正しい言葉遣いで話していても、心の中では腹黒い人もいるでしょう。けれども、道（magga）、果（phala）、ニッバーナを実現するためには、まず戒が必要です。ブッダは私たちに、戒を正しく守ることを求めました。私たちが両親から生まれたのと同様に、「戒（sīla）を守ることは、幸福への道である」という言葉は、そうしたことを意味しています。世界に存在するあらゆる善や高貴なものは、道徳から生じたのです。けれども、多くの人々はなかなかこのことを信じません。

修行を通じてこのことに得心が行くようになったのなら、それは大変な功徳です。そのように真にダンマを理解してくれる人が現れると、私は本当にうれしいです。それは人として生まれ、仏法に触れる機会を無駄にしないということですから。ですが、仏法修行においては、ただ知識を修得するだけでは不十分です。必ず、実践が伴わなければなりません。

　このことを、よく理解するようにしてください。今年のソンクラーンの集まりは、これ一回きりです。次回は、来年の旧正月まで待たなければなりません。けれども、それは確かでしょうか？　皆さんは来年もここで旧正月を祝えると思っているかもしれませんが、本当にそうなるかは分かりませんよ。未来に希望を描いても、実現するかどうかは不確定です。来年のソンクラーンに参加できない可能性も、十分あるのです。現象は、常に変化し続けています。最近では、私たちを破滅させようと、無常(anicca)が必死に追いかけてきています。

「ルアンポーは、共産主義ゲリラが怖くはないのですか？」

　と尋ねられることがよくあります。なぜ、共産主義者を怖がらなくてはならないのでしょうか？　私たちが生まれたときから、共産主義者は私たちを殺そうと狙っているのですか？　私は、共産主義者は怖くありません。この世には、もっと恐ろしいものがたくさんありますからね。ですから、あまり普段の生活とは無関係な事柄について、過剰に心配しすぎないでください。

　仏法を学ぶ者は、無意味な活動から離れ、善（kusala）を実践するために真剣に努力をする必要があります。まだ徳を積んだことがないのなら、今すぐ始めるべきです。すでに徳を積んでいるなら、もっと熱心に取り組むべきです。普段から十分徳を積んでいるのなら、輪廻（saṃsāra）の輪から解放される日まで、それを続けるべきです。そうすれば、三宝の祝福によって、あなたの仏道修行は様々な障害から守られることでしょう。あなたが幸福で、長寿を全うしますように。あなたの実践が、苦しみ(dukkha）の終焉を導き、平安へと至りますように。そして常に、気づき（sati）を失うことのないように。

そろそろ、法話を終わりたいと思います。私が言いたいことは、今こそ、ダンマを修行すべき時だということだけです。ワット・パー・ポンで教えられている戒（sīla）や修行法を実践し、あなたの家族にとって、よい模範となれるよう心掛けてください。それは本当に価値のあることです。あなたの修行が完成しますように。

瞑想実践について

アーナパーナ・サティ――インサイト・メディテーション・センターでのリトリートにおける法話
（注 一九七九年、マサチューセッツ州バリーにて）

今日は、瞑想実践について話したいと思います。ここにいる皆さんは、ある程度の期間、継続して瞑想を実践してこられたかと思います。ですが、皆さんは自分が実践している瞑想について、はっきりと理解をしていますか？ 最近では、実に多くの種類の瞑想を教える指導者がいます。そして、それが原因で、皆さんが自分の実践している瞑想法について、はっきりと理解をしていないのではないかという懸念があります。ブッダが説いたのは、サマタ瞑想とヴィパッサナー瞑想の二つだけです。そのことをはっきりと理解していれば、迷ったり、不安に感じたりすることはありません。

心を静めるサマタ瞑想は、サマーディと呼ばれることもあります。私たちの心は移ろいやすく、当てになりません。そのことを自覚していますか？ ある日には、瞑想をすると、すぐに心は落ち着きます。ところが別の日には、いくら座って瞑想をしても、心は落ち着きません。心は常に、今、ここから逃げ出そうともがいているのです。ですから、ある日は瞑想がうまくいっても、別の日にはうまくいきません。私たちの心は、日によって様々な状態に移ろうのです。

八正道は、戒・定・慧の三学に集約されます。三学の実践の他に、八正道を見出し得る場所は、どこにもありません。言い換えるなら、修行を成就するには、道徳的な生活、心を静めること、智慧を得ることが欠かせないということです。ですから、私たちは道（magga）を生じさせる原因を、瞑想を実践することによって作り出しているのです。

座って瞑想をしている時は、目を閉じているので、外的な物事に惑わされることがありません。目を閉じていると、私たちの意識は自然に、自分自身の心に向かいます。外部に目を向けず、ただ座り、自らの呼吸に意識を向けるのです。呼吸に気づき（sati）を向けることが、他の何よりも一番大事です。それを続けていくと、やがて注意を向けるべき場所が分かってきます。瞑想の深まりと共に、一瞬のうちに、身（kāya）、受《じゅ》（vedanā）、心《しん》（citta）、法（dhamma）を観察することができるようになるでしょう。最後には、サマーディの焦点となる場所も、分かるようになるのです。

サマーディを養うときには、呼吸に気づき（sati）を向け、周囲には誰もいない、という状況を想像してみてください。そして、それが出来たら次は、外界の出来事から心が完全に離れるまでそれを保ち、ただ、呼吸への気づきのみが残るようにしてください。外界の出来事は脇に置いておき、内面に集中を向けるのです。自分の周囲に座っている人々などのことについて、考え込んではいけません。思いが浮かんできても、それらを構わないことです。思いは、放っておくことです。ここには、あなたの他に誰もいません。ただ、一人座るのみです。過去の記憶や、外部の人や出来事が思いとして浮かんでくることがなくなるまで、瞑想を続けてください。心が静まる頃には、もはや外部の出来事に関心を持つこともなくなります。そうすれば、呼吸の出入りのみに集中することが可能になります。あとはただ、普通に呼吸を続けてください。呼吸を無理に長くしたり、短くしたりしないでください。強くしたり、弱くしたりもしないように。ただ、自然な呼吸を続けてください。そして、自然かつ円滑に出入りする呼吸を、ひたすら観察してください。呼吸が正常かつ円滑に続くようにして、それが身体に出入りするのを観察するのです。

外界の出来事が手放せるようになると、車などの騒音に悩まされることもなくなります。外からの刺激に、イライラさせられることがなくなるのです。音以外のものでも、何も邪魔になるものがなくなります。心が呼吸に集中しているので、それ以外のものに注意が向かなくなるからです。

心が様々なことにかき乱され、集中できない時は、肺が完全に一杯になるまで深く息を吸って、その後、肺の中の空気がすべてなくなるまで、息を吐いてください。そのように深呼吸を何度かした後、再び気づき（sati）を確立し、集中力を養うことを続けてください。気づきが確立されると、通常しばらくの間は、心は静まるものです。ですがやがて、時間が経つと、心は再び落ち着かなくなってきます。心がさまよったら、それに気づき、もう一度深呼吸をして、肺からすべての空気を出してください。そして、再び肺いっぱいに息を吸ってから、もう一度呼吸への気づきを確立してください。それから、出る息、吐く息に対して、気づきを向けてください。

座って瞑想をしていると、どうしても心がさまよってしまうものですから、スムーズに瞑想できるようになるまでに、長い時間と努力が必要になるかもしれません。一旦スムーズに瞑想できるようになれば、もう外の世界からの刺激に煩わされることがなくなります。外の世界の現象と、内面は無関係なものとなるのです。そのように、心が外界からの刺激に煩わされることがなくなって初めて、私たちは自らの心を見つめることができるようになるのです。その時気づき（sati）の対象として、心《しん》（citta）、心所（cetasika）、呼吸を別々のものとして観察することができます。それらはすべて、私たちの鼻先の一点にある、気づきの場に含まれています。ここまでくれば、瞑想実践は楽なものとなってきます。心が静まるにつれ、呼吸は穏やかになり、より微細に、洗練されたものとなってきます。呼吸が穏やかになると、身体も軽快なものとなり、心は外界の現象という重荷を手放すようになります。

ここから先の修行では、外側の世界よりむしろ、内面に気づき（sati）を向けたものになります。一旦心が集中したら、息が出入りしている一点に、気づきを固定します。息が出入りするにつれて、呼吸はよりはっきりしてきます。気づきは鋭くなり、心《しん》（citta）と心所（cetasika）の活動を、より明瞭に観察できるようになります。戒・定・慧の性質についても、以前よりよく理解できるようになり、それらが一体のものであることも、理解できるようになります。修行がここまで進むと、日常生活において心を乱されることが、ほとんどなくなります。心は、一点に集中します。それが、サマーディです。心が一点に集中すると、気づきが途切れることなく継続するため、あなたはより明晰になってきます。呼吸を観察し続けると、より気づきは強まり、そして心はより鋭敏になっていきます。呼吸の中心に向かって、心が一点に集中しているのが分かるでしょう。外界へ向かう意識はしだいに消失し、心は内面へと向かいます。

それはまるで、自宅でくつろいでいるような感覚です。すべての感覚器官が、一点に集中しているかのようです。穏やかな気持ちで、心は外界のあらゆる対象から解放されます。呼吸と共に気づき（sati）はあり、時間が経つにつれ、より深く、洗練されたものとなっていきます。最後には、呼吸への気づきは極めて洗練されたものとなり、その感覚は消えていくように感じられます。そのとき、呼吸への気づきの感覚が消えた、あるいは呼吸そのものが消えた、と感じるかもしれません。それは、呼吸が極めて微かなものとなり、感じとることが難しくなっていることを意味します。

本当に、呼吸が止まってしまったわけではありません。非常に微細なものになってしまっているので、消えたように感じられるだけです。そのとき、呼吸は極めて繊細なものになっています。呼吸さえも消えてしまったように感じられ、ただ、「知る」という機能のみが残っています。もはや、呼吸を気づき（sati）の対象とすることは不可能なので、この「知る」という機能を観察の対象とし、瞑想を続けてください。

この段階まで修行が進むと、戸惑うことがあるかもしれません。なぜかというと、一部の修行者には、ニミッタ（nimitta）と呼ばれるものが見えることがあるからです。ニミッタには、様々な形や音をもったものがあります。修行の過程においては、あらゆる種類の予想外のことが起こるものです。ニミッタは、生じる人と、生じない人がいます。もし、ニミッタが見えたら、それが何であるか理解するようにしてください。ニミッタもまた、無常なる現象なのです。ですから、ニミッタを見ても、不安になったり、警戒したりしないでください。

この修行の段階では、集中の中で不動の心を養い、しっかりと現象に気づく（sati）必要があります。呼吸が止まった、と感じたときに、ひどく驚く人もいます。呼吸が消えてしまったと感じるとき、パニックになったり、自分は死んでしまうのではないかと心配したりする人もいます。修行が進むにつれて、このようなことが起こることは、ごく自然なことです。呼吸が止まってしまったと驚く感情を観察し、それを気づき（sati）の対象として、瞑想を続けてください。ブッダはこのことを、揺るぎのないサマーディの現れであると説きました。このとき心は、ただ一つの対象に、揺るぎなく向けられています。この段階のサマーディに達すると、あなたは心の中で微妙な変化が起こっていることに気づくでしょう。身体が非常に軽く感じられ、場合によっては、消滅してしまったとさえ感じられるかもしれません。空中に浮かんでいるような、無重力状態にいるような感覚を抱くこともあるかもしれません。あるいは、宇宙をただよっているような感覚で、五感がまったく機能しなくなっているように感じられる可能性もあります。

私たちは、修行を進めるにあたって、心配することは何もないのだということを理解する必要があります。ですから、安心して修行に取り組んでください。一旦、心が一点に集中するようになると、外部のものに邪魔されることがなくなり、好きなだけの時間、座って瞑想をすることができるようになります。長時間座っていても、痛みや不快感もなく、集中していられるのです。

この段階までサマーディに習熟してくると、その状態に入ったり（入定）、出たり（出定）するのが自在になります。サマーディから出るときも、怠け心や疲れを感じることなく、快適なままです。サマーディとは、本来このようにリラックスした、穏やかなものです。もはや何の障害もなく、サマーディに入ったり、出たりすることができるのです。このレベルのサマーディを身に着ければ、三〇分か一時間瞑想をするだけで、何日間も穏やかな心を保つことが可能になります。サマーディに入ることによって、心を清めることができるのです。日常生活で体験するすべてのものが、気づき（sati）の対象となります。ここからが、修行が本当に始まるところです。サマーディが成熟してくることの結果として、こうしたことはもたらされます。

サマーディには、心を静めるという働きがあります。戒・定・慧は、それぞれ別の働きを持っています。修行が進むにつれて、それらの働きは密接に関わるようになり、やがて一つのサイクルを形成します。心が静まると、智慧（paññā）とサマーディの力が強まり、日常生活の振る舞いは節度のあるものとなります。普段の行動が、清らかになっていくのです。そして、行動が清らかになっていくほど、サマーディはより強く、洗練されたものとなり、それはさらなる智慧の成熟を促します。このように、三学というのは、互いに補い合うものです。三学の内のどれか一つを実践すると、残りの二つを実践する上での助けとなります。やがて、三学のそれぞれの修行が深まってくると、それらは一体のものとなっていきます。それが、道（magga）なのです。道（magga）とは、三学を統合したものなのです。ですから、三学を修習することは、極めて大事なのです。三学を修習することで生み出された力によって、ヴィパッサナーは可能となります。この段階に達すると、心が静まっているかに関わりなく、智慧は常に機能しているようになります。この智慧は、私たちの修行を支える力となるでしょう。心が静まっていようがいまいが、特定の心の状態に執着を持つべきではありません。特定の心の状態に執着することをやめれば、心はずっと軽くなります。楽しいことが起きようが、不快なことが起きようが、常に穏やかなままでいられます。そうすれば、いつも平安な気持ちで過ごせるのです。

座る瞑想を終了する際に、智慧（paññā）がうまく働いていないと気づいたら、それ以上瞑想や作務に取り組むのを中止し、一旦修行を完全に打ち切ることが大事です。サマーディから出るときは、出たということをはっきりと認識するようにしてください。それから、気づき（sati）を保ちつつ、普段の生活に戻ってください。サマーディとは、揺るぎのない、不動の心を意味します。ですから、これは座って瞑想をしているときだけ生じるものではありません。日常生活においても、常に心をしっかりと安定させ、気づきを保つことが大事です。自分の心に好き嫌いを引き起こすような体験をしたときは、そのような心の状態は無常（anicca）であり、永続するものではないということに、常に気づくようにしてください。そうすれば、心は落ち着き平静な状態を保つことができます。

平安には、二種類のものがあります。一つは、サマーディによってもたらされる平安です。もう一つは、智慧（paññā）によってもたらされる平安です。けれども、サマーディによって穏やかになった心には、まだ煩悩が潜んでいます。そうした種類の平安は、心が周囲の現象から遮断されることによって、得られるものです。平安は、サマーディに入っているときにのみ得られます。そのため、サマーディに対して、執着心を起こしてしまう可能性があるのです。感覚器官に刺激を受けると、サマーディは簡単に崩れてしまいます。そして、サマーディが失われるのを恐れて、現象そのものを嫌うようになってしまいます。幸福（sukha）と苦しみ（dukkha）、称賛と批判、色（rūpa）、音、匂い、味といった諸々のものを、恐れるようになるのです。サマーディによって平安を得る人は、世の中の出来事や、人に関わることを嫌います。そうしたことに関わると、サマーディが壊れてしまいますから。そうして、彼らはサマーディに耽溺するために、人との接触を拒むようになります。静かな場所に隠れて、誰とも会わずに過ごそうとするのです。

この種のサマーディは、修行者に多くの苦しみをもたらします。サマーディに溺れてしまった修行者は、他人と一緒に暮らすのが嫌になります。彼らは、何も見たくも、聞きたくもありません。彼らは、もはやまったく何も体験したくないと思っているのです！ サマーディに溺れた修行者たちは、誰も訪れず、会話によって彼らを邪魔する者のいない、静謐《せいひつ》な場所にしか住めなくなってしまいます。

ですから、サマーディによってもたらされる平安に、耽溺してはいけないのです。サマーディに入ることによって必要なだけの心の静けさを得たら、サマーディから出て、その心の静けさを利用して、瞑想をしてください。サマーディによって得られる心の平安そのものも、観察するのです。サマーディの力を利用して、六境《ろっきょう》（色、声、香、味、触、法）の中に潜む、無常（anicca）・苦（dukkha）・無我（anattā）という特徴を観察してみてください。

そのように瞑想を続け、ある程度時間が経ったら、再びサマーディに入っても構いません。そしてサマーディに入って心の静けさを得たら、サマーディから出て、瞑想を続けてください。サマーディに入ることによって得られた心の静けさを活用し、心を鍛え、清らかにするのです。瞑想によって得られた洞察を用いて、煩悩と闘うのです。ただ単にサマーディに入って、そこに安住しているだけでは、洞察は得られません。それでは、心の落ち着きが得られるのみです。しかしながら、あなたがサマーディに入ることによって得られた心の静けさを、外界の現象を観察するのに活用するのなら、単にサマーディに入ることを超えた、最も深い平安を体験することができるでしょう。

智慧（paññā）によってもたらされる平安は、特別なものです。私たちに智慧があるのなら、六境（色、声、香、味、触、法）との接触によって、心の静けさを乱されることを恐れることはありません。

智慧があるのなら、感覚の対象に触れても、即座に気づく（sati）ことができるからです。気づき（sati）が備わっていれば、いかなる感覚の対象に触れても、それを手放すことができるのです。

このように修行を続けていくと、サマーディに入る修行をしていたときに比べ、心はより力強く、洗練されたものになります。心がエネルギーに満ち溢れ、もはや何も避けようとはしません。何も、恐れるものがなくなります。以前は、何かを経験することを、恐れていたかもしれません。けれども今は、現象のありのままの姿を知っているので、何も恐れるものがないのです。心が、強くなったのです。色（rūpa）を見ると、それに気づき（sati）ます。音を聞くと、それに気づきます。心所（cetasika）の観察にも、熟達しています。どのような環境でも瞑想実践できるという、自信に満ち溢れています。目に見えるものでも、聞こえるものでも、それに触れればすぐに気づき、手放すことができるのです。出会うものが何であれ、手放すことができます。楽しいこと（sukha）があっても、それをはっきりと観て、手放せます。苦しいこと（dukkha）があっても、それをはっきりと観て、手放せます。何を見ても、すぐさま手放すことができるのです。そのように、手放すことを続けてください。そうすれば、いかなる現象も、あなたの心を捕らえることはできないでしょう。現象に捕らえられることがないため、いつも安らいだ気分でいられます。もはや、あらゆる現象はその価値を失い、あなたを魅了することはありません。これこそが、ヴィパッサナーの力なのです。このような極めて高いレベルの気づきが心に生じることを、ヴィパッサナーと呼ぶのです。真理に従って、明晰に事実を知ることが、ヴィパッサナーなのです。それこそが、究極のレベルの平安です。

先ほどまで、皆で一緒に一時間ほど、座る瞑想をしていましたね。座る瞑想を止めるときに、同時に気づき（sati）の実践もやめてしまった人はいませんか？ それは、正しい瞑想実践の方法とは言えません。止めるのは、瞑想実践のために正しい姿勢で座ることだけです。気づきの実践そのものを、やめてはいけません。

日常生活においても、常に気づき（sati）の状態を保ってください。道端に落ちた枯れ葉さえも、私たちに無常（anicca）を観察する機会を与えてくれます。私たちと枯れ葉に、違いはありません。私たちも、やがて枯れ葉のように年老い、しわくちゃになって、死ぬのです。誰も皆、年老いて、死にます。歩く、立つ、座る、寝る、いずれの時も、気づきを保つようにしてください。常に、注意深く心を観察するのです。それが、正しい瞑想のやり方です。継続して瞑想を実践しないのなら、気づきは一滴の水のようになってしまいます。連続した流れのある水のようにならないのです。それでは、持続した気づきとは言えません。気づきを実践するためには、特別な行為は必要ないということを理解してください。気づきは肉体的な活動ではなく、精神的な活動です。このことが明確に理解できていれば、サマーディに入るために座る瞑想が必ずしも必要ではないということが分かるでしょう。

このことが理解できると、いつでも、どのような姿勢でも、気づき（sati）の実践ができるようになります。途切れることのない水の流れのように、気づきを保てるのなら、その流れはやがて、大きな川のようになります。気づきは常にあり、あらゆる心所（cetasika）を認識できます。気づきが保たれているとき、心に善なもの、不善なものが生じても、それを正しく知ることができます。また、心が静まっているか、イライラしているかといったことも、正しく知ることができます。ですから、どんな場所にいても、修行を進めることができるのです。そのように修行に取り組めば、より速く、確実に結果は出ます。

ですから、どうか誤解しないでほしいのです。最近の瞑想合宿参加者には、数日間誰とも話さなくてもいい、瞑想以外何もしなくてもいい、という人が増えてきました。一、二週間瞑想合宿に参加し、それから日常生活に戻るという人も多くいます。そうした人々は、

「ヴィパッサナー瞑想を体験したぞ」

と思い、自分がもう瞑想について十分知っていると、勘違いしてしまいます。そうして家に帰り、感覚の刺激に溺れるという、今まで通りの生活に戻ってしまうのです。そんなことをすれば、結果はどうなるでしょうか？　せっかく瞑想合宿で培ったヴィパッサナー瞑想の成果も、すべて消え去ってしまうのです。それから日常生活を過ごし、うまくいかないことなどがあって、ストレスが溜まっていきます。そうして一年が過ぎた頃、また瞑想合宿に、数日間、あるいは数週間参加します。合宿から戻ると、またパーティーに出かけたり、お酒を飲んだりの日々です。何ら進歩はありません。単なる、悪循環なのです。

そうした振る舞いは有害なものであると理解できるまで、よく物事を観察してみてください。街に出て飲酒をすることは、有害なことなのだと理解してください。習慣化しているすべての不善行為が、有害なものであるとはっきり理解できるまで観察を続けてください。そうすれば、やがて不善な行為から離れ、悪しき習慣も改まるでしょう。不善から離れれば、真の平安を体験できます。不善な振る舞いの持つ陥穽《かんせい》を知ることによって、本当の平安を実現するのです。これこそ、正しい修行法というものです。瞑想合宿に参加して七日間誰とも話さなくても、日常生活に戻って無駄話や噂話ばかりしながら七か月

を過ごしたら、どうなりますか？　普段の態度がそのようなら、瞑想合宿に参加しても、いかなる利益も得ることはできないでしょう。

このことは大事な点なので、よく理解してください。普段から、無駄話や噂話を避けるようにしてください。そうした習慣は不適切なものだと分かれば、振る舞いも改まるでしょう。皆さんはこの僧院に、将来、不適切なおこないをすることを避ける方法を学びに来ているのです。悪行為をすれば、どうなるでしょうか？　心の中に善がないとき、私たちは動揺し、苦しみ（dukkha）ます。それでは、平安とは言えません。これは非常に大切な教えですが、多くの瞑想センターなどでは、真剣に受け止められていないようです。日常生活では常に、穏やかで、節度のある振る舞いを心掛けるようにしてください。

このことはぜひ心に留めておいてほしいので、しつこくお話ししているのです。

「また長老のお説教だ！」

と、うんざりしている人もいるかもしれません。でも、これは小言ではないのです。こうしたことは、瞑想を実践する際に、常に心掛けておかなくてはならないことなのです。地道に、瞑想実践を続けてください。気まぐれな修行では、うまくいきません。コツコツと、地道な努力を重ねていくことが大事です。そうした努力によってのみ、煩悩を滅することは可能となるのです。

身体を観察する瞑想——一時出家希望者への法話

これから、あなたが身にまとうことになる出家者の衣は、ブッダの旗です。そのことを、よく覚えておいてください。明日、あなたは村に托鉢へ行くでしょう。村人たちは、喜んであなたにお布施をし、敬意を示してくれるはずです。白髪で、背中が曲がっている老人でさえ、年下のあなたに敬意を示すでしょう。なぜでしょうか? あなたが、出家者の衣を身にまとっているからです。出家者の衣には、凄まじい力が秘められています。ですから、衣を正しく取り扱わなければ、村人たちは、あなたの気が変になったと思うでしょう。最悪の場合、

「あいつは気が狂った」

とさえ思われかねないのです。

仏教では、出家をすると、たくさんの教えを受けます。ですが、今日は多くを語ることはやめましょう。伝統的な教えに従って、頭髪、体毛、爪、歯、そして皮膚の五つを観察する瞑想法を紹介したいと思います。瞑想のやり方を聞くと、冗談かと思われるかもしれません。ですが、これはとても大事なことなので、注意深く聞くようにしてください。

今あなたは、瞑想を学ぶために、ここに来ています。この瞑想は、頭髪、体毛、爪、歯、皮膚という五つの観察の対象を持っています。この瞑想は、身起念*と呼ばれます。頭髪、体毛、爪、歯、皮膚というものは、私たちが生まれたときからあり、常に私たちと共にありますが、私たちはそれを意識することはありません。ですから、ニッバーナへの道を開くための基礎として、ここで改めて身起念を学ぶ必要があるのです。身起念を学び、身体というものに対する洞察が深まれば、正見を確立することができます。中には、自分はすでに、自分の身体のことはよく知っており、改めて学ぶ必要などない、と考える人もいるかもしれません。しかし実際のところ、そのように考える人は、自分の身体というものを、

正しく理解していません。自分自身の髪の毛、爪といったものの真の姿を知らないのです。真理に従ってそれらのものを観察しないため、本当の姿を理解することができていません。ですから、自分の身体のことなら知っている、という意見は、正しいものではないのです。

私たちの頭髪は頭皮から生えており、身体から栄養を得ています。体毛や爪も、身体から栄養を得ています。それらは、執着の対象にはなり得ません。人々が自らを着飾るとき、道理に従って、そのようなことをしているのではありません。多くの人は、私たちにとって魅力的とは言い難い、身体というものを着飾っています。最近、葬儀のため、瞑想ホールで遺体に死化粧をしたのを覚えていますか？　そうしたケースでは、本当は美しくないものを飾り立てるということがどういうことかを、明瞭に観察することができます。

真理という観点から見れば、身体とは不浄なものです。髪がきれいだ、などと思うのは単なる妄想です。実際のところ、髪はきれいなものではありません。食事をしているときに、料理に髪の毛が入っていたら、どう感じますか？　不快に思うのではありませんか？　髪の毛の入っている料理を、喜んで食べる人はいますか？　ですから本当は、私たちの髪というものは、清らかなものではないのです。

地面に髪の毛が落ちていたとして、それを積極的に拾いたい、欲しいという人が、いるでしょうか？　托鉢へ行く道すがら、地面に髪の毛が落ちていたとしても、それに魅了されて、拾ったりするでしょうか？　それが、髪の真実の姿です。しかしながら、多くの人々は煩悩に覆われているため、毎日懸命に自らの髪を美しく保とうと努力をしているのです。

私たちは簡単に、妄想に惑わされてしまいます。髪の毛、爪といったものの、本当の姿が見えなくなってしまうのです。ですから、出家をしたら、頭髪、体毛、爪、歯、皮膚という五つの対象を観察し、その真の姿を見抜くことが必要です。頭髪は不浄である、爪は不浄である、歯は不浄である、皮膚は不浄である、ということを知るのです。それらは不浄であり、私たちにとって魅力的なものではありません。美しく見えるのは、人々が身体を着飾っているためです。私たちは、騙されているのです。身体の真の姿を直視しないのなら、私たちはブッダを観ることはできません。身体に魅力を感じることによって、私たちの視界からブッダは消え去ってしまいます。ですから、私たちは身体の真の姿を直視しなければならないのです。座って、よく考えてみてください。

「皮膚は、身体の表面を覆っているな。もし、この皮膚がはがれて、中の筋肉がむき出しになったら、どうなるだろう？　皆、自分のそばに近寄ってきてくれるかな？　むき出しの筋肉を見たら、沙弥《しゃみ》たちは怖がって、瞑想ホールから飛び出していってしまうだろうな。それなら、身体が美しいなんて思えるだろうか？」

頭髪、体毛、爪、歯、そして皮膚の五つを観察すれば、それらが本当は清らかでないことが分かります。すると自然に、それらに魅力を感じることもなくなります。ですから、それら五つを対象にして、瞑想を続けてください。

私たちは、煩悩に惑わされることを好みます。世界とは、美しいものであると勘違いをしているのです。そのため、日々髪を整え、肌をきれいにし、爪を磨き、歯を白く保ちます。本当は清らかでないものを、きれいに着飾ることは、煩悩の原因となります。物事の本質を見抜く目を持たない人は、虚飾に騙されてしまいます。それは、魚を思い起こさせます。魚が釣り針にかかるのを、見たことがありますか？　魚は、釣り針を食べようとするのではありません。釣り針に仕掛けられた餌を食べようとするのです。釣り針だけでは、魚は罠にかかりません。罠にかかるのは、餌に幻惑された時だけです。餌だと思って食いついたが最後、釣り針にかかり、身動きが取れなくなってしまいます。

私たちも魚と同じように、髪の毛、爪といった餌に魅了されています。餌に食らいついてはいけません。無常で、不確かなものに執着して、何になるのでしょうか？　身体とは美しいものだ、素晴らしいものだと思い、執着する人は、餌に食いつく魚のように、それらに幻惑されてしまっているのです。

魚は、自分が何をしているのか理解していないのです。そのため、餌に食らいつき、釣り針にかかってしまいます。一旦、釣り針にかかってしまえば、もう逃げられません。囚われの身です。釣り針の餌のように、髪の毛、爪、肌、そして歯といったものは、私たちを惑わし、捕まえます。ひとたびそれらに魅了されれば、もう逃げられません。自分が罠にはまったと気づく頃には、もう手遅れです。世俗の世界を超えた境地に関心を持っても、子供、財産など自分を縛り付けるものがあれば、修行に取り組むことは困難です。死ぬまで、そうしたしがらみから抜け出すことはできません。

結局、私たちは餌に食いつく魚のように、煩悩に惑わされているのです。頭髪、体毛、爪、歯、肌といったものに魅了され、夢中になって、一生を終えてしまいます。本当は、それらは大したものではないのです。釣り針につけられた餌と同じです。このことを、よく考えるようにしてください。

出家をすると、そうした世間の誘惑から離れられるので、穏やかでいられます。ですから、還俗をしたら、世間とは危険なものであることに留意し、餌のついた釣り針に気をつけるべきです。出家であろうと、在家であろうと、誘惑から離れることは、あなたに平安をもたらします。今回、出家をする期間が短くても、そんなことは気にしないでください。放逸にならないように。瞑想に励むのです。この僧院にいる間に、身起念を実践し、誘惑から離れることを覚えてください。世間の人々は、私たちの身体の正体を知らないので、誘惑の危険性を理解していません。ぜひ、この瞑想を実践することによって、誘惑の危険性を理解してください。

瞑想中に起こる現象について

瞑想を実践していると、問題にぶつかることがあります。私自身、そうした経験がありました。それはまるで、道に迷ってしまったようなものです。ある地点にたどり着いたものの、そこからどこへ行ったらいいか分からない状態です。またあるときは、歩いていて、急に障害にぶつかって、跳ね返されたようなときもありました。しばらくして、もう一度進もうとしますが、また跳ね返されてしまいます。何度も挑戦し、阻まれた結果、最後には私は怖くなり、進むことを諦めました。

最初の例では、障害物は何もありませんが、どこへ進んでいったらいいのか分からない、という問題があります。二番目の例では、障害にぶつかり、怖くなって引き返すというのが問題です。

「これは何だ?」

と疑問に思うわけです。歩く瞑想や、座る瞑想をしていると、そうした問題に直面し、疑問に思うことがあるかもしれません。ですが、何が起きても、心配しないでください。しばらくすれば、起きたことは静まります。ところが、しばらくすると、また同じような現象が起こります。

「何が起こっているんだ？」

こうした不確実な現象は、あなたにとって、悩みの種となります。

こうした問題は、サマーディに入っているときに起こります。私たちがサマーディの体験に執着しているところに、問題の根があります。執着心があるがゆえに、何かの現象を体験すると、戸惑ってしまうのです。それは、私たちがまだ、手放すということを、正しく理解していないことを意味します。

私はかつて、アチャン・ワンという瞑想指導者に会ったことがあります。アチャン・ワンはもう一人の比丘と、二人の沙弥と共に、山で暮らしていました。その時まで、私は彼に会ったことはありませんでしたが、そのように人里離れた場所に暮らしているのは、何か意味があるに違いないと感じていました。アチャン・ワンに会ったとき、彼はとてもうれしそうでした。アチャン・ワンは、いずれ熱心な瞑想実践者が、彼のもとを尋ねてやって来ることを予期していたのです。真剣に瞑想に取り組んでいる僧侶と会うことは、彼にとって喜びでした。

夜になると、アチャン・ワンは修行について語り出しました。アチャン・ワンは、アチャン・マンの弟子でした。アチャン・リーと同世代の人です。彼らは、本当に真剣な修行者たちでした。

私はアチャン・ワンに尋ねました。

「アチャン、私に教えを授けてください。私は、瞑想とは本当は何なのか、知りたいのです」

それから、私は自分が直面している問題について、彼に話しました。

「そういったことは、瞑想を実践している中で、しばしば起こることだ」

とアチャン・ワンは答えました。それから、彼は自分がかつて経験したことについて話し始めました。

アチャン・ワンが、歩く瞑想をしていたときのことです。アチャン・ワンは歩みを止め、気づき（sati）を一点に集中させました。すると、彼の身体が地面に沈み始めたのです。

「何が起こっているんだろう？」

とアチャン・ワンは思いました。やがて、彼の身体は、ますます地面に沈んでいきました。アチャン・ワンは、ただ気づきを保ち、身体は沈むにまかせていました。しばらくすると、その現象は終わりを告げました。アチャン・ワンは自分がどこにいるのか分かりませんでしたが、自分の身体に気づいており、この現象が終わったことは確信していました。やがて、彼の身体は上昇し始めました。上昇は続き、ついには地面から身体が抜け出しましたが、上昇はそこでは止まりませんでした。アチャン・ワンの身体は、どんどん浮き上がっていったのです。

アチャン・ワンはそれらすべての現象に気づいていましたが、同時に心の底から驚いていました。アチャン・ワンの浮遊は続き、やがてそれが木の高さにまで達したとき、爆発が起こりました。アチャン・ワンの身体は木っ端みじんになり、その腸は、花輪のように木の枝にかかっていました。

ここまで聞いたとき、私はアチャン・ワンに尋ねました。

「アチャン、それは夢の中で起こった話ですか？」

それは、夢ではありませんでした。このように言うと、奇妙に聞こえるかもしれません。ですが、それは本当に起こったことだったのです。あなたも同じ経験をすれば、それが実際に起こったことだと分かるでしょう。

もし、あなたの身体が爆発し、腸が木にぶら下がっているのを見たら、どう思いますか？　あなたの気づき（sati）がしっかりしたものなら、起きたことを冷静に観察することができます。自分の身体が爆発しても、ただそれが爆発したと知るだけです。腸が飛び散っても、ただそれが飛び散ったと知るだけです。それらのものは、ニミッタにすぎないと、確信していることが必要です。そうすれば、ニミッタは、あなたを傷つけることはないことが分かります。気づきがしっかりと安定したものになると、ニミッタが心に自然に生じ、やがて消えていきます。とはいえ、ニミッタが消え去った後、あなたは今起こったことは、一体何だったのだろうと疑問に思うかもしれません。

ここまで聞いて、私はアチャン・ワンに質問をしてみました。

「アチャン、私は今、修行で問題を抱えています。私は、アチャンが今おっしゃったような体験はしたことがありません。ですが、瞑想中に別の種類の体験をしたことがあります。それはまるで、橋の上にいるような感じでした。私は川を渡るために、橋の上を歩いていますが、ある地点まで来ると、それ以上先に進めなくなります。仕方がないので一旦戻り、再度チャレンジしてみますが、やはり進めません。何度やっても、駄目なのです。これは、通常の瞑想時だけでなく、サマーディに入っているときにも起こります。何かによって、妨げられている感じがするのです。正直、困り果てています。こんな時は、どうすればいいのでしょうか？　アチャン、これは一体、何なのでしょうか？」

「それは、認識の限界に達したんじゃ」

アチャン・ワンは答えました。

「認識の限界に達したのなら、無理に先に進もうとせず、ただそこに立っていなさい。そして、起きていることに、気づいて（sati）いるように。ただ、そこに留まるんじゃ。おまえさんが気づき（sati）を保っていれば、認識はそれ自体で変化していくじゃろう。誰に強制されるでもなく、認識自体が変化していくんじゃ。おまえさんはただ起こっていることに気づき、自分の心の状態に気づいていればよい。そうすれば、認識は変化していくじゃろう。

たとえるなら、大人と子供では、認識することが異なるようなもんじゃ。子供は何にでも魅了されやすく、夢中になるもんじゃ。じゃが、その子供が大人になって、子供の頃に夢中になったものを見ても、全然興味を持てないのが普通じゃろ。大人は、子供とは別の『遊び』に夢中になる。そうしたことを指して、『認識の変容』と言っているんじゃ」

アチャン・ワンの返答を聞いて、私はいくらか納得がいきました。

アチャン・ワンは、語り続けました。

「修行に取り組むときは、話しすぎないように。あまり多くの問題を抱えちゃいかん。実際、わしらの生活には多くの問題があるが、サマーディに入っているときに注意するべきなのは、何が起きても、ただそれに気づくということじゃ。やるべきことは、それだけ。瞑想の中では、どんなことでも起こり得るが、気にすることはない。何が起きても、疑念を抱く必要はないんじゃ。もし、こうした態度で瞑想に取り組むなら、何が起こってもおまえさんの障害になることはなく、ただ生じては、滅していくじゃろう。瞑想の中で出会うものは、すべて無常じゃ。固有の実体を持ったものではない。瞑想の中では、アヒルに見えたものが鶏に変わり、鶏に見えたものが犬に変わる。こうした現象に直面すると、おまえさんは戸惑ってしまうじゃろう。そして、そうした変化には終わりはないいんじゃ。

瞑想中は、生じたことすべてに気づき（sati）、それが滅するのを見守るように。じゃが、起こったことが滅したからといって、もう何も起きないと思ってはいかん」

アチャン・ワンは、警告しました。

「滅したと思っても、すぐに新しい現象が生じるじゃろうからな。じゃが、何が生じても、おまえさんがそれに巻き込まれなければ、現象を手放し続けられるじゃろう。そうすれば、そうした現象は、おまえさんに危害を与えることはできないんじゃ」

「そのようにして現象を観察していけば、おまえさんの足元はしっかりとしたものになっていくじゃろう。瞑想中に起きた現象に、囚われてはいかん。ただ、気づき続けなさい。そうすると、だんだん瞑想中に余裕が出てくる。余裕が出てくれば、より詳細に自分の心を観察できるようになる。そのように瞑想を続ければ、自然と混乱も静まり、代わりに智慧（paññā）が生じてくる。そうすれば、瞑想中に出会う困難も、自然と解消されるだろう」

アチャン・ワンは続けました。

「未来というものも、過去と同じようなものとなる。じゃから、常に同じ調子で修行を続けることが大事なんじゃ。瞑想の中では、様々なことを経験するじゃろうが、それがどんなに途方もない経験でも、常にこのことを心に留めておくことが大事じゃ」

「ただし、ここで一つ注意すべきことがある。修行者の一部には、修行がスムーズに進むものもおる。彼らは瞑想の中で壁にぶつかることもないし、苦悩に陥ることもない。彼らの修行がうまく進むのは、過去に積んだ業（kamma）のおかげなんじゃ。瞑想によって集中力が高まっていると、過去に積んだ業の結果が生じやすくなる。この場合は、よい結果が生じることになるんじゃ。じゃから、安楽に瞑想ができるし、心も明るくなる。このように、瞑想中には、恐ろしいと感じられるような現象も起こるが、魅力的な現象も起こりえるわけじゃ。けれども、あらゆる現象は、わしらの心にとって、危険を孕んでおる。じゃから、いかなる現象にも執着してはいかんのじゃ」

私はアチャン・ワンのもとで四日間過ごし、様々なことを学びました。それから暇を乞うと、私は山を下り、彼の指導に従って修行を続けました。何日間も私は瞑想を続け、様々な現象を観察しました。それは、とてもよい経験でした。このときのことがきっかけとなり、私は、修行とは基本的に独りで取り組むことだが、それでは壁にぶつかってしまうこともあることに気がつきました。適切な指導者がいなければ、修行の道を歩む際に、ひどく遠回りしてしまうこともあるでしょう。それは十分、起こりえることです。指導者なしに修行に行き詰まると、深みにはまってしまうことになります。

精神的な修行の場合、極端なことをおこなえば、狂気につながることさえあります。精神的な問題というのは、それほど簡単に解決できるものではないのです。かつてこの地域にある寺で、一人の住職が、彼のもとで出家をした沙弥と共に暮らしていました。その住職は瞑想をする習慣はありませんでしたが、沙弥のほうは瞑想を実践していました。

数か月間瞑想に打ち込んだ後、その沙弥は在家信徒に対して法話をするようになりました。法話の主題は、多岐にわたるものでした。そして、話の内容は、興味深いものばかりでした。その沙弥は経典を学んだことは一度もありませんでしたが、彼は経典に書いてあるような事柄について、すらすらと話をすることができました。聴衆は、彼の法話に魅了されました。そこで住職も沙弥の法話を聞いてみると、すべて正しいことを言っているように思えます。やがて住職は、この沙弥は阿羅漢なのではないかと思うようになりました。

沙弥は大変上手に法話をおこない、ダンマのあらゆる側面を正しく説明することができました。彼の師匠にあたる住職には瞑想の経験がなく、沙弥の説明を理解することができなかったため、弟子は深い智慧を得ているのだと勘違いしていました。住職は沙弥が煩悩を乗り越えたため、このような素晴らしい法話ができると思ってしまったのです。

ある日のことでした。住職は、沙弥が庭にある木の下で首をつっているのを見つけました。沙弥は悟っていたのではなく、実際には狂気に陥っており、ついには自殺してしまったのです。沙弥の自殺を目撃して、ようやく住職も彼が阿羅漢などではなかったことを理解しました。こうしたことは、瞑想実践者が正しい瞑想の方法を知らず、瞑想上の問題が生じたときに、その対処法を教える人がいないときに起こりえることです。

瞑想を実践していると、厭離の念が生じることがあります。人生とは、空しいものだと思うようになるのです。そうした感情は、煩悩とは空しいものだと感じているために生じるものなのです。智慧は、空しいものではありません。ところが一部の人々は、そうした感情を、生きることには意味がないと解釈し、死んだほうがよいと結論づけてしまいます。そして、自分の意見が正しいと信じ込んでいるため、他人のアドバイスは耳に入りません。自分の考えに囚われてしまうと、その考えが自分を自殺にまで導くことがあるのです。間違って邪見を抱くと、とんでもなく悪い結果をもたらすこともあるのです。

これは私の個人的な意見ですが、瞑想実践者は、神通力などには関心を持たないほうがいいと思います。心が静まったら、身体を観察すればよいのです。十分時間をかけて、身体へ気づき（sati）を向けてください。神通力など期待せず、智慧（paññā）を育ててください。正しい修行の道を歩み、現象の生滅を観察するための智慧を養うために、ヴィパッサナー瞑想を実践してください。これこそが、あなたにとって真に役立つ修行なのです。

しかしながら、こうした意見に同意しない人もいるでしょう。サマタ瞑想を極めたいという人たちもいます。彼らは戒（sīla）を守り、サマタ瞑想を極限まで追求します。けれども、実際のところ、彼らは瞑想の限界地点というものがどんなものであるのか、はっきりと理解していないのです。賢い人なら、何に取り組むときでも、極端なことはしないはずです。大切なのは、現象（saṅkhāra）の真の姿を見抜き、世俗諦を超越することです。解脱とは、世俗諦を乗り越えることなのですから。現象とは実在するものであるといった考えを捨てるとき、あなたはあらゆる現象から解放され、解脱を実現するでしょう。仏道修行とは、自分自身の心を理解することです。それ以外のことを、熱心に探究する必要はありません。自分自身の心を知れば、十分なのです。

余計なことに取り組むと、修行がうまくいかなくなる可能性があります。自分の考えに囚われてしまうので、修行を進めるのが困難になってしまうのです。修行の道から逸れているのに、自分は熱心に修行に取り組んでいると思い込み、きっとよい結果が得られるに違いないと勘違いしてしまいます。何が「熱心」で、何が「よい結果」なのか、はっきりと分かっていないのです。

師への質問

――先生はよく、心を静めた後で、現象（saṅkhāra）を観察するのだと説かれています。これは、身起念などと同じように実践すればよいのでしょうか。概念を使って観察することによって、真の智慧（paññā）を得ることができるのでしょうか？

アチャン・チャー（以下、チャー） 何かを学ぶ際に、わしらは最初、概念を使う必要がある。実際のところ、思考や概念によって、真理に到達することはできん。肯定的なものであれ、否定的なものであれ、いかなる種類の概念を用いても、解脱に至ることはできないのじゃ。じゃが、わしらが瞑想を指導する際には、概念を用いざるを得ない。子供に、やらなければいけないことを説明するようなもんじゃ。物事が終われば、後には何も残らない。そうすれば、いかなる心所（cetasika）が生じても、惑わされることはなくなる。自分の概念を智慧（paññā）と混同してしまうのなら、おまえさんは常にそれらに翻弄されることになる。それらは、単に現象（saṅkhāra）であるにすぎん。そして、それを知るものは自己（attā）ではなく、手放すべきものじゃ。意識は、ただ意識であり、我（attā）といった、実体のある存在ではない。そういったものは、すべて手放すことじゃ。

――どの程度、心を静めればいいのでしょうか？

チャー　現象を観察できるくらいの気づき（sati）が確立していれば、十分じゃ。

――心が過去や未来にさまよわず、現在に留まっていればよいということですか？

チャー　未来や過去のことについて考えるのは、問題ない。ただ、それらを実体のあるものと思ってはいかん。心というものはどんなことでも考えられるが、それに囚われてはいかんのじゃ。思考は、思考にすぎないことを理解しなくてはいかん。大切なのは、思考に囚われないことじゃ。

自分の考えに囚われてしまうと、常に問題を抱えることになってしまう。じゃから、自分の考えに執着しちゃいかんのじゃ。心は、ただ心であるにすぎん。わしらの心は、我（attā）、自己といったものではないんじゃ。自分の心への気づき（sati）は、おまえさん自身ではない。喜びは、喜び。苦しみは、苦しみ。このように物事を見るとき、疑念が生じることはない。

物事を観察するために、わしらは思考を用いるが、最終的には思考を超えた観察というものに至る。なぜなら、修行が進むほど、おまえさんは自分の認識や考えに固執しなくなるからじゃ。思考は思考、感情は感情じゃ。

わしらが話していることは、本来、生ずることも滅することもないんじゃ。ただ、あるがまま。簡単に言うなら、不生不滅ということじゃ。

心とは、そもそも何か。何かについて思考するとき、わしらはそれを心と呼ぶ。じゃが、そうした思考を超えたもの、言うなれば、本来の心といったものが存在する。心は、どこから生じたのか？　わしらが心を観察すると、それが生じては、滅していくのが分かる。じゃが、本当に生じては、滅しているのは、心ではなく、感情などの精神的な活動なんじゃ。勝義諦とは、そのように生じては滅するものではない。そのように生じては滅するものを、わしらは世俗諦として「心」と呼んでいるのにすぎないのじゃ。

世俗諦においては、わしらは精神的な活動のことを「心」と呼んでおる。しかし、この心はどこから生じたんじゃろうか？　長いこと習慣で、思考や感情のことを心じゃと思っておったから、そんなことを急に聞かれても困るかな？

わしらはまず、自分の心の中に、無常・苦・無我を見出さねばならん。じゃが、本当のところ、そこには何も存在しないんじゃ。ただ、空《くう》であるのみ。わしらは生じては、滅していくものを見るが、本当は何も生じても、滅してもおらん。わしらは物事を概念として受け止めるため、それが生じては、滅しているように見える。そして、その概念を智慧（paññā）だと思い込み、それに執着する。じゃが、それは本当の智慧ではない。それが本当の智慧なら、あらゆることに決着がついているはずじゃ。認識することや、感情に気づいても、それをつかんではいかん。そうしたものに執着すると、仏の道から外れてしまうんじゃ。

――本来の心に達するために、私たちはどのように修行をしたらよいのでしょうか？

チャー　最初に、おまえさんは今現在の心に気づき（sati）を向け、それが不確実で、無常なものであることを知る必要がある。そのことがはっきりと分かれば、もう何も執着するものはなく、何でも手放せるようになるじゃろう。知ることによって、手放せるようになる。そうすれば、もう概念に引きずり回されることもない。物事に対する疑念も晴れるじゃろう。

わしらが「現象」と呼んでいるものは、すべて世俗諦に属するものじゃ。世俗諦のおかげで、わしらは物事を認識することができる。じゃが、現象の実体とは、ただあるがままのものなんじゃ。たとえば、わしらがいるこの建物にも、基礎となる一階と、二階の部分があるじゃろう。存在の基盤を一階にたとえると、それは生じることも滅することもない部分じゃ。建物の二階が現象にあたる部分で、そこは生じては滅するところじゃ。わしらはその二階の部分を、心、知覚、概念など、様々な名前で呼ぶ。じゃが、本当のところ、色（rūpa）、感情、知覚といったものは、存在しないんじゃ。それらは、ただ名称としてのみ存在するものじゃ。五蘊は生じては滅するが、実体としては存在するものではない。

おまえさんは、サーリプッタ長老が、プーナマンタニ比丘を指導した話を知っておるかい？　わしは沙弥の頃、この話を経典の中で読んだ。そして、それ以来、ずっとその話が心に残っておる。

サーリプッタ長老は、弟子のプーナマンタニ比丘が遊行に出ることになったので、アドバイスを授けたんじゃ。

「プーナマンタニ。そなたが遊行をしているとき、誰かに『悟った人が亡くなった後は、どうなるのですか？』と尋ねられたら、どう返答しますか？」

プーナマンタニ比丘は、こう答えた。

『色《しき》（rūpa）、受《じゅ》（vedanā）、想《そう》（saññā）、行《ぎょう》（saṅkhāra）、識《しき》（viññāṇa）は生じては滅するものです』と返答いたします」

それが、すべてじゃ。プーナマンタニ比丘の答えは、正しい。サーリプッタ長老は、弟子が遊行に出る前に、彼を試したんじゃ。プーナマンタニ比丘は、正しい見解を持っておった。五蘊は、ただ生じては滅する。それがすべてじゃ。

このことを頭で理解したら、あとはそれを瞑想によって観察することが必要じゃ。そうして智慧（paññā）を養えば養うほど、よりはっきりと観察する力もついてくる。すると、生じることも滅することもないものがあることが分かる。それが、本来の心じゃ。それが分かってもまだ、おまえさんは生じては滅するものを経験するじゃろうが、もはや幸福に惹かれることも、苦しみに付きまとわれることもなくなる。それらに対する、執着がなくなったからじゃ。

――先生がおっしゃっていることを聞いていると、五蘊の他に、何かあるように聞こえるのですが……。それが本来の心なのですか？

チャー　それを名指すことはできない。そのときは、すべて決着がついてしまっておるのじゃから。誰かがそれを「本来の」何かと呼ぼうとしても、すでに決着済みじゃ。なぜなら、「本来」とは滅尽のことだからじゃ。

――では、本来の心と呼ばないほうがいいのでしょうか？

チャー　世俗諦としてなら、わしらはそれを本来の心と呼んで構わん。世俗諦を使わなければ、わしらは「本来」とか「古い」「新しい」といった概念について、話し合うことはできない。わしらが使う「古い」「新しい」といった言葉は、すべて世俗諦であり、物事を指し示すものにすぎん。世俗諦がなければ、わしらは物事を理解することができん。じゃが、それと同時に、世俗諦には限界があることも知っておくことが大事じゃ。

――そうした智慧（paññā）に達するには、どの程度のサマーディの力が必要ですか？

チャー　心を制御できるくらいの力があれば、十分じゃ。サマーディの力なくして、可能なことがあるじゃろうか？　十分な集中力がなくては、そうした智慧に達することはできん。

現象を観察するのに十分なサマーディなら、智慧（paññā）が生じるのにも十分なはずじゃ。わしには、サマーディの力を測ることはできんがな。悟るには、どの程度の心の静けさが必要か？　おまえさんが、何ものにも疑念を抱かなくなるくらい、心が静まっていれば十分じゃろう。答えとしては、こんなところかな。

――「知る者」と「本来の心」は同じものですか？

チャー 同じものではない。知る者とは、わしらの誰もが持っている気づき（sati）のことで、無常なものじゃ。

――本来の心を持たない人もいるのですか？

チャー すべての人の内に、本来の心はある。誰もが皆、知る者を持っておる。じゃが、知る者とは、おまえさんが「このようなものである」と定義できるようなものではない。すべての人の内に、本来の心はあるが、誰もが皆、それを見ることができるわけではない。

――「知る者」とは、自己（attā）のことなのでしょうか？

チャー 違う。知る者とは、気づき（sati）のことじゃ。このような問答は、無用な誤解を招くだけじゃな。いくら他人の言葉を聞いても、おまえさんは明快な理解に達することはできんじゃろ。細かい質問をいくら重ねても、おまえさんは真理に到達することはできん。自分自身で確認することによってしか、真理に達することはできないのじゃ。じゃから、わしの話すことはあくまで参考にして、自分自身で瞑想をして、それを確認するように。

――先生はよく、心が静まったら、身起念を実践するようにとおっしゃっています。伝統的な方法に則って、身起念を修習したほうがよいのでしょうか？

チャー　そうする必要はない。心が静まった状態にあるとき、観察は自然に生じる。それが、サマーディに入った状態での観察じゃ。そのとき、「これは、これ。それは、それ」といった思考は生じない。そうした精神的な活動は、サマーディから出たときの観察において生じるものじゃ。心が集中しているとき、思考は生じない。このように心が平静になったとき、観察が生じるのじゃ。わしらは日常生活では、瞑想状態に比べ、静まっていない心で、物事を観察しようとする。それは静かに瞑想をしているときほど洗練されたものではないが、有効ではある。

重要なのは、いつでも物事のありのままの姿を認識するために、気づき（sati）を絶やさないことじゃ。ブッダにはなぜ、怒り（dosa）や無知（moha）が存在しなかったのか？　なぜなら、ブッダは気づきを絶やすことがなかったからじゃ。気づきがあれば、怒りや無知が生じることはない。気づきは、それらが生じることを防ぐものじゃ。それ以上、他にやるべきことはない。気づきを絶やすことがなければ、おまえさんはあらゆるものを手放すことができる。そのとき、意識して何かに注意を向ける必要もない。それらは、自然に生じることじゃ。

ここまで修行が進めば、サマーディはすでに確立しているので、それ以上敢えて修習する必要はない。依然として物事に善、悪があるように見え、好き、嫌いといった感情があるかもしれんが、それらに気づいたら、ただ、手放せばいいだけじゃ。そうしたものが生じても、それらは無常（anicca）であることに気づき、手放せばよい。そうすれば、おまえさんは物事の根源である、本来の心という場所にたどり着くじゃろう。そこには常なるものも、まったく何もない場所じゃ。それが真理じゃ。

流れがあり、それが滞るとき、おまえさんはその滞る原因を断ち切り、再び流れるようにする必要がある。何が流れを滞らせるのか？ 感覚の対象や、心所（cetasika）といったものによって生じる現象が、流れを滞らせるのじゃ。じゃから、現象が生じたら、おまえさんはそれを処理し続ける必要がある。現象が生じなくなれば、捨（upekkhā）だけが、そこに残る。

口で言うだけなら簡単だ、と思うかな？

この話は、戒・定・慧の三学の場合と似ておる。伝統的には、最初に戒を身につけ、次に定を修得し、最後に慧を得ると教えられている。おまえさんも、そう教わったじゃろう？ じゃが、すべての修行者が、戒の実践から始める必要があるというわけではない。アメリカ人たちを見てごらん。連中はこの僧院に修行にやってきて、瞑想をして、すぐに心を落ち着けることができるじゃろう？ じゃから、三学を修習する際の、伝統的な順序に関しては、それほど気にする必要はない。まずはただ座って瞑想をし、心を静めることじゃ。そうすれば、自然と感覚は鋭敏なものになるもんじゃ。猛毒を持った蛇が、竹でできた籠の中に入っているのを想像してごらん。誰かが籠のそばを通っても、その人が蛇の存在に気づいていなければ、怖がることはないじゃろう。危険な蛇がそばにいることに、気づいていないのじゃからな。

戒（sīla）を学ぶのは、それと似ておる。人の個性というのは様々じゃ。西洋人が修行をする場合、瞑想実践から始めても問題はない。心が静まれば、認識にも変化が生じ、物事の見え方も変わってくる。

人は、たとえ猛毒を持った蛇がそばにいても、その存在に気づいていなければ、怖がったりしないもんじゃ。じゃから戒を、一つひとつ順番に身につける必要はない。戒律とは、ただ口に出して唱えればいいというもんじゃないのだ。

「『生き物を殺さない』という戒めを、私は受けて守ります」

「『与えられていないものを取らない』という戒めを、私は受けて守ります」

などと唱えていては、遅すぎるときもある。そうしたことは、戒の本質ではないわけじゃ。一本の木の棒を想像してみなさい。棒には、始点、中間、終点があるとしよう。おまえさんが終点をつかめば、そこがスタート地点になるじゃろう。その場合、終点をスタート地点として、始点へと向かうわけじゃ。もちろん、その反対に、始点をスタート地点として、終点に至ることも可能じゃ。じゃから、結局、この棒のどこが始点で、どこが終点かということを主張するのは、意味がないんじゃ。サマーディの実践に惹かれているのなら、それを通して、平安な心を育てることじゃ。心が平安になれば、感覚も鋭敏になり、物事を見る目も変わるじゃろう。そうした修行者は、木の棒にたとえれば、終点から、始点を目指すタイプになる。結局、始点と終点は一体のものなんじゃ。サマーディの実践を通じて、心にもたらされる変化によって、物事を観察することが可能となり、智慧（paññā）が心に育ち始める。智慧が育てば、何が善で、何が悪かという分別も徐々に身についてくるはずじゃ。

戒・定・慧の三学は互いに補いあって成長するものじゃ。じゃから、順番にこだわらず、どれから実践しても構わない。確かに、伝統的な教えでは、戒・定・慧という順番が説かれておる。こうした順番には一理あり、尊重しなくてはいけないが、それを唯一の修行法として固執してはいかん。毒蛇に気づくことができるように、心を育てるものなら、何でも有益じゃ。気づき（sati）があれば、害を避けることができる。どこから修行を始めても、最終的に同じ場所にたどり着くじゃろう。おまえさんたちも、人に指導をするときには、臨機応変に対応しなくてはいかん。

都会っ子が、初めて田舎を訪れたら、見るもの聞くものすべてが新鮮じゃろう。アヒルを見たら、

「お父さん、あれは何？」

と尋ね、水牛を見ては、

「お母さん、あの大きな動物を見て！」

と叫ぶじゃろうな。両親が答えるのにうんざりするまで、その少年は何かを見るたびに、そうした反応を続けることになる。いくら説明をしても、少年の好奇心は尽きることがない。両親は、まいっちまうというわけさ。延々と、

「これは何？　あれは何？　あの動物は、なんて言うの？」

と質問が続くのじゃからな。じゃが、彼が大人になれば、十分な知識を身につけているので、そうした動物を見ても、もう好奇心をそそられることはないじゃろう。

瞑想実践にも、これと同じことが言える。わしもかつては、この少年のように、質問ばかりしておったもんじゃ。じゃが、物事を本当に理解したとき、質問は自然に止んだ。瞑想実践が進み、自分の心に対する理解が深まれば、そうした疑問は自然と解消するものなのじゃ。

じゃから、おまえさんは常に自分自身を観察せねばいかん。日々誠実に生きているか、自分を偽っていないかと見極めるためにも、注意深く観察することが必要じゃ。

思考とは、物事を概念化することにすぎん。じゃが、気づき（sati）がないとき、わしらはそれが智慧（paññā）だと思い込んでしまう。そうした概念を追い求めることは、わしらに不満足（dukkha）と苦しみ（dukkha）しかもたらさない。それらが本当に智慧なら、わしらに苦しみをもたらすことはないいんじゃ。

とはいえ、そうした概念があるからこそ、わしらが物事を観て、そして知ることができるというのも事実じゃ。じゃから、概念と智慧（paññā）がまったく無関係なものだと思うのも、正しくないいんじゃ。概念がある所、その背後に智慧もまたある。物事が顕在するとき、その背後には、必ず潜在したものがある。潜在したものは、概念化されることなく、自由じゃ。その反対に、顕在したものは、必ず概念化されておる。

多くの瞑想指導者が、様々な表現で同じことを指摘しておる。たとえば禅には、智慧を伝えるための、彼ら独自の方法がある。禅の老師がおまえさんに質問をしたとしよう。質問に答えると、老師はおまえさんを打ち据える。老師が再び質問をするので、今度は、おまえさんは答えない。すると、老師はおまえさんを再び打ち据える。

「何だっていうんだ？　このままじゃ、身体がもたないぞ。一体、どうすりゃいいんだ？」

禅では、こうしたやり方で、弟子に智慧を伝えようとしておるわけじゃ。では、この場合どうすればよいのか？　進むも地獄、退くも地獄という状況じゃな。かといって、黙っておるというのも、正しくない。何をしようと、警策で打たれるというわけじゃ。途方に暮れた修行者は、解決策を模索することになる。これは、わしが本で読んだ、禅の修行法じゃ。面白いじゃろう？　こうした方法で、弟子に智慧を伝えようとしているんじゃな。おまえさんは、答えても答えなくても警策で打たれる。どうすればいいのか、さっぱり分からなくなるわけじゃ。動いても駄目、止まっても駄目なんじゃからのう。おまえさんなら、どうするかな？　そうするうちに、もうどうにもならなくなる。じゃが、何かまだ解決策があるような気がする。そして、答えを見出そうと、内面の探究を続ける。わしは、こうした禅の修行法は、なかなかよくできていると思う。確かに、不可解じゃ。じゃが、わしらが普段していることといえば、様々な出来事について、妄想にふけっているくらいなもんじゃろう？　わしらが知っていることといえば、誰かが過去に語ったことばかりじゃ。そういうものは学んでもきりがないし、学べば学ぶほど、疑念は深まるばかりじゃろう。そうした知識を頭に詰め込めば詰め込むほど、わしらは智慧(paññā)から遠ざかる。知識が、智慧にたどり着くことへの障害になるわけじゃ。

じゃから、知識は自分の外部にではなく、心の中に求めなくてはいかん。観察を続けていると、おまえさんは以前より明晰になっていくじゃろう。そして、そうした明晰さを、修行の進歩として受け止めることじゃろう。じゃが、禅の老師は、そうした明晰さを、決して褒めることはない。

「明晰さなど捨てちまえ！　そんなものは無用だ！」

そう一喝されて、また警策で打たれるのがオチじゃ。明晰さもまた、捨て去らなければならん。そこまでくると、おまえさんは、もうどうしていいか分からなくなる。じゃが、そうした思いも、すべて捨て去らなければならんのじゃ。

思考や感情というものは、すべてわしらの心が生み出した、幻想のようなものじゃ。それらは、真の知識とは言えん。じゃが、わしらは幻想にすぎないものを、真の知識だと思い込んでしまう。そうした知識は、執着しか生み出さん。真の知識とは、手放すことを教えるものじゃ。

サマーディの修習とは、難しいもんじゃ。修行者はすぐ、脇道に逸れてしまう。

「座って瞑想をしていると、様々なことを体験します。光が見えたり、様々な色が見えたり……」

こうしたことを言っては、おまえさんたちは、それらの体験に囚われてしまう。おまえさんたちが、自分のサマーディ体験をわしに語っても、わしからアドバイスできることはほとんどない。そもそも、そうした体験に夢中になること自体、ちょっと幼稚じゃな。それでは、前に話した、動物に夢中になって両親に際限のない質問をする少年と、大差ないことになってしまうぞ。そうした振る舞いは、分別のない子供のすることじゃ。大人なら、そうしたことは自分で探究して確かめられるのだから、いちいち他人に尋ねる必要はないはずじゃ。

瞑想中に禅定（jhāna）に入ったら、おまえさんたちは言葉では言い表せないほどの幸福を感じるじゃろう。禅定は、尋《じん》（vitakkā）、伺《し》（vicāra）、喜（pīti）、楽（sukha）、一境性《いっきょうしょう》（ekaggatā）という、五つの禅支から成る。五つの禅支はそれぞれ異なるものであり、かつ一体でもある。たくさんの果物が入った、籠のようなもんじゃな。果物として見れば別々だが、籠としてみれば一つのものじゃ。五つの禅支はわしらの心の中で、一つのものとして体験される。楽とは、どのような安楽なのか？ 尋とはどのようなものなのか？ 禅支を言葉で説明するのは、ほとんど不可能じゃ。じゃが、五つの禅支がおまえさんの心の中に生じれば、それを直接的に体験し、知ることができるじゃろう。ここまでくると瞑想実践は、新しい段階に入ったことになる。今までと異なる、不思議な経験をすることもあるかもしれん。じゃから、瞑想をする時には、修行の内容を明確に理解し、気づき（sati）を保つことが必要じゃ。何が起こっても、混乱しないように。起きることはすべて、わしらの心によって引き起こされた、一時的な精神状態にすぎないのじゃからな。

修行中に不思議な現象が起きても、動揺しないように。身体が空中に浮かんでも、地面に沈み込んでも、死んでしまうと思うようなことが起きても、放っておくことじゃ。常に自分の心の状態を観察し、気づき（sati）を保つこと。それが、すべてじゃ。気づきが、おまえさんのよって立つ足場となる。立つ、歩く、座る、横になるという四つの姿勢のとき、常に気づきを保つことができれば、何が起きてもおまえさんはそれに執着することはないじゃろう。欲（lobha）があろうと、怒り（dosa）があろうと、幸福でも不幸でも、常に気づきがあるなら、おまえさんの修行は必ず進んでいく。じゃから、瞑想中に経験することに、固執してはいかん。心に生じたものが何であれ、それらすべてにきちんと気づく（sati）ように。それらが無常（anicca）なものであり、生じては滅するものであると確認するんじゃ。それ以外に、すべきことは何もない。そこには、自己や他者、実体といったものは存在せず、執着すべきものは何もないんじゃ。

智慧（paññā）を備え、心と身体を観察するとき、わしらは過去に身につけた習慣を、如実に知ることになる。心と身体、幸福や不幸といった諸々の感情といったものは、無常なものであると理解したとき、わしらはそれらがあるがままのものであることを知る。すると、心に変化が生じる。この世に対する、厭離の念が生じるわけじゃ。心や身体といったものは儚く、生じては滅するものであると思うようになる。何を見ても、そうした気持ちが生じるわけじゃ。そうして厭離の念が強くなると、もうこの世から脱出する方法を探す以外のことは、考えられなくなる。もはや世間の暮らしでは満たされないので、以前のようには暮らせなくなるんじゃな。生きていることが、重荷になってくる。そして、何を見ても、そこに無常（anicca）・苦（dukkha）・無我（anattā）を見出すようになる。じゃから、何に対しても、執着心が起きない。木の下に座っていると、ブッダの教えが聞こえてくる。山の頂上に座っていると、ブッダの教えが聞こえる。平野で座っていても、ブッダの教えが聞こえてくる。そのとき、おまえさんは以前よりはっきりと、この世界が見えることじゃろう。心と身体についての理解も、より深まっていく。色界、無色界といった世界についても、よく分かるようになるじゃろう。無常・苦・無我が照らし出す光が、それらについての理解を深めるのじゃ。

物事を永続的で、実体のあるものとして執着するとき、わしらはすぐに苦しみ（dukkha）に陥ることになる。じゃが、心と身体の真の姿を理解しておれば、苦しみに陥ることはない。執着心が無ければ、苦しみもまた生じることはないわけじゃ。そうすれば、あらゆる場面で智慧（paññā）が生じてくるじゃろう。おまえさんが一本の木を観るとき、そこから智慧が生まれる。畑の作物を観ても、昆虫を観ても、そこから智慧が生まれる。それらはすべて別々のものに見えるが、「確かなものではない」という意味で、同じダンマの顕われなんじゃ。それが真理じゃ。確かなものは、この世のどこにもない。永続するものが、どこかにあるじゃろうか？　確実に見えるものがあったとしても、それは一時的なものにすぎん。変化しないものが、そのままずっと存在し続けることは不可能じゃから、それらはやがて滅してしまうことじゃろう。ただ、それだけのことじゃ。このことを本当に理解したとき、おまえさんは修行のゴールへとたどり着くことじゃろう。

仏道を歩むものなら、自分は人より優れているなどとは、考えるべきではない。また同じように、自分は人より劣っているという考えも、正しくない。かといって、他人と同等、と考えるのも間違いじゃ。なぜなら、「自分」などというものは、本当は存在しないのじゃからな。この「私」という考えを手放したとき、おまえさんは真理を知ることじゃろう。正しい見解を持っておれば、心は真っ直ぐになり、智慧（paññā）は完成されたものとなる。すると、原因を生み出す根が断たれる。原因が無ければ、もはや何も生じることはない。

どのように修行をするのかについて、もう一度確認をしよう。最初におまえさんが目指すべきなのは、誠実で正直な人間になることじゃ。そして、次に目指すべきなのは、悪行為をすることを恥じ、恐れる人間になることじゃ。それから、三番目に目指すべきなのは、謙虚な心を持ち、欲が少なく、満ち足りている人になることじゃ。欲が少なく、発言や行動を節制しているものは、自らを知り、放逸になることがないじゃろう。

この三つは、修行の基礎となるものじゃ。そうしたことがきちんと備わっていれば、戒・定・慧の三学が備わっているということになる。心を、三学で満たすのじゃ。

常に、放逸であってはいかん。これは、すべてのことについて当てはまることじゃ。善いことをしているときや、正しいことをしているときでも、放逸であってはいかん。善いことをしているときでも、悪いことをしているときでも、幸福であろうと、不幸であろうと、放逸であってはいかん。ブッダはわしらに、常に不放逸（appamāda）であれと説いた。なぜなら、世の中というものは、いつも不確実（anicca）だからじゃ。

わしらの心についても、同じことが言える。瞑想をして心が静まっても、その状態に執着しちゃいかん。ただ、放っておくことじゃ。良い状態に執着してしまうのは自然なことじゃが、ただ、起きていることに気づくのにとどめておくように。善い心の状態であれ、悪い心の状態であれ、ただ気づく（sati）のが大事じゃ。

瞑想指導者は、瞑想の方法について教えることはできるが、それを実践できるのはおまえさん自身だけじゃ。自分の心を観察すれば、あらゆることが理解できる。他の誰かに、代わりに修行をしてもらおうと思っても、それは無理というものじゃ。きちんと自分自身を観察していれば、どこにいても、何をしていても、安心して過ごすことができる。もちろん、真面目に取り組むことが必要じゃ。何事も真剣に取り組まなくては、成果は得られん。本当の修行は、心の中でおこなうものじゃ。じゃから、修行をしたからといって、疲れるなどということはない。気づき（sati）を失うことがなければ、今起こっていることを、ちゃんと理解することができる。おまえさんはすでに、何が善で、何が悪か知っておる。そして、瞑想実践の方法も知っておる。修行をするために必要なことは、そんなにたくさんあるわけじゃないのだ。

ダンマを学ぶ際に、注意すべき点がもう一つある。それは、人から学ぶときには、表面的な人柄ではなく、その教えの本質を学ぶべきだということじゃ。アチャン・トンラーがそのいい例じゃ。多くの人が、彼の表面的な振る舞いだけを参考にしたために、そのダンマを継承することができなかった。表面的には、アチャン・トンラーの言葉遣いは、丁寧なものではなかった。彼は常に在家信徒たちに様々な要求をし、集まりで誰かを注意するときには、こっぴどく叱りつけたりもした。アチャン・トンラーは表面的には、そのような人物に見えた。じゃが、本当のところは、彼は何者でもなかった。そこにはまったく、何もなかったのじゃ。彼の話す言葉、そのすべてがダンマじゃった。じゃが、それを理解できるものは、誰もいなかった。アチャン・トンラーがしていること、話していることを、誰も理解することができなかったんじゃ。アチャン・トンラーには、誰かを傷つけようという意図はなかった。ただ、ひたすらダンマを伝えようとしていただけなのじゃ。じゃが、彼の振る舞いは、人々から見ると、節度のあるものには見えなかった。何人かの弟子は、アチャン・トンラーの表面的な人柄だけを見て、それを真似してしまった。その結果、彼らの修行は失敗に終わったのじゃ。

アチャン・トンラーが弟子たちと托鉢に行ったとき、こんなことがあった。ある一軒の家を訪れたのじゃが、そこは村でも評判の、ケチな家族が住んでいる家じゃった。その家族はアチャン・トンラーたちが訪れたときも、食べ物をお布施したくなかったのじゃが、村ではどんな貧しい家でも、少量のご飯くらいはお布施として渡していた。じゃから、彼らは居留守を使おうとしたんじゃ。するとアチャン・トンラーは、家の前で大声で叫んだのじゃ。

「ご飯はもう炊けたかのう?」

そして、家の前で、ずっと待っておった。結局、ケチな家族はしぶしぶながら家から出てきて、アチャン・トンラー達の鉢に、ご飯をお布施することになったんじゃ。

それからしばらくすると、アチャン・トンラーが、毎日のようにケチな家族の家の前で叫ぶのを目にしていた弟子たちの中から、彼の行為を真似するものが出てきた。そして、その弟子が托鉢に行くと、どの家の前でもこう叫んだんじゃ。

「ご飯はもう炊けたかのう?」

その弟子の振る舞いは、やがてアチャン・トンラーの耳にも届くようになった。ある日のこと、アチャン・トンラーは弟子たちの面前で、この弟子に対して、托鉢において布施を強要していることを叱りつけたんじゃ。

「私が何か、悪いことをしましたでしょうか？」

悪びれる様子もなく、比丘は返答した。

アチャン・トンラーは、彼に説明をした。

「皆、おまえが托鉢に行くとき、『ご飯はもう炊けたかのう？』と叫んでいると言っておるぞ。そんな振る舞いは、比丘にはふさわしくないものだというのが分からんのか？」

その比丘は、アチャン・トンラーの振る舞いを真似して、自分が正しいことをしていると思い込んでおったんじゃ。彼には、アチャン・トンラーがなぜそんな振る舞いをしたのかという理由が、理解できていなかった。しかも、アチャン・トンラーと違い、彼の心にはまだ執着心が残っていたんじゃ。アチャン・トンラーは、自らの食欲を満たすためにケチな家族を叱ったのではなく、その家族に寛大な心を養ってほしいと思い、そんな振る舞いをしたのだ。

様々な人間がダンマを学ぶが、修行がスムーズに進むものと、そうでないものに大きく分けることができるかもしれんな。修行の進み具合は、積んできた波羅蜜の量による、というものもおる。じゃが、波羅蜜の量というものは、運動機能を測定するように、測れるものではない。

「私は善い人間になりたいと思っているのです。ですが、心を育てたいのに、うまくできません」

などと言うものもおる。まぁ、いずれにせよやらなきゃいかんのだから、どんどん修行を進めることじゃ。

修行をするのは大変だ、と感じるものもおるじゃろう。彼らは修行の中で何度も壁にぶつかり、その進歩は遅々としたものじゃ。そうしたものたちは、過去に積んだ波羅蜜の量が少ないのじゃろう。じゃから今、その分努力をしなくてはいかんわけだ。嘆いていても、何も始まらないからのう。もし、おまえさんが貧乏だったら、その境遇に開き直っても、どうにもならないじゃろう？ 貧乏だったら、やらなくちゃならんことは、働くことだ。修行もそれと同じじゃ。一生懸命修行に取り組めば、必ず進歩することができるじゃろう。

修行において、たくさんの困難に直面するが、悟るのは早い、というケースもある。そうしたタイプの修行者は、時には死ぬのではないかと思うような、厳しい修行に取り組む場合もある。試練を克服することによって、彼らは他のものより早く悟りを開くわけじゃ。修行の中で、多くの苦痛を感じることがあるかもしれんが、それは大した問題ではない。そうした苦痛はすぐに無くなるのじゃから。

修行には熱心に取り組むが、智慧（paññā）が足りない、というものもおる。彼らは修行において壁にぶつかったりすることは少なく、淡々と実践を続けることができるが、悟るまでには途方もない時間がかかってしまう。修行に打ち込んだにもかかわらず、死ぬまで悟りを開けない可能性もあるのじゃ。

中には、修行に取り組むのが楽しく、スムーズに進歩するものもおるな。この場合、修行は幸福に満ち溢れたものであり、悟るのも早いじゃろう。そうしたケースも、あるわけじゃ。

修行が進むのが遅かろうが速かろうが、コツコツ修行に取り組み、功徳を積むことは、常に有意義じゃ。修行に取り組むことによって、失うものは何もないのじゃからな。自分には波羅蜜が足りないと思うのなら、功徳を積めばよい。これまで間違ったおこないをしてきたと思うのなら、これからは正しいことをすればいいだけじゃ。今はまだ結果が出ていなくても、必ず報われる時が来る。それが、業(kamma)というもんじゃ。ある業の結果が出ているとき、別の業の結果が出ることはできん。わしらの現在のあり様は、過去の行動の産物じゃ。現在の行動の結果は、将来になれば分かる。失われるものは、何もないというわけじゃ。ある業の結果が出尽くすと、次の業の結果が出ることになる。じゃから今、おまえさんは修行をしておるのだ。いずれ正しい時節に、必ずその結果は実ることじゃろう。

在家者の修行とは――猿に家を燃やさせてはならない

仏教では精進の大切さを説きますが、そうした熱意を、欲によって引き起こされる行動と混同しないように注意してください。正しい精進とは、手放すことと、無執着を実現するためにおこなわれるものです。私たちは、やるべきことはやらなくてはなりませんが、それらに執着してはいけません。それが、ブッダの教えです。

けれども、そのような態度では、やる気が出ないという人もいるかもしれません。情熱が感じられないというのです。世間の人々が行動するときには、必ず何かを得るためにおこなうのです。たとえば、病院に行くのは、治療を受けるためですね。必ず、何かを欲しているから、行動をするわけです。しかしながら、何かを手に入れようとして行動すると、そこには執着が生まれます。ですから、私たちが仕事をするときには、欲からではなく、自分の務めを果たすという気持ちでそれに取り組んでください。そのように正見を持って仕事をすれば、安心して日々を送ることができます。

心を育てることを、木を育てることにたとえてみましょう。木を育て、果実を実らせるために、私たちは何をすればいいでしょうか？　やるべきことを、やればいいのです。苗木を手に入れ、穴を掘ります。そして、苗木を植え、水や肥料を与え、虫を寄せ付けないようにする。それで、十分です。それ以上、深追いする必要はありません。苗木が成長するのが早かろうが、遅かろうが、気にする必要はありません。放っておいてください。あなたは木を育てる原因を作っているのですから、それがいつ大木になるのかなどと、考える必要はありません。いつ果実が実るかどうかは、あなたが決めることではなく、樹木自身が決めることです。水や肥料を多くやったところで、自分の好きなように樹木の成長を速めることはできません。私たちは木の成長をコントロールすることはできませんが、サポートをすることはできます。適切に苗木の面倒をみていれば、あとは自然に育っていくはずです。こうした道理が分かっていれば、問題はありません。自分で木の成長をコントロールできるなどという、間違った考えに陥らなければいいのです。そうした考え方は、私たちを幸福に導くことはありません。ですが今は、まだそのことについては深く考える必要はありません。

正しい原因を作るよう、努力することが大事です。あらゆる現象は、原因があって生じます。ですから、原因が善いものなら、結果もまた必ず善いものになるのです。私たちは、社会人としての務めを果たさなければなりません。ですが、そのときに物事に執着しないようにすることが大事です。木の成長をコントロールしようとすることは、執着です。大切なのは、善い原因を作ることなのです。そうすれば、おのずと善い結果が生じます。このように考えるのなら、心も軽くなってきます。それ以上執着してしまうと、一日中木の成長が気になり、思うようにならず、イライラするような生き方になってしまいます。

こうした生き方は、正命と呼ばれています。けれども、私たちの日常というものは、やらなければならないことが大変多く、そうした物事に悩まされることもしばしばです。木の世話をしているときに、虫が寄ってきて、イライラすることもあるでしょう。やらなければならないことが多く、人間関係が複雑なときは、頭を悩ませる問題が多くなりがちです。

こうしたことは、よくあることです。称賛と批判は、コインの両面です。批判なくして、称賛なし。称賛なくして、批判なし。私たちは、批判と称賛の双方に、直面せざるをえないのです。批判と称賛は、私たちを目覚めへと導くものであると、理解するべきです。モーニングコールのようなものです。けれども、私たちはそれを理解していません。誰かに批判されればすぐ怒り、称賛されれば気分をよくします。それがコインの両面であることに、気づいていないのです。今では仕事をうまくこなすことができる人も、かつては未熟だったときがあったはずです。そうした時期があったからこそ、今があるわけです。何が悪いかを知ることによって、私たちは何が正しいかを知るようになります。それが、自然というものです。このことが理解できれば、物事を手放せるようになります。ぜひ、努力して取り組んでみてください。

ブッダは、何が善いおこないであるのかを説きました。けれども、善いおこないをする人は少なく、ほとんどの人はそうしたことに関心がありません。そして、時には悪いおこないさえします。そうした現実は、あなたをげんなりさせるかもしれません。そのときは、世間とはそのようなものだと思うようにしてください。気にしないことです。批判や中傷をされると、私たちは傷つきます。そして、そうしたことは、度々起こります。批判なくして、称賛なし。それらは、ペアなのです。このことを理解することが重要です。批判と称賛の、どちらか一つだけというわけにはいかないのです。それは、不可能です。それらは、私たちが人生において直面せざるをえない障害なのです。

仕事をするとき、私たちは障害に直面することを避けることはできません。障害がなければ、苦しみ(dukkha)もありません。ですが、苦しみがないとき、私たちは物事を真剣に考えません。それゆえ、ブッダは苦諦という真理を説いたのです。

ダンマに則って物事を考えると、私たちは常に安らいだ気持ちでいることができます。少し考えてみてください。私たちがマンゴーの木を植えるのは、果実を得るためですね。ですが、私たちは木になったマンゴーをすべて食べることはできません。木になったマンゴーのほとんどは、私たちの口に入ることはないのです。

そのことに不満を感じるのなら、マンゴーの木を植えることはやめたほうがいいかもしれません。木になったマンゴーの実の多くは、熟す前に地面に落ちて、腐ってしまいます。中には、うまく熟さない実もあります。では、どうするか？　すべての実が食べられるわけではないことを理解した上で、マンゴーの木を植え、育てればいいのです。そうすれば、私たちはマンゴーを食べることができます。

「マンゴーが熟す前に木から落ちてしまうなら、木を植えても無駄かな」

などと考え、木を植えることをためらうのなら、決してマンゴーを食べることはできないでしょう。

私たちは常日頃から、物事の原因を探究する必要があります。しかしながら、快適な生活を送っていると、そんなことをする気にはなれないものです。ですから、私たちは、修行に取り組むときには、過度に快適な環境で暮らさないほうがよいのです。正しい方法で修行に取り組めば、必ず道は開けます。人から非難されても、耐えることです。忍耐を身に着けなければ、死を迎える日まで、苦しみながら生きていくことになってしまいます。

私はかつて、このような質問を受けたことがあります。

「ルアンポー、生き物を殺さずに、どうやって生きていくことができるでしょうか？ 近寄ってくる蚊を殺さなければ、刺されてしまいますよ」

「おまえさんはそのような言い訳をして、何年蚊を殺し続けてきたのかね？」

「子供の頃から、ずっと殺し続けています」

「そうして、おまえさんの周りから、蚊はいなくなったのかね？ 生涯蚊を殺し続けても、おまえさんの周りから蚊がいなくなることはなかろう」

蚊を退治できないのなら、殺すことはやめたほうがいいです。無益なことですから。懸命に蚊を殺しても、また新たな蚊が現れるだけです。動物というものは、常に餌を探し続けているものです。彼らは、人間のように物事を考えることはありません。私たちは、そうした動物のレベルを超えた心を持つべきです。蚊と同じ土俵に立っても、勝利を得ることはできません。

このことを、皆さんによく考えてもらいたいのです。蚊を殺したいから、殺す。そうしたところで、決して蚊を退治することはできません。保証します。蚊を殺すことに、終わりはないのです。いくら殺しても、蚊がいなくなることはありません。タイのように蚊が多い場所では、諦めるしかないのです。それで話はおしまいです。

蚊を殺してはいけないのなら、どうすればいいのかと思う人もいるかもしれません。蚊なんて、世の中にとって何の役にも立っていないじゃないかというわけです。ですがそれは人間の考えであって、蚊からすれば、人間こそ世の中にとって何の役にも立っていないじゃないかと思っているかもしれません。

それでは、どうしたらいいのでしょうか。

私は、ただ率直に思ったことを語っているだけです。物事というのは、繰り返し考えることによって、理解が深まることがあります。蚊は世の中の役に立っていないのか？　蚊は血を吸うために、私たちのところへやって来ます。蚊にとっては、それが「役に立つこと」なのです。血を吸わなければ、蚊は生きていけませんから。

私たちが家を建てるとき、そこで暮らすのは人間だけではありません。トカゲやネズミといった生き物たちも、そこに住み着くようになるのです。彼らはそこが誰の家かなどということは気にしません。自分の棲《す》み処《か》としか、考えていませんから。動物たちが家に住んでいることに気がつくと、私たちは怒ります。ネズミが私の枕をかじっている！　けれども、ネズミはそんなことは気にしていないのです。私たちの家は、動物たちの棲み処として「役に立つ」わけです。そこに巣を作り、子育てをすることができますから。そのようにして、彼らは生きているのです。動物たちは、私たちから何も盗むわけではありませんから。私たちに動物のレベルを超えた智慧があれば、自分を大切にしながら、周囲の環境と調和した生き方ができます。そのとき、問題は存在しません。ダンマを学ぶとは、こうした現象の源にある原理へと、たどり着くことなのです。

私たちの執着心のことを、仏教用語では渇愛（taṇhā）と呼んでいます。私は瞑想を指導するとき、この渇愛のことを「大きな開け」と呼んでいます。閉じられることのない、大きな開けのことです。「渇愛ほど、激しい流れの川はない」と言われます。閉じることのない、大きな開けがある限り、私たちの苦しみ（dukkha）に終わりはありません。欲望（lobha）とは、口や胃のことではないのです。口や胃なら、満たされるということがありますから。空腹なら、食事をすればいいだけです。渇愛とは、そうした口や胃のことではありません。渇愛には、形（rūpa）や自己というものは存在しません。それは単に「大きな開け」なのです。

犬にたとえてみましょう。犬にご飯を与えると、喜んで食べますね。一杯、二杯、三杯、そしてついには五杯も食べるかもしれません。もう犬のお腹はいっぱいですが、まだその渇愛（taṇhā）は満たされません。「大きく開け」たままなのですね。犬の目の前に、さらにもう一杯ご飯を置けば、必死になってそれを守ることでしょう。他の犬や鶏が現れたら、「グルルル」と唸るに違いありません。このことは、口や胃に渇愛が存在するわけではないことを示しています。犬の胃は、すでに満たされているのですから。胃が満たされても、思考や感情が「大きく開け」たままなので、満たされることがないのです。ブッダは、「渇愛ほど、激しい流れの川はない」と説きました。開いたままのものは、満たされるということがありません。底がある入れ物に水を注げば、貯まります。底が抜けている入れ物に水を注いでも、水は流れていってしまい、貯まりません。渇愛とは底の抜けた入れ物のように、決して満たされることなく、あらゆるものを求め続けるのです。

人生を謳歌していて、自分の死についてまったく考えていないという人がいます。ですが、そのような人もひとたび重い病に罹ると、

「どうかもう少し、私に時間を与えてください。死ぬのは、もう少し未来にしてください」

と訴えます。そして元気になると、再び元通りの生活を始めます。やがてまた病気になると、

「どうかもう少し、私に時間を与えてください。まだ死にたくないのです」

と訴えることになるのです。健康なとき、私たちは死について考えないものです。死の危険を感じていないのですね。もちろん、私たちが健康なとき、死の危険はありません。そして病気になると、「どうかもう少し、私に時間を与えてください。まだ死にたくないのです」と叫ぶことになるのです。こうしたことを何度も繰り返し、そのたびに私たちは

「まだ死にたくない！」

と叫びます。死にたくない、それがすべてです。それは盲目的な渇愛（taṇhā）によって引き起こされる感情であり、人生に執着しているために生じるものです。これは、欲望（lobha）の例の一つです。智慧（paññā）を育て、この渇愛の仕組みを理解しない限り、私たちは永遠に苦しみ続けることになります。

渇愛（taṇhā）は、欲望と呼ばれることもあります。これは、満たされていないという意味です。渇愛から自由になった人も、まだ欲はありますが、心は満たされています。渇愛は、満たされるということが決してありません。私たちは自ら渇愛を背負いながら、その存在に文句を言います。重い、重いと文句を言いますが、それを背中から降ろして、地面に置くのは嫌なのです。たくさん欲しいものがある人は、背負っている渇愛も重くなります。人は多くを求めるものですが、重い渇愛を背負うことは嫌います。これは、それほど難しい話ではありません。物事を正しく理解していれば、解決できるような問題です。

ダンマを学ぶのは、難しいものです。面倒くさく感じることもあるでしょう。しかし、ダンマを真剣に学べば、私たちは自分の抱える問題に決着をつけることができます。ブッダの説いた教えは、実行不

可能なものではありません。ブッダの教えの中に、実践不可能なものは存在しません。ブッダは、自分と他者双方の利益になることだけを説きました。無益なことは、決して説いていません。このことを、よく考えてほしいのです。

日常生活において苦しみを感じているなら、その原因を考えるべきです。子供が言うことを聞かないことに、悩んでいるとしましょう。さて、この子供を作ったのは、誰でしょうか？　子供のことについて悩んでいるような気がしますが、実際のところ、その原因はあなた自身にあるのです。問題を解決するには、このように一旦原点に戻って考えることが必要です。ただ闇雲に状況を改善しようとしても、うまくいきません。そのようなやり方では、問題を解決することはできないのです。大切なのは、何が原因なのか、追究することです。物事には、原因が必ずありますから。そこに、注意を向けなくてはならないのです。物事は、原因もなく起こることはありません。それにもかかわらず、私たちは熱心に物事の原因を追究しようとはしないのです。

ブッダは私たちに、世間とはどのようなものであるか、分からせようとしました。真理に則って物事を理解することによって、ブッダは平安へと至りました。これをたとえ話で説明してみましょう。あなたは猿を見たことがありますか？　猿たちは平安に暮らしているでしょうか？　穏やかな性格の猿というものを見たことがありますか？　猿というものは、常に動き回っているものです。どこにいようと、猿は落ち着きがないものです。ですから、常に飛び跳ねまわっている猿を見ると、あなたは一つの場所に落ち着いて、座っているべきだと感じるかもしれません。怒りを感じ、場合によっては殺してしまおうとさえ、思うかもしれません。ですが、静かで穏やかな猿など、見たことがありますか？　死んだ猿を除けば、そのような猿は存在しないのです。

　では、どうすればよいのでしょうか？　無理やり猿を大人しくさせればいいのでしょうか？　私たちは、猿とは落ち着きのないものだと理解するべきです。世界中の猿が、毎日常に飛び跳ねているのです。そのことがはっきりと理解できているのなら、あなたは猿というものを知っていると言えます。落ち着きのないのが猿の習性なのですから、放っておけばよいのです。猿が落ち着いていようといまいと、そのことによって感情をかき乱されることのないようにしてください。猿の振る舞いと、私たちの感情は別問題なのですから、何があっても心穏やかにいられるはずです。感情的に巻き込まれることなく、猿には勝手にさせておけばいいのです。猿の習性を知っておけば、そんなものだと放っておけます。猿を理解しているからこそ、それに巻き込まれずに、静かな心を保てるのです。別の場所へ行って猿を見ても、猿とはそうしたものだ、と感じるだけです。何も嫌な感じはしません。それで、終わりです。

　そのようにせず、無理に猿を大人しくさせようとすれば、あなたは苦しみを味わうことになります。それはブッダが説いた道ではありません。私たちは、あくまで真理に則って、物事を解決すべきなのです。ダンマを学んでいくと、自分の思った通りに物事を変えることはできない、ということが分かってきます。すると、物事を放っておくことができるようになります。智慧とは、現象がどのようなものであるかを、如実に知ることです。現象の真の姿を知り、そのあるがままにさせておくなら、私たちの心に平安が訪れます。これは、間違いのないことです。

　世間のことについても、これと同じことが言えます。ブッダは、世間のことを知り尽くした存在（世《せ》間解《けんげ》）であると言われます。猿のことを知り尽くすように、世間のことについても、私たちは正しく理解する必要があります。

大人になるにつれ、人々は世間のことがよく分かってきます。人生において、たくさんの経験を積んできていますからね。彼らは少し法話を聞いただけで、

「ああ！　私は何年も、物事を自分の思う通りにしようとして、苦しんできました」

と後悔しながら語るのです。けれども、このように反省する人は、まだいいほうなのです。物事を自分の思い通りにしようとする考えを改めなければ、死ぬまで苦しむことになります。そうした人には、決して平安は訪れません。

事実を受け入れない人は、放っておくということができません。物事を自分の思い通りにしようとしたところで、そのようなことは不可能です。それがどのようなものであれ、私たちは事実を直視しなければならないのです。

師への質問

――猿が焚き火をいじり始めたとします。そのままにしておくと、家に火が燃え広がってしまうかもしれません。そのような時でも、「放っておく」べきなのでしょうか？

アチャン・チャー（**以下、チャー**）　そんなわけないじゃろう。それらはまったくの別問題じゃ。わしらには猿にはない智慧があり、彼らを理解することができる。おまえさんは猿たちに好きなようにさせ、

家を燃やさせてしまうつもりかい？　危険のあるとき、どのように対処せねばならないかくらい、分かるじゃろう？

わしらは皆、死にゆく定めにある。じゃが、それでも亡くなるその日まで、健康を保つことに留意する。わしらは自分の健康を管理するが、それによって、死を免れるわけではない。そんなことは、不可能じゃ。不死の薬なんぞ、存在せん。不老不死など不可能だと知った上で、医師は患者に接し、治療をするわけじゃ。

犯罪者が、病院にやってきたとしよう。その犯罪者は、強盗をしている最中に、警官に撃たれたんじゃ。たとえ犯罪者であっても、病院を訪れたのなら、医師は治療をする。すると、医師に対して、また強盗に行かせるために犯罪者を治療しているのか、と文句を言うものもおるじゃろう。じゃが、そうした批判は正当なものではない。怪我をしている人を助けるのは、医師の義務なんじゃ。もし彼らを治療して、回復をしたのちに再び罪を犯したとしても、それは医師の責任ではない。それはただ、医師としての務めを果たしたというだけのことじゃ。医師は、彼らが再び犯罪をおこなうことができるように治療をしたわけではない。ただ、患者の苦痛を和らげ、怪我を治療するという義務を果たしただけのことなんじゃ。

わしらは病気になると、急いで病院に行く。それと同じように、猿が家に火をつけようとしているのなら、急いで止める必要がある。常に、周囲の環境に注意を払わなければならん。じゃが、わしらの家について言えば、猿に燃やされる前に、すでに悪魔が住み着いているということは言えるじゃろう。

「人は誰でも死ぬのだから、健康を保とうとする必要などない」

などと言うものもおるかもしれん。じゃが、わしらは医師が患者の苦痛を一時的にでも取り除くように、自分の身体を管理する義務がある。世間の人々はよく、「あの医師は、やぶ医者だ」などと文句を言う。治療を受けても、よくならなかったというわけじゃ。おまけに、治療を受けても、死んでしまったものもいると、不平を言う。こうした文句は理不尽というものじゃ。医師はわしらの身体を治療できても、死を防ぐことはできない。死を防ぐ薬なぞ、この世には存在せんのじゃ。いくら医学を学んでも、そのようなことは不可能じゃ。それは医師の仕事ではない。医師の仕事とは、病気によって引き起こされる苦しみを和らげ、一日でも長く患者が生きられるよう、手助けすることじゃ。医師がすることは、それだけ。これが「猿に家を燃やさせない」ということじゃ。

わしらは智慧を使って物事を処理しなくてはいかん。猿が家に火をつけようとしているのに、それをただ座って見ているだけではいかんじゃろう？　わしらは猿の習性を知っているのだから、猿を見張り、管理することが可能なはずじゃ。子供のしつけと同じようなもんじゃな。わしらは子供の振る舞いをよく理解し、面倒を見てやる必要がある。子供のことをよく理解していれば、注意深く見守ることができる。子供はちょっと目を離した隙に、火傷をしたり、手を切ったり、溝に落ちたりすることがある。子供がそんな目にあっても平静でいるようなものは、子供の理解者とは言えん。そういうものは、猿に家を燃やさせてしまうような種類の人間じゃろうな。

毎日の暮らしが、煩わしく感じることもあるじゃろう。それなのに、ちょっと家を離れると、すぐにホームシックになったりする。人間とは、不思議なもんじゃのう。おまえさんはどこに行っても、完全に満足ということはないじゃろう。「隣の芝生は青く見える」ということが分かっていないんじゃな。

これが、ブッダが「輪廻（saṃsāra）」と呼んだものじゃ。おまえさんたちは修行をするために、この僧院にやってきた。じゃから、家にいるときと同じ生活というわけにはいかん。僧院は家ほど快適な場所ではないから、ここにいても、いつも家のことを考えているようになる。まだ、世間の生活に未練があるんじゃな。世間の生活を手放すことができずに背負い込んでいるというわけじゃ。じゃが、背負い込んでいるものの重さを感じると、それを手放さなくてはならんことが、自分でも分かるじゃろう。

修行には忍耐が必要じゃ。忍耐がなければ、何も成し得ることはできない。忍耐は、あらゆるダンマの母と言われる。忍耐力があれば、よい結果を得ることができる。じゃが、わしらはよいことがあると、しばしばそれに惑わされてしまう。困ったものじゃ。修行をするときには、こうしたことをきちんと理解しておく必要がある。よいことがあっても、それによって煩悩が生まれてしまうのなら、やがてはより多くの苦しみを味わうことになるわけじゃ。

善悪、好悪といったものは、出世間のものではない。それらはあくまで、世間の内部の話じゃ。それらの物事に決着をつけたいのなら、真剣にダンマを学ぶ必要がある。わしらは自分が苦しんでいるとき、誰かが助けてくれることを期待する。じゃが、修行は他人にしてもらうというわけにはいかない。他人にできることは、苦しみを滅する道を指し示すことだけじゃ。わしらがやらなければならないことは、自らの苦しみに終止符を打つことじゃ。ブッダは、「道を指し示すのは、如来だけである」と説かれた。ブッダは、わしらがどのように修行をすべきかを、詳細に説いてくださったんじゃ。水泳のコーチが、泳ぎ方を教えてくれるようなもんじゃな。如来が、おまえさんの代わりに泳いでくれるわけじゃない。そんなことを期待していたら、おまえさんは溺れちまうぞ。

昨年、「正しい生き方」を学ぶために、政府の高官が、この僧院を訪れたことがあった。なぜ、政府の高官が仏道を学ぼうとするのか？　彼が取り組んでいる物事がうまくいかず、気分が落ち込んでおったんじゃな。そこで彼は僧院を訪れて、八正道の中の正思惟を学ぼうと思ったんじゃ。しかし、物事がうまくいっているときのほうが、うまくいっていないときよりも危険なこともあるということは、一般的にはよく理解されていないようじゃ。世間の価値観では、理解しにくいことなのかもしれん。自分自身が生み出す苦しみを背負って生きていくことは、とてもつらいことじゃ。重荷であることが分かっていても、欲があるために、わしらはそれを手放すことができん。そして死ぬまで、その重荷に耐えながら生きていかなくてはならんのじゃ。

子供だった頃、わしらは大人を見て、彼らはどんなに幸せだろうかと思ったもんじゃ。教師、商人、経営者、役人など、あらゆることをしている大人を見ては、早く大人になりたいとわくわくしていた。そうして、彼らのようになりたいと思い、学び、働いてきた。じゃが、今大人になって、おまえさんは幸せを感じているかい？　人生は苦しいもんじゃ。じゃから、わしらはこの不満足（dukkha）な状態から、抜け出すことができない。未来になっても、この状況は変わらんじゃろう。むしろ、背負った重荷は、どんどん重くなっていくじゃろうな。

それが世間というもんじゃ。世間を意味するパーリ語のloko《ローコー》という言葉は、「闇」という意味でもある。世間が進歩、発展するとき、闇もまた発展する。わしらは世の中の進歩を尊ぶが、それはただ闇が発展しているだけのことなんじゃ。世の中の人々は、社会の進歩については熱心に語るが、それと共に社会に闇が広がっていることについては、気がついておらんのじゃ。

この僧院には、以前電気が通っておらんかった。じゃからここを訪れた人は皆、
「ここは本当に暗いですねぇ。電気が通っていれば、楽なのに。水道が通っていれば、どんなに便利か」

と不平をこぼしておったもんじゃ。じゃが、そうした快適さを手に入れるためには、お金が必要じゃ。そして金を稼ぐということは、簡単なことじゃない。電灯は周囲を照らし出すが、わしらの心をより暗愚にするものでもある。便利さというものは、心を曇らせるんじゃな。快適な暮らしを追い求めるのは、人間の性じゃ。暮らしがより快適になり、便利になっていくほど、人間はどんどん怠け者になってしまうんじゃ。

昔はよく、皆森の中にトイレを掘って、そこを使っておったもんじゃ。今はもう、そんなことをするのは無理じゃな。人々はトイレに行くのに、わざわざ森へ行ったりせん。今ではどの寝室にも、トイレがついているからのう。じゃが、わしには彼らが本当は何を求めているのか、理解することができん。寝室にトイレがあることが、わしらに真の幸福をもたらすじゃろうか？　人々は、寝室にトイレがあれば便利で、幸せになれると思っておるが、本当はそうではない。快適すぎる暮らしは、わしらを放逸へと導く。そして人々は常に、より快適な生活を求める。じゃが、そんな生活を追究しても、決して満たされることはないんじゃ。そうして人々は苦しむこととなり、自らの生活に不平をこぼすことになるんじゃ。

世間のほとんどの人々が、自分は貧乏だと感じている。いくらあったら、満足するのか？　わしには十分な収入があるように見えるが、連中はその金額では満足せん。じゃからわしは、この世の中に金持

ちなどいないと言うんじゃ。少なくとも、わしは見たことがない。わしがこれまでに会った人々はすべて、自分の収入に不満を抱いておった。ブッダはお金を稼ぐこと、そしてそれを使うことについても説いている。お金を稼ぐこと自体は、それほど難しいことではない。むしろ、それをどう使うかというのが重要なんじゃ。正しく稼ぎ、正しく使わなければならん。稼いだお金は有意義な目的のために貯めておき、最大限に活用することが必要じゃ。必要なものであっても、買いすぎてはいかん。ブッダはこのことを広く伝えたが、世間の多くの人々は、これを真剣に受け止めようとはせん。他人が何かを買ったら、必要なものでなくても、自分も欲しいと思ってしまう。いくら稼いでも、それに伴って消費も増えてしまうので、決して満たされることがないわけじゃ。

この不満足は誰が生み出したものなのか、皆よく分かっていないようじゃな。不満足が生み出される源に、目が向いていないわけじゃ。わしらの苦しみの源は、この不満足にあるのに、他人や環境のせいにしてしまっているために、そのことが明確になっておらん。外にばかり目を向け、外部の環境をコントロールしようとしているわけじゃ。

散らかっている家があったとしよう。汚れた食器が溜まっているのなら、わしらはそれを洗うことができる。そうすれば、皿はきれいになり、家もきれいじゃ。じゃが、まだわしらの心はきれいになったとは言えん。家が散らかっているのなら、不快に感じるので、わしらは掃除や洗濯をする。じゃが、心が暗く、不快になっているとき、わしらはそれに気づかない。そして、自らの苦しみについて、不平を言い続けることになる。そう考えてみると、人間というのは、なんとも憐れな存在じゃな。

家を掃除したり、洗濯をしたりするように、心をきれいにすることに力を注げれば、毎日リラックスして過ごせるようになるじゃろう。じゃが、こうして心の掃除について話しても、世間の人々は何の話をしているのか、ピンとこないじゃろうな。食器が汚れていても気にしない者のように、心が汚れていても、気にならないんじゃろう。無知から来る無関心じゃな。わしらは、自分の心を清潔に保たなければいかん。そうしなければ正しい道を歩むことはできず、心は汚れ、無知な状態のままになってしまう。

ブッダはこれを、心を明晰に観察しようとせずに気分に従って過ごす生き方である、と戒めた。今風に言うのなら、「雰囲気に流される」とでも言うのかな。わしらは家族と一緒にいるとき、今日は仲良くしていても、明日になれば喧嘩をしていたりする。今日は自分の子供を可愛がっている親も、明日になれば怒鳴りつけたりするもんじゃ。なぜそんなことになってしまうんじゃろうか？　もっと安定した関係が築けんもんじゃろうか？　こうしたことは、きちんと心を育てておかないから起こるんじゃ。愛情が足らないと言っては苦しみ、不快なことが多すぎると言っては苦しむ。一体、どうすればいいんじゃろうか？

安息の地が、どこかにあるんじゃろうか？　平安に暮らせる場所を探し求めて、一体何年の月日が過ぎ去ったことじゃろうか？　なぜこんなことになってしまったんじゃろうか？

夫婦が一緒に暮らしていたとする。二人は理由もなく喧嘩をしては、どちらかが家を出ていく。じゃが、翌日になれば帰ってくる。本当に面倒くさい連中じゃ。結局、こんなことになるのは、人々が決して己の安住の地を探さないからなんじゃ。人は本当にきれいにしなければならない場所を、きれいにしようとしない。それ以外の場所なら、どこでも掃除するのにな。心が清らかになっていないので、わしらはいつも混乱している。そして、常に外側ばかり見ている。ブッダはそこから目を転じて、自らの心を観察することを説いたんじゃ。

最近の人々は、いつも焦っており、何でも力ずくで物事を解決しようとするな。今では、マンゴーは決して自然に熟さない。自然に熟す前に、人工的に熟成させられるんじゃな。一日でも早く熟したマンゴーを手に入れようとして、そうしたことをするんじゃろう。人工的に熟成させたマンゴーは、食べてみると酸っぱい。急いで熟成させようとしたから、酸っぱくなるんじゃろう。本当に熟した果物を手に入れるには、自然の法則に従って、じっくりと待つ必要がある。じゃが人々はそうして待つことができず、人工的に熟成させたマンゴーを手に入れ、結局酸っぱいと文句を言うことになる。

世の中に出回っているものの、ほとんどは偽物じゃ。わしらはそうした不確実なものを、本物と思い込んで執着する。ブッダは、そうした偽物ではなく、本物を見よと説いた。じゃが、最近では、世間の人々の理解は、すっかりピントの外れたものになってしまっているようじゃ。人々は何が本物で、何が偽物かを判断することができない。そうした場合、ありとあらゆる認識が生じることになる。偽物が、本物に見えてしまうわけじゃ。じゃからブッダはわしらに、自らの心を観察することを説いた。自分の心を観察することなしに、明晰さを得ることは不可能じゃ。

ブッダは、瞑想指導者は餓鬼のようになってしまうことがあると説いた。これは、どういう意味じゃろうか？ 少し長い話になるが、傾聴に値する話なので、我慢して聞いてほしい。

かつて、とても徳の高い人物がおった。徳の積める機会があれば、彼はいつでも実践した。非常に高潔な人物ではあったが、やや潔癖なところもあった。すべてがきちんとしていないと、落ち着かない性格だったんじゃな。子供や姪、甥が遊びに来ると、彼は少し不機嫌になった。ほうきや、やかんといった家にあるものが、動かされて定位置にないと、落ち着かないんじゃな。彼の決めた通りの位置にものがないと、機嫌が悪くなってしまうわけじゃ。

それでも彼は、徳の高い人物には違いなかった。ある日、彼は森の中に人々が集うための、集会場を作ることを思い立った。

「ここに集会場を建てれば、功徳が積めるな。商人や旅行者がここを訪れれば、快適に休憩することができるだろう」

そう考えた彼は実際に集会場を建設し、多くの人々がそこを利用した。

やがて、彼は亡くなった。すると、徳を積むことへの執着のため、彼の意識は、彼がかつて善行をおこなった集会場へと向かった。集会場へ着くと、彼の意識は、ホールがきちんと維持されているか、さっそくチェックをした。集会場の中で、散らかっている箇所を見つけると彼の心は動揺し、反対に整然としている箇所を見つけると、心は安らいだ。亡くなってもまだ、彼の心は潔癖で、秩序を好んだままだったんじゃ。

ある日、集会場に数百人の商人たちが泊まりにやってきた。夕食をとった後、彼らは川の字になって寝た。

この集会場を建てた男性は、今では餓鬼として幽霊になっておった。彼は商人たちが行儀よく眠っているかを確認して回った。あちこち見て回ると、所々で頭が飛び出している部分があり、整然と並んでないことに気がついた。さて、どうするか？　彼はしばらく考えると、頭が飛び出している商人たちの足を引っ張り、頭を均等に揃え始めた。一人ひとり、すべての頭が整然となるまで、調整を続けたんじゃ。ようやく終わったと思ったとき、彼が商人たちの足を見てみると、所々飛び出している。さて、どうするか？　そうして彼は、今度は足が飛び出している商人たちの頭を引っ張り始めたんじゃ。

　そうして男の幽霊は、黙々と頭を引っ張り続けた。じゃが、ようやく足をきれいに並べると、また所々頭が飛び出ておったんじゃ！　一体、どうしたことじゃろうか？　男の幽霊は一晩中こんな調子で、ずっと悩んでおった。そしてついに、彼は寝相を整えることを諦め、なぜうまくいかないのかと自問した。しばらく考えると、彼はようやく気がついた。商人たちは一人ひとり身長が違うので、頭と足が同時にきれいに並ぶことは、最初から無理だったんじゃ。そのことを理解すると、男の幽霊は商人たちの寝相を整えることへの執着を手放し、あるがままの現実を受け入れることにした。

　男の幽霊は、人々は皆、同じではないことを知り、執着を手放すことによって、心の安らぎを得た。かつて彼は、人というものは皆、同じであると考えていた。自分から見て不適切と思われることをしている人を見つけると、その行動を正そうとしたが、それは不可能じゃった。そして、そのために彼は苦しんだ。それから彼は立ち止まり、物事を観察することによって、真理に至った。

「あぁ、商人たちは皆同じではない。一人ひとりその身長は異なるのだ」

　そのことを理解すると、彼の心は安らいだ。

　わしらも、彼と同じじゃ。彼のように、物事の原因を究明しなければならん。そして、人々は皆、同じではないということを理解しなければいかん。これは大事なことじゃ。わしらは、自分の思うように物事をコントロールすることはできん。切断された足を元通りにするようなことは、できんのじゃ。自分の思うように物事をコントロールしようとすることは、執着に他ならないのじゃ。

人は皆、様々じゃ。わしら一人ひとり、仕事も責任も異なっている。効率性を求められる忙しい仕事もあれば、ゆったりとした仕事もある。千差万別じゃ。そのことが理解できないと、話に出てきた餓鬼のようになってしまう。わしだって同じじゃ。

「あぁ、餓鬼のようになっているな。まずいぞ！」

とすぐに気づくことができるが、わしでもそうした精神状態になることがあるんじゃ。

わしは弟子たちに、自分が教えた修行法に従うことによって、成長してくれることを望んでいる。じゃが、いつもうまくいくとは限らん。そうした時、わしは自分が餓鬼のようになっていることを思い出す。そのようにして、わし自身、日々学んでいるんじゃ。

このように、わしらは死んでから、餓鬼に生まれ変わることがある。執着を手放すのは、それだけ大変なことなんじゃ。因果の法則を理解し、その法則に則って生きるには、わしらは学ぶ必要がある。そうすれば、他人をむやみにコントロールしようとすることはなくなる。執着を手放し、穏やかに暮らせるようになるんじゃ。わしらは他人に、自分の思うように行動してほしいと思うかもしれん。じゃが、そのとき問題は彼らにあるのではなく、わしら自身にあるのじゃ。心が無知（moha）で覆われているため、わしらはそれを他人のせいだと思ってしまう。じゃが、それは正しくない。問題はわしら自身にある。人は皆、同じではない。それにも関わらず、わしらは他人が自分と同じように振る舞うことを期待する。こうしたものの見方を修正すれば、何の問題もなくなるわけじゃ。

誰かが、バイクに乗っていたとしよう。あるとき、バランスを崩し、転倒してしまった。

「バイクが倒れた」

と彼は言うじゃろう。実際は、自分が運転に失敗して転倒したのに、バイクのせいで転倒したと主張するわけじゃ。

ここまでの話を、まとめてみよう。まず、子供と大人では、事情が違う。子供が間違ったことをしても、自分がしたことの意味をよく理解していないのなら、許されることもあるじゃろう。じゃが、大人が同じような間違ったことをしたら、許してもらうことは難しいじゃろう。ブッダは、善悪をよく理解していないものは、それを学ぶ余地があると説いた。じゃが、善悪を理解していながら、それに従わないものは絶望的じゃ。そういったものに、ダンマを説くのは不可能じゃ。

わしらが失敗するのは、自分自身を観察しないからじゃ。人は常に他人を見て、そこに魅力的なものを見出す。決して、自分自身の内面を見つめようとはせん。そうして無知（moha）なまま、いつも混乱しているわけじゃ。わしらはいつも、暗闇の中にいる。なぜじゃろうか？ どうやら、わしらは目に問題があるようじゃ。いつも暗闇の中にいて、光など決して見えない。じゃから、この世に光は存在しないと思い込む。盲目の人にとっては、それは事実じゃろう。目が悪ければ、光も色もはっきりと観ることはできん。じゃが、目に障害がなければ、わしらは物事のあるがままの姿を観ることができるはずじゃ。こうした問題を追究するものは、ほとんどおらん。多くの場合、人は外ばかり見て、最後まで幸福になれずに人生を終える。わしらは、幸福へと至る道を学ばなければならない。それは、可能なことなのじゃからな。

なぜ人は出家をするのか

V医師　私の親戚の話です。その家には、優秀な息子がいたので、家族は彼が大学へ進学できるよう、多くの犠牲を払いました。在学中、その息子はダンマに関心を持ち、それを学ぶことに喜びを見出すようになりました（注　この対話は、空軍軍医のV医師とバンコクでおこなわれた）。

両親は彼が立派な職を得て、一家の大黒柱となることを期待していました。家族の皆が、彼が進学するために犠牲を払ったのです。しかし、大学を卒業する頃、彼はすっかりダンマを学ぶことに没頭しており、学校を卒業したら、出家をすることを希望していました。彼の両親は涙を流すほど怒っていましたが、最終的には彼が出家をすることに同意せざるを得ませんでした。

私は普段、僧院へ行ったりすることはありません。世間には、在家と出家という二つの生き方があるのではないでしょうか。私には、養うべき家族がいます。私には、家族や社会への義務があります。僧院にいると、人は誰もが出家すべきであるという雰囲気があるように感じます。ですが、私は在家として、社会に貢献しているのです。私は家族を養うことによって、彼らに幸せをもたらしています。そうした形で、ブッダの教え（sasana《ササナ》）を支えているのです。もし、誰もが出家をすれば、彼らの生活を支えるものはいなくなり、出家者自身が働かなくてはならなくなるでしょう。そうなれば、十分修行に打ち込む時間はなくなります。

ですから、私は両親を失望させた親戚の息子の話を聞いて、それは罪だと思いました。彼は期待してくれた両親に対して、深刻な罪を犯したのです。両親、そして彼を支援してくれた多くの人々に対して、悪業を犯しました。彼が出家したのは、自分自身の欲望に従った、利己的な行為にすぎないのです。

アチャン・チャー（以下、チャー）　そうじゃな。わしからも質問していいじゃろうか？　1キロの黄金と1キロの鉛、どちらのほうが価値があるかな？　わしがあげると言ったら、どちらを選ぶかね？

V医師　黄金のほうを選びます。

チャー　人生も、今の質問と同じようなもんじゃ。選択した結果がはっきりしているのなら、人は価値のある黄金のほうを選ぶもんじゃ。それと同様に、その若者も選択をした。おまえさんは、なぜ黄金のほうを選んだんじゃね？

V医師　そちらのほうが、価値があるからです。

チャー　そうじゃろう。じゃから、青年の選択を、悪業と決めつけないんでほしいんじゃ。そのように考えるのがいけないと言っているのではない。むしろ、その疑問をもっと深く追求してほしいんじゃ。

付け加えるなら、世界中の人が出家をしたら、誰が社会を維持するのかなどということは、心配する必要はない。

たとえ話をしてみよう。楽器の演奏者を雇う時、色々なことに思い悩む必要はない。演奏できる者だけ、雇えばいいのじゃからな。おまえさんを含め、演奏できない者は、雇う候補にすら入らない。誰もが出家をするわけではないし、出家者がこの世からいなくなるわけでもない。そんなこと、ありえんじゃろう？　心に信（saddhā）と智慧（paññā）がある者のみが、出家をする。出家とは、誰かに強制されてなるものではない。

わしも昔は「動物を殺すのは、間違っている」と考えていた。それなら、毎日唐辛子だけを食べ続ければいいんじゃろうか？　そんなこと実践できるものがおるじゃろうか？　誰が毎日わしらのために唐辛子を調理してくれるのじゃろうか？　こうしたことを、丸ごと判断することは不可能じゃ。

出家は、自分の両親を苦しめたり、家系を絶えさせるためにおこなうものではない。そんなことをすれば、その家族は苦しむじゃろう。じゃが、中には別の見方をする者もおる。おまえさんは黄金と鉛なら、黄金を選ぶと言ったな。出家を志すような人間にとっては、世間とは鉛程度の価値しかないものじゃ。わしらは、世間や出家者の家族に迷惑をかけたいわけではない。このことを理解してもらうのは、難しいことじゃ。わしらの手には、手のひらと甲の両面がある。その二つがあって、初めて手として成り立っている。じゃが、おまえさんの見解は、その片側だけを見ているようなものじゃ。

純粋な意図を持って出家をするとき、出家者もまた苦しんでおるんじゃ。彼らは、ダンマに則って物事を観ている。おまえさんはそれを悪業と呼ぶが、それなら、ブッダは非常に多くの悪業を積んだことになるぞ。その若者は、利己的な意図を持って出家をしたのではない。出家をすることによって、彼は家族に光に包まれた生き方を説くことができるようになるのじゃからな。

今、この僧院には、生涯比丘として暮らしていくことを決心した、外国人の僧侶がいる。彼の父親はそれを知り、最初は動揺していた。だがその後、父親もこの僧院を訪れ、息子のことを理解し、今では出家として生きていってほしいと思っている。最初のうちは、僧院での暮らしに価値を見出さない者も、ある程度の知恵があれば、それが本当は価値のあるものだということが分かる。じゃが、こんなことを言うと、おまえさんは心配してしまうかな？　大丈夫。出家を志すものは、全体の中でごく少数じゃ。ほとんどの者は、世間での暮らしを選ぶのじゃから。すべての人が出家をしたらどうなるか、などと想像する必要はないんじゃ。

出家をすると、その人物は悪行為から離れ、人々が調和の下で幸福に暮らすことを助けるようになる。すべての人が出家をするなどということはありえないので、そうしたことを想像することは無益じゃ。人は皆、それぞれ異なるものじゃ。世間とは、そうしたものなんじゃ。そうでないのなら、それは世間とは言えんじゃろう。

Ｖ医師　分かりました。では、功徳について、伺ってもよろしいでしょうか？　功徳を積むことは、自分と他者の双方に幸福をもたらすと言われています。ですから人々は、おいしいものがあったりすると、

「一番よい果物は、お坊様にお布施をするときのために、取っておきましょう」

などと言います。しかし、こうした態度は、一般の人々にとって、負担になっているのではないでしょうか。先ほどの、大学を卒業したばかりの青年が出家をした話ですが、出家が功徳を積む行為であるのなら、自分と他者の双方に幸福をもたらすはずではありませんか？　その青年の行為は、誰かの財布から盗んだお金でお布施をするようなものです。その財布が、瀕死の子供を病院へ連れて行こうとしている母親のものだったら、どうするのでしょうか。

出家した比丘たちは仏教の伝道に励みますが、今日ではそうした指導者が多すぎると思います。中には、ブッダのようになりたいと思っている僧侶もいるようです。ブッダとは、この世界で最初に悟った人であり、その教え（sasana）を広めた存在のことです。人々が眠ったままの存在であることに気づいた彼は、彼らを目覚めさせるために家を後にしたのです。けれども、今では僧侶が多すぎます。先生を含め、多くの人々がダンマを説いています。もう、十分でしょう。ですから、その若者にとって、先生やブッダのようになろうとすることは、大切なこととは言えません。少なくとも、大学を卒業してすぐに出家をしなければ、周囲の人々をこんなに悲しませることはなかったでしょう。ある程度働いた後なら、自分の幸福を追求するのも結構でしょう。私が出家に反対しているのは、彼が性急に出家をしたためです。何年か待っても、よかったじゃありませんか。彼は不適切なタイミングで出家をしたので、私はその行為を悪と呼ぶのです。

チャー　「適切なタイミング」を知っているものは、おるのじゃろうか？

V医師 大学を卒業して七年経っても、まだ彼が出家の意志が固いのなら、出家したらいいでしょう。もちろん、その七年の間にアルコール依存症になってしまったら、出家はできませんが。少なくとも七年間くらいは、出家をするのを待つべきです。

チャー おまえさんは七年待てと言うが、七年後彼が生きているのを保証できるのかね？ 死神と約束をして、自分の好きな時期に死ぬことができるとでも言うのかい？ そんなことができるなら、誰もがそうしたいと望むじゃろう。じゃが、そんな者はどこにいる？ それが分かっているから、彼は大学を卒業してすぐに出家をしたんじゃ。彼はおまえさんのようには物事を理解しておらん。彼はすでにダンマとは時間を超えたものであることを理解しており、それゆえ出家を急いだのじゃ。そんな彼に対して、何を言えるじゃろうか？

V医師 （ためらいがちに）それでも私は、彼は利己的だと思いますが。彼は自分自身の幸せのため、ダンマを学ぶことを望んでいます。他人のことは考えていないわけです。

チャー こう考えてみてはどうじゃろうか。おまえさんは医者になるために勉強をしたが、それは自分にとって利益になるからじゃろう？

V医師 はい、そうです。

チャー　まだ「我（attā）」というものを手放していない限り、誰も皆、利己的な部分を持っているものじゃ。ブッダが説いたのは、まさにそのことなんじゃ。我という言葉は、単なる概念にすぎん。わしらは他人を見て、彼らもまた、自分と同様に我というものを持っていると思う。じゃが、本当に存在するのは、地、水、火、風の四大だけなのじゃ。それゆえ、ブッダは無我（anattā）を説いた。無我が真理であるのに、どうして利己的でいられようか？　我があると信じているからこそ、利己的でいられるんじゃ。本当は地、水、火、風の四大があるだけなのに、それを自己と勘違いしているんじゃ。人々が「自己」だと思っているものも、ブッダにとっては四大が瞬間的に集まって生じているものにすぎん。じゃが、人々がこのことを理解するのは難しいじゃろう。

これから話すことの意味が分かるじゃろうか？　わしが「前へ進め。後ろに下がれ。止まれ」などと言うと、人々はその言葉の意味するところが分かる。じゃが、もしわしが何も言わないのなら、どうする？　ある者はこの質問の意味を理解したが、多くの者は理解できなかった。おまえさんにも、分からんじゃろう。これは出世間の、覚者の言葉じゃからな。本当の意味で大人になったものだけが、この言葉を理解できるじゃろう。

世間のしきたりとダンマは、交わらないものじゃ。原因と結果というものが、この世界にはある。じゃが、賢者と愚か者では、同じことを行っても、結果が異なるのじゃ。ブッダは、

「私は生死を超え、因果を超越している」

と語った。

おまえさんは子供の頃、風船で遊んだことがあるかね？　今でも、風船で遊ぶことがあるかな？

Ｖ医師　いいえ。

チャー　なぜかね？

Ｖ医師　そんなことをしても、意味がありませんから。

チャー　それはおまえさんが、大人になったからじゃろう？　子供の頃、風船はおまえさんにとって、とても大事なものだった。風船で遊ぶのが楽しかったんじゃな。風船が割れたら、泣いてしまったかもしれん。じゃが、今は違う。今やおまえさんは、患者たちから先生と呼ばれる立場じゃ。もう、風船には興味はないじゃろう。

おまえさんにとっては、風船はもはや魅力的なものではない。じゃが、子供たちにとっては、風船は依然として魅力的なものじゃ。子供たちは、おまえさんに対して、風船で遊ぶのは楽しいと主張するじゃろう。この場合、どちらの意見が正しいのじゃろうか？　子供の立場からすれば、風船で遊ぶのは魅力的だし、大人の立場からすれば、それは魅力的ではないというのが真実じゃろう。

こうした質問を受けるというのは、いいものじゃ。まだ、聞きたいことはあるかね？

V医師　はい、もう一つ質問があります。私の妻の話です。彼女はもう十年以上もの間、僧侶によって聖水が撒かれるという行事があると、欠かさず行っています。彼女は私をいつも誘うのですが、常に断っています。私は悪業を積むことはありませんし、普段から他人を助けるため、一生懸命医者としての仕事に取り組んでいます。善い意図を持ってなされるそうした行為は、きっと功徳を積むことにつながっていると思っています。私も間違ったことをすることはあるかもしれませんが、それは決して悪意を持っておこなったことではありません。ですから、私は悪業を積んでいないと確信しているのです。私は、宗教とは人々に慈しみを説き、善いおこないをすることを勧めるものだと思っています。私たちが利己的に行動をするのなら、世界は滅茶苦茶になってしまうでしょう。

私は、何かをして、その果報を受けるかどうかは、その人の心掛け次第だと思っています。もし私たちが悪意なしに、ただ問題を解決したいという思いで行動したのなら、それは十分善いことであると言えるのではないでしょうか。たとえばタイでは、結婚適齢期になった男性たちが、短期出家をする習慣があります。ですが、その出家者たちの心は、清らかでも平安でもないかもしれません。比丘の衣を着ていることが重荷になっているかもしれませんし、心は疑念で満たされているかもしれません。それでは、あまり功徳を積むことにはならないでしょう。出家をし、善い業（kamma）を積めるかどうかは、その人の心次第です。僧侶が托鉢をしているときに、お布施をすることは、私には面倒です。私の妻は、毎日お布施をしに行きますが、私はしません。お布施をするときに、僧侶の前で靴を脱ぐ習慣が嫌いなのです。ですが、私の心には不善な考えはありませんから、問題ありません。

人々は毎朝の托鉢や葬儀の際に、僧侶にお布施をします。けれども、彼らの心は、欲（lobha）、怒り（dosa）、無知（moha）で満たされており、他者を苦しめるようなことをしています。それなら、そんなお布施などする代わりに、自らの心を平安に保ち、他者を幸福にするようなことをしたほうがよいのではないでしょうか？

チャー 質問が二つあるようじゃな。おまえさんの奥さんは、どうしてそのようなことをするのが好きなんじゃろうか？ おまえさんの家の周りには、鶏がいるじゃろう。おまえさんは、鶏に衣類や腕時計をあげたりするじゃろうか？ 鶏には、何をあげるかね？

Ｖ医師 餌として米を与えます。

チャー そうじゃろう。それは、鶏には有用なものじゃからな。衣類や腕時計は、鶏ではなく、人間にとって役に立つものじゃ。鶏に必要なのは、餌じゃ。おまえさんは、相手が必要なものを理解する必要があるわけじゃ。

次に、托鉢をしている僧侶に食べ物をお布施するのは面倒くさいが、自分は善い心を持っているという話じゃな。じゃが、勤勉な人が仕事に行くのをさぼったり、家の掃除や皿洗いを面倒くさいといって、やらないということがあるじゃろうか？ 今、ここで話しているのは、勤勉な人についての話であって、怠け者についての話ではないんじゃ。

V医師　その質問には、お答えする必要はないかと思いますが。

チャー　いいじゃろう。つまり、わしらがここで話しているのは、信仰心のある人についての話だということじゃ。おまえさんの話は、理屈は通っているが極端じゃ。おまえさんは、中道というものを理解する必要がある。さもなければ、善い原因を作ろうとしても過剰なものとなってしまい、結果を出すことはないだろう。信仰心のある人は、僧侶に食事をお布施したり、お経を唱えたりといった、様々な活動をする。もちろん、それらは無知（moha）からではなく、智慧（paññā）を伴っておこなわなければならない。ともあれ、わしはおまえさんを勤勉な人物だと思っておる。自分が大切だと思うことについては、熱心に取り組むのじゃろう？　もし、おまえさんの家が散らかっていたら、ただ座って、それを放っておくかね？　皿が汚れていても、放っておけるかね？　犬が床に糞をしても、そのままにしておくのかい？　様々なやり方でダンマを実践している者たちも、それと同じなのじゃ。勤勉な人間というものは、やらなければならないことがあれば、ただ黙ってそれをするのじゃ。なぜ、おまえさんはネズミや犬の糞を掃除するのか？　それは、おまえさんが気づき（sati）があり、責任感のある人物だからじゃ。仏教徒だけが、それをするわけではない。聖水を撒くというのは、それが必要だと思う人々がやっているというだけのことじゃろう。わしには、鶏が米を食べるのを禁止するようなことはできんのじゃ。

とてもいい質問じゃったな。一時間では足りないようじゃ。こうした質問すべてに、答えたいものじゃ。

一日は容赦なく過ぎゆく――ワット・パー・ポンの清道尼たちへの法話

出家をしたものは、自らの責任を自覚するべきです。自分は何をしなければならないのか？　どのようにものを考え、話すべきか？　今、私たちは何を考え、何をしているのでしょうか？　欲望(lobha)や怒り(dosa)が心の中にありますか？　誰かに対して、悪意を抱いていますか？　今、この瞬間を見つめてください。決断するのは、今です。それとも、丸一日ここに座って、余計に苦しみますか？

ブッダは、出家者の責任について説きました。もし、今も存命であったら、そのことを指摘するでしょう。経典には、こうあります。

「昼も夜も、容赦なく過ぎ去っていく。私たちは時間を有意義に使っているだろうか？」

これは短い言葉です。しかし、ブッダは出家者ならばその責任を自覚し、自分自身を知るべきであるとして、このことを繰り返し、強く説きました。

私たちは、煩悩を捨てたいと思っています。煩悩とは何か、理解していますか？　煩悩とは、不健全なものであり、だから手放したいのでしょう？　それをちゃんと理解していますか？　もう手放したのか、それとも手放している途中なのか？　本当に煩悩を手放したのか、それとも一時的に抑えつけているだけなのか？　今の状態は、正確にはどのようなものですか？　沙門として相応しい振る舞い、話し方をしているでしょうか？　沙門として生きるのに必要なものだけで、生活しているでしょうか？　ブッダのこのような問いかけに、私たちは応えなければなりません。なぜなら、昼も夜も容赦なく過ぎ去っていくからです。私たちには、まだ欲（lobha）も怒り（dosa）もあるはずです。速やかに瞑想を実践し、それらを根絶するのです。

清道尼として出家をしたのなら、あなたはもう、在家のときとは異なる「性別」となったのです。それなのにまだ、感覚器官によってもたらされる快楽を楽しみ、一般の人々と同じように物事を考えるのですか？　そうしたものを断ち切ることはできますか？　私たちに与えられた時間は、限られています。あらゆる物事は移り変わり、何一つとして安定していません。このまま放逸に暮らしていくのですか？　執着を心の中に持ったまま、生きていくのですか？　自らのために、あらゆる混乱を引き起こすのですか？　なぜ、あなたは欲（lobha）、怒り（dosa）、無知（moha）を手放そうとしないのでしょうか？　私たちは、それらがもたらすものを理解しなければなりません。問題を引き起こすものであると理解できない限り、それらを手放すことはできないでしょう。正しい理解がなければ、一旦煩悩から離れても、そのことを後悔します。私たちはこのようにして、出家をしても、十年、二十年、今世、来世と時を費やすのです。指導を受けるつもりがないのなら、そのまま気楽に過ごしていても結構です。

なぜ私たちは、怒り（dosa）の感情を持っているのでしょうか？　それは、間違った考えや理解のために生じるのです。なぜ私たちは、無知（moha）なのでしょうか？　考えが間違っているため、無知なのです。なぜ私たちは、欲望（lobha）を抱くのでしょうか？　間違った考えが私たちに苦しみをもたらし、そのために心が平安でないからです。正見を持たない限り、平安を得ることはできません。正しい見解を持てば、心は平安になります。そのとき、欲望、怒り、無知といったものは存在しません。正しい見解を持ったのなら、欲、怒り、無知といったものの欠陥を理解していることになりますから。欠陥を理解しているのなら、それらを手放すことができます。また欲、怒り、無知が生じても、再びそれを手放せばいいのです。

なぜ、欲望（lobha）、怒り（dosa）、無知（moha）を手放さなければならないのでしょうか？　私たちの人生は、有限だからです。私たちに与えられた時間は、わずかです。そのことは、昼も夜も絶えることなく過ぎ去っていくことを理解すれば分かります。それなのに、何のために私たちは新たに苦しみを生み出すようなことをするのでしょうか？　なぜ物事に執着するのでしょうか？　そんなことをしていては、せっかくの時間がもったいないですよ。欲望、怒り、無知など、手放してしまったほうがいいのです。もしこうした考えを素直に受け入れられるなら、あなたはきっとそれらを手放すことでしょう。

正見を持った人がいる場所はどこでも、静けさに満ちています。正見が無ければ、独りで生活をしていても、決して心が平安になることはありません。もちろん、集団で暮らしていても、心が平安になることはありません。間違った見解を抱いているため、平和が訪れることがないのです。一つの集団における、メンバーの個性というものは、様々です。ですが、そこには共通の特徴というものがあります。たとえば、世の中には様々な種類の鳥がいますが、それらは共通して、「鳥」という属を成しています。長いくちばしを持つもの、短いくちばしを持つもの、大きな翼を持つもの、小さな翼を持つものと種類は様々ですが、それらは皆、「鳥」という属に含まれるのです。僧院に暮らす僧侶たちにも、様々な鳥が同じ属に含まれるような、共通の特徴というものがあります。修行者の共通の特徴とは、静けさです。

出家者は、心を静めるのが務めです。智慧（paññā）が無ければ、これを実現するのは不可能です。僧院に居れば、食べるものには不自由しないでしょう。しかし、ただ僧院に滞在しているだけでは、心は静まりません。自分の中にまだ不善なものがあるのなら、それらを手放す必要があります。ですが、それができないのです。出家者としての責任をしっかりと自覚していないため、手放すことができないのです。

ですから、私たちは仏道に取り組むとしっかりと決心をし、心から精進しなければならないのです。最近では、在家の人々がワット・パー・ポンは模範的な僧院であり、修行道場であるということをよく聞きます。人々はこの僧院の比丘たちは、模範的な僧侶だと言っているのです。ですが、本当にそうでしょうか？

「僧院の清道尼たちは戒を正しく守り、日常生活の振る舞いも清らかで、尊敬し、お布施をするに値します」

あなたたちは本当に善くありますか？　それとも、村人がそう言っているだけでしょうか？　彼らがそう言ってくれれば、私たちは善くなるのでしょうか？　そうではありませんね。私たちは皆、自分自身を点検し、普段から適切に物事を考え、行動しているかを確認しなければなりません。人から称賛されたときには、それが正しいものであるか、考える必要があります。貶《けな》されたり、不善であると批判されたときも、それが真実であるかどうか調べることが必要です。そのようにして、自らを信頼するのです。

正しい振る舞いができないのに、誰かに称賛されたのなら、私はまだそれほど善く振る舞えないので、その称賛は正しくないと言えるようにしてください。まだ欲望（lobha）を抱えており、煩悩の最中にあるのなら、自分が人より優れているなどと思ってはいけません。そうではなく、自分の行動、言葉、考えにより気づき（sati）を向け、それらに問題がないかチェックし、修行を続けてください。

多くの人と共に生活をするときでも、独りで暮らしているように振る舞いましょう。イライラしたり、気が散ったりする必要はありません。その代わりに、忍耐力を養いましょう。誰かに不愉快なことを言われたら、ただそれに気づく（sati）ようにしてください。中には、それほど善い行動ができない人もいるでしょう。適切な言葉遣いや、振る舞いができない人もいるでしょう。それらに対して、寛容でいてください。適切なタイミングでなら、注意をしても構いません。けれども、他人に対して忠告をするのなら、まず自分自身を戒める必要があります。他人を注意しても、彼らが耳を貸さないとき、怒りが生じるかもしれません。ですから、他人を注意する前に、自分自身を律しておく必要があるのです。彼らから何か言われても、気にする必要はありません。自分が正しいことをしていると分かっていれば、十分です。そうして、彼らを注意すべき時が来たら、注意すればいいのです。聞き入れてくれればよし。受け入れないのなら、それは彼ら自身の問題です。他人を指導する際には、こうした態度をとればいいのです。

反対に、自分が

「あなたは間違っている」

「あなたの言葉遣いはよくない」

「あなたの振る舞いは正しくない」

などと注意をされたら、謙虚にそれを聞くべきです。それから、彼らの言っていることは真実かどうか、自分に問うのです。もしそれが事実なら、彼らの主張を受け入れるべきです。事実でないのなら、彼らの主張には正当性はありません。あとは、彼ら自身の問題です。そうしたものは放っておいて、ダンマに心を向けてください。それらの批判の言葉を、ダンマを学ぶための糧とし、自らの心を見つめてください。心を見つめることによって、自らの言動の動機となるものを理解し、発言をコントロールできるようにするのです。自分が善い意図を持っていることを知れば、他人に批判されても心が揺らぐことはありません。ですから、

「自分で自分を律すべし」

と言うのです。いつも、私から注意されるようではいけません。それでは、あなたは成長できません。自分自身で心をコントロールし、修行に取り組む必要があります。私の役割は、あなた方に修行の方法を教え、振る舞いが沙門として適切であるかどうかをアドバイスすることなのです。

一部の人々は、ワット・パー・ポンを模範的な僧院だと言います。中には、私のことを阿羅漢だという人までいます。あなたも、そう思いますか？　そういったことは、言葉の問題にすぎません。このことが分かりますか？　真実は、自らの内にあります。人々から、

「阿羅漢だ！　阿羅漢だ！」

と言われて、私が喜ぶと思いますか？　私が阿羅漢であろうとなかろうと、それらはただ単に村人た

ちが話しているだけのことです。私たちは、他人に噂話をすることを禁じることはできません。ですから、何が事実なのかを知るためには、自分自身で確認をする必要があります。他人の言葉を信じることは、ありません。そのようにして、私たちは自分自身を向上させていくのです。他人の言葉を鵜呑みにせず、自分自身で確認をする。このことを、きちんと守るようにしてください。

特に、ここにいる六十代以上の高齢者の方は、あっという間に一日が過ぎ去ることに気づいてください。今日も、もうすぐ終わりますね。朝、日は上り、もうすぐ一日が終わりを告げようとしています。こうした現実にパニックを起こさないように、しっかりとした決意を持ってください。他人の修行の邪魔をしないように。話しやすく、教えやすい人でいること。そして、高慢でなく、我見が強くないこと。これは、自分の見解を持つな、と言っているのではありません。誰しも自分の見解を持つものです。ただ、自分の見解に縛られ、それに執着してはいけません。そうした考えは、手放すことです。そうしないと、それらの見解はあなたにとって、重荷になってしまいますよ。

私たちは、五蘊を手放すことを学んでいます。五蘊は、私たちにとって重荷です。色（rūpa）、受（vedanā）、想（saññā）、行（saṅkhāra）、識（viññāṇa）は、重荷です。これらを背負って生きていくことは、苦しいことです。私たちは、色、受、想、行、識を自己（attā）であると見做し、それらを背負って生きていくのです。それは、大変な苦しみです。ブッダは、

「その重荷を降ろしなさい」

と説きました。けれども、私たちは色、受、想、行、識を自己であると見做し、それらを手放そうとはしません。それではいけません！　私たちは、その重荷に耐えることはできないのです。ブッダが説

いたように、私たちはそれらを手放すべきなのです。

想（saññā）とは、様々なものを思い起こす働きのことです。想を自己と見做せば、重荷となってしまいます。そのことを理解し、想を手放してください。行（saṅkhāra）とは、あらゆる精神的な活動のことです。行にも執着してはいけません。それらも、重荷となるものです。識（viññāṇa）は、知る力のことです。それも、同じことです。五蘊を自己と見做せば、必ず重荷となります。それらは単なる感受、知覚、思考であり、自然に生じるものにすぎないのです。五蘊には、所有者はいません。五蘊に執着すれば、重荷となってしまいます。そんな重荷は、手放すべきです。五蘊は、単なる集合体に過ぎません。物質、感覚、記憶といったものが、ただ集まったものです。この「ただ」ということをよく覚えておき、それらに執着することのないように。このことが理解できれば、即座に悟ることができます。以前は、世俗諦として、「私」や「私のもの」という概念を使っていました。今では、それらは単に五蘊であることを理解しています。もはや、悟りは目の前です。あなたの理解は世俗諦のレベルを超えています。かつては五蘊に執着しており、そのことが重荷になっていました。今では執着を手放しているので、重くはありません。手放せば、重荷は消え去ってしまうのです。

誰かが注意をしてくれたのなら、喜んでそれを受け入れ、

「サードゥ（善哉）！　サードゥ！」

と言うくらいでなければなりません。私たちは彼らを雇っているわけではないのに、忠告をしてくれるのですから。自分が正しいのにも関わらず、彼らがそれを間違っているという場合でも、それらの意見に耳を傾けるべきです。そうすることによって、智慧（paññā）が生じますから。彼らは私たちに、

貴重なものを与えてくれているのです。

禅では、高慢を戒めています。禅では、教学は重視されません。坐禅をしているときには、指導者が警策を持って参禅者の背後を歩きます。眠っている者がいれば、警策で打たれます。警策で打たれた参禅者は、合掌して指導者に感謝します。

「打ってくださって、ありがとうございます。眠りから起こしていただき、感謝いたします」

私たちも、禅の修行者のように、相手に感謝できるでしょうか？　瞑想をしているときに、誰かに警策を持ってもらい、寝ている人がいたら、打ってもらうのです。そうした修行法を、受け入れることはできますか？

指導者や長老でいることは、大変です。周囲の人たちから敬われるようになると、自分に注意をしてくれる人がいなくなります。私はいつも注意をしていますが、それはあなたたちの利益になっているのです。もし、私が間違ったことをしても、指導者という立場がありますから、誰かが注意をしてくれることはめったにありません。ですから、長老は学ぶことが難しいのです。私たちが間違ったことをしても、注意をしてくれる人はいません。ですから、間違いに気づくこともできないでしょう。敬われすぎなのです。

この僧院で、私たちは穏やかに暮らしています。ですから、ときどき間違ったことをして、誰かに注意をされたら、それをありがたく感じるべきです。言い逃れをしようとしたり、争ったりしないように。注意された内容を、正しく理解することが大事です。

私たちは、集団で生活をしています。ですから、何かをしようとするときは、そのグループのリーダーのことを思い出すべきです。ワット・パー・ポンでは、この私が僧院長です。私は、あなたたちの修行に対して、責任を負っています。何か間違ったことや、煩悩を増やしそうなことをしそうなときは、私のことを思い出してください。私は、あなたたちを指導するために、ここにいるのですから。私がこの僧院を建立したために、あなたたちはここに滞在することができるのです。ですから、ほんの一瞬で構いませんので、私が施した功徳を思いだしてほしいのです。そして、自分が今おこなおうとしている行為は正しいものか、有益なものであるかを、考えてほしいのです。

ここで修行をしている皆さんは、長老方の導きに従えば、自然と調和が生まれます。指導者の指示を聞くことが大事です。行動をするときは、私のことを思い出してください。この僧院に皆さんが滞在していても、私が宿泊費を請求することはありません。ホテルに宿泊すれば、私たちは必ず宿泊費を払わなければなりません。ですが、僧院では宿泊費は必要ありません。そのことの意味を、よく考えてください。夜、クティ（小屋）で独り過ごす時、そのことを思い起こしてみてください。私はあなた方に、見返りを求めているでしょうか？　私は比丘ですから、そうしたことには無関心です。私は、ここに滞在したいという意思を示したあなた方を、受け入れました。私の意図は、善いものです。私は、世間的な意味の愛情ではなく、ダンマに則った愛情をあなた方に抱いています。ですから皆さんは、何か利用されるのではないかといった不安や、軋轢を恐れる必要はありません。もし何か心配なことがあれば、どうぞ遠慮なく私の所へやってきて、話してみてください。

皆さんの中には、私と話をしたことがない人もいるでしょう。これは、清道尼に限った話ではありません。この僧院にいる比丘の中にも、私と一度も話したことのない人がいます。この僧院の規模は大きいですから、それは起こり得ることです。大きな集団では、一人ひとりにきめ細かい指導をするのは、難しいものです。ですから、皆さんは自分自身を頼りにして、精一杯修行に取り組んでください。

在家の人々が僧院へやってきて、皆さんを観察することを想像してみてください。彼らは、皆さんに話しかけることはありません。ただ、皆さんのクティと、僧院の敷地を見て回るだけです。この僧院では、すべてが整然と、清らかに保たれています。すべてのものが、あるべき場所にあります。訪れた人々は、これこそが沙門の振る舞いと感心し、自然と信仰心が芽生えることでしょう。こちらから説法する必要はありません。僧院が散らかっていたら、皆で力を合わせて片付けましょう。若い頃、私はちょっと時間が空くと、僧院の周りを歩き、クティや小道を見て回ることがありました。清潔なクティやトイレ、きれいに掃き掃除をされた小道を見つけると、きっとここに住んでいるのは、優れた修行者だな、と思いました。そして、もしまだ彼が本格的に修行を始めていないのなら、近い将来、きっと優秀な修行者になるだろう、と思いました。

こうしたことは小さなことだと見做し、軽んじる人もいます。それは間違いです。トイレが汚れているのを見ると、そこを管理している人は、気づきが欠けているのだと分かります。大雑把だということです。そうした人には、ダンマを説いても無意味です。私はきっと、このトイレを管理しているのは誰かと、周囲の人に尋ねるでしょう。トイレで使う桶に水が入っていない、シロアリがはい回っている、蜘蛛の巣が張っている、床が汚れている。にもかかわらず、

「まぁ、こんなものです。瞑想をするのに忙しくて、なかなかトイレ掃除の時間が取れないもので」

などと言い訳をする始末です。トイレの掃除もできなくて、一体どんな瞑想をしているというので

しょうか？　この僧院では、周囲の環境に気づきを向け、互いに助け合って生活をしています。そのこと自体が、教えなのです。そしてそれは、人々に信頼と絆をもたらすものなのです。

森の木々は、私たちに何を教えてくれるでしょうか？　ときどき、私たちは自分のお気に入りの木を見つけます。見た目のよい木、香りのよい木、理由は様々です。木は自然の法則に従って生えているだけですが、私たちはそれに対して、様々な感情を抱くのです。僧院も同じです。人々にダンマを説くとき、何かを特別に印象づけようとする必要はありません。私たちは、ただ修行を通じて、自らを成長させればよいだけです。そうすれば、人々は自然と、あなたに関心を持つようになるでしょう。

私は長い間、このことについて考えてきました。六歳で沙弥になってから、僧院を建立するためには、何が必要なのだろうかと考え続けてきたのです。そして、その結果、自分自身が修行を積むことが一番大切なのだという結論に至りました。修行以外のことに、目を向ける必要はありません。布施を要求したり、自ら宣伝する必要はないのです。もし私たちが本当に修行をしているのなら、衣食住、そして薬といった生活必需品は、自然と揃います。

一生懸命修行に取り組めば、神々もそれを見ていてくれるに違いありません。修行をしているあなたの周りに、神々が集まってくるのです。そして最低でも、あなたが衣食住に困らないようにしてくれるはずです。そうしないと、神々は頭が割れそうに痛くなるのです。そのために、神々は修行者の下に集まってくるのです。それはこの僧院だけでなく、山奥に住んでいたとしても同様です。私たちがどこに住んでいようと、それは起こります。神々はあなたのことを知らず、見たことも聞いたこともありませんが、修行に打ち込むことの徳に惹かれて、そのそばへとやって来るのです。

ですから、私たちにとっては、修行に打ち込むことが、最も重要なことです。真剣に修行に取り組むのなら、いかなる障害も乗り越えられるはずです。もし僧院を建立したいと思っても、周囲の人に何かをお願いする必要はありません。向こうから、あなたが必要とするものを提供するために、やってきてくれるはずです。周囲の人々が自主的に僧院を建立してくれますから、こちらから手を貸してくれと頼む必要がないのです。これは、徳を積んでいるからこそ、可能なことです。自然な流れとして、そうしたことは生じます。私たちが今、ここでこうして暮らせるのも、過去に積んできた善い業（kamma）のおかげなのです。もし、僧院にいる出家者たちが争いばかりしていたり、僧院長が俗っぽい人間だったら、どうなるでしょうか？ 村人たちが僧院にやってきて、火をつけるかもしれませんよ。

このことを、よく理解してください。在家の人々の支援があってはじめて、私たちはこの僧院で修行に専念することができるのです。私の役目は、皆さんの修行をサポートすることです。かつて私は一年間、この僧院を留守にしていたことがありました。すると、僧院の何もかもが欠乏するようになりました。お香、ろうそく、油といったものが、不足するようになってしまったのです。最後には、僧院のほぼすべての物資が尽きてしまいました。村からは、誰もお布施に来てくれません。僧院の比丘たちが修行に励んでいなかったため、村人たちはお布施をしたいという気がなくなったのです。私が一年ぶりに僧院に戻ると、比丘たちは大喜びしました。

「ルアンポーが帰ってきた！ これでまた、うまいものが食える！」

比丘たちは最初、私がいないほうが、せいせいすると思っていたことでしょう。しかし、実際には生活必需品があっという間に欠乏する始末です。どうしてそんなことになってしまうのでしょうか？ 私たちに徳があるかどうかが、それを決めるのです。一生懸命修行に打ち込めば、そんなことは起こりません。心配する必要は、ありません。私たちは、ただ徳を積めばいいのです。

私はどこへ行っても、不自由することはありません。少欲知足を実践していますからね。望むなら、頭陀袋をお布施の供物でいっぱいにすることもできますが、私はそれらをワット・パー・ポンの比丘や清道尼たちと分け合いたいのです。しばしば在家の人々は、私のためにといって、薬を持ってきます。ですが、他の比丘が病気になったら、私はその薬を使ってしまいます。彼が薬を飲めば、私は気分がよくなります。功徳を積んだことによって、気分が晴れやかになるのです。私自身が、薬を飲む必要はありません。

かつて、サーリプッタ長老とモッガラーナ長老は、山奥で暮らしていたときがありました。そしてあるとき、サーリプッタ長老はひどい腹痛になりました。サーリプッタ長老は、自分はこのまま死ぬかもしれない、と思いました。モッガラーナ長老は、サーリプッタ長老に尋ねました。

「今まで、このような症状になったことはありますか？」

サーリプッタ長老は答えました。

「ええ、あります。私が在家だった頃から、このようなことはしばしばありました」

「そうした時は、どのような薬を飲みましたか？」

「以前、同じ症状になったときは、母がサヤインゲンを牛乳と砂糖で煮たものを作ってくれました。それを食べると、痛みがなくなりました」

この会話をしているときに、サーリプッタ長老とモッガラーナ長老は、山奥で二人きりでした。ですがそんな二人の会話を、山の神も聞いていたのです。夕暮れ時になると、山の神は在家の信徒を見つけるため、村へ行きました。村に着くと、山の神は施主とその息子の首根っこをつかみ、家から引きずり出しました。山の神は、村人たちがサーリプッタ長老を救おうとしないことに、腹を立てていたのです。

「おまえたちは、サーリプッタ長老のために、薬を差し上げようという気がないのか？　薬を飲まなければ、サーリプッタ長老は死んでしまう。サーリプッタ長老が死んでしまってもいいのか？」

施主は山の神に、サーリプッタ長老に薬を用意すると約束しました。すると、山の神は消え去りました。施主は急いでサヤインゲンを探しに走り、夜を徹して薬の準備をしました。

翌朝、モッガラーナ長老は托鉢に出かけました。サーリプッタ長老は、腹痛でまだ動けません。施主は、モッガラーナ長老に他の食物と共に、サヤインゲンを煮たものをお布施しました。

「これを、サーリプッタ長老にお布施いたします」

と、施主は言い、モッガラーナ長老の鉢に食べ物を入れました。

モッガラーナ長老は山の寺に帰ると、鉢から自分の分の食べ物を取り、残りをサーリプッタ長老に渡しました。サーリプッタ長老が鉢の中を見ると、昨晩話したサヤインゲンを牛乳と砂糖で煮たものが入っています。モッガラーナ長老に話した通りの食べ物が、そこにはあったのです。

サーリプッタ長老は動揺しました。自分の食べたいものをお布施してくれる人に要求することは、比丘の戒律で禁じられた行為です。そこでサーリプッタ長老は、

「モッガラーナ長老、この鉢の中の食べ物を捨ててください。食事に招かれたわけでもないのに、食べたいものを施主に要求するのは、比丘として不適切です」

と言いました。サーリプッタ長老は、自分が口にしたことを遵守していました。サーリプッタ長老の発言を、山の神も聞いていました。モッガラーナ長老が、鉢の中のサヤインゲンを牛乳と砂糖で煮たものを地面に捨てた瞬間、サーリプッタ長老の腹痛は消え、すっかり元気になりました。

これが、ダンマの薬と呼ばれるものです。ダンマには、このように人を癒す力があるのです。サーリプッタ長老は、ダンマの薬を受け取るにふさわしいほど、修行に励んでいました。そして、サーリプッタ長老とモッガラーナ長老が山奥で二人きりで交わした会話でさえ、山の神は聞き逃すことはありませんでした。ところが、サーリプッタ長老は比丘の戒律を破ることを恐れ、山の神が用意した薬を飲みませんでした。そのようにして、サーリプッタ長老は自分自身の心を守ったのです。

私たちは、サーリプッタ長老の姿勢を見習うべきです。このことを、心に刻んでください。あなたは死ぬことはありません！　今日、食事を終えた後、明日の食事の心配をする必要はないのです。きちんと、食事を得ることができますから。食料を貯めこむ必要はないのです。一生懸命修行に励めば、必ず食事は得られます。修行に励む人々に対してお布施をしない人は、心苦しい気持ちになるといいます。頭痛を起こす人もいます。そのため、彼らは修行者に対して敬意を表し、お布施を申し出るようになります。そうした感情は、人々の中で自然と生じるものなのです。

第４章

ダンマを観る

Seeing Dharma

コンダンニャは悟りました

私たちは、ダンマを学んでいます。あらゆるダンマは自然なものであり、あるがままのものです。自然は、ダンマそのものです。修行の方法をきちんと理解していないとき、そのことはまだ腑に落ちないでしょう。ですから、私たちは適切な指導者に教わる必要があるのです。自然もまた、私たちの教師です。あらゆる現象は、森の木々と同様に原因から生じ、それに従って成長します。このようにして、自然は私たちにダンマを説いているのですが、普段私たちはそのことに気づきません。森の木々を見ても、自分が食べるための果物がなるかどうかを気にするだけです。森が、私たちに省察を促すものだと分からないのです。私たちは、森が教えているものこそがダンマなのだと、理解しなければなりません。

木々に果実がなると、私たちは何の考えもなしに、それをもいで食べてしまいます。甘さ、酸っぱさは、その果物の自然な性質を表しています。これらもまた、ダンマの顕われであり、学ぶべきものですが、私たちはそれを理解しません。落葉の季節になっても、私たちはそれをただ葉が落ちたとしか思わず、何の考えもなしに掃き捨ててしまいます。落ち葉もまたダンマの顕われであり、私たちに何かを告げているものだと気づかないのです。

落葉の季節が過ぎ、春が来ると新しい芽が出てきます。私たちはいつもこうした変化を見ていますが、そのことについてあまり深く考えないので、そこから何か学ぶということがありません。ですが自分自身と対比してみれば、私たち自身の生死も森の木々と大差ないことが分かります。私たちの身体は、様々な原因によって生まれたもので、地、水、火、風の四つの要素から成ります。そしてそれは森の木々のように成長し、やがて様々な種類の実を結びます。森の木々と同様に、私たちにも落葉や新緑といった移り変わりがあります。そのことを、よく理解してください。私たちは絶えず成長を続け、身体の状態は常に変化し続けています。森の木々と同じです。森の木々がそうあるように、私たちもあるのです。すべての人は、生まれ、その物理的な構成要素は変化を続け、最後には死にます。自然な現象としての森の木々は、絶えることなく流動的な状態にあります。そのような森の木々を観ることによって、私たち自身の中にある、生、老、死を理解することができるのです。

正しい指導者の言葉を聞き、ダンマを理解すると、心がうずくものです。現象（saṅkhāra）はそれが意識を持つ、持たないにかかわらず、すべて同じものです。そのことを理解した上で森の木々を観ると、五蘊の性質がよく分かるようになります。このような形で物事を理解する人のことを、私たちはダンマの理解者と呼ぶのです。

私たちはダンマを知る者として、あらゆるものの中にダンマを見出し、五蘊の性質を理解するための助けとする必要があります。五蘊は絶えることなく変化し続けるものであるということを、理解してください。立っていても、座っていても、歩いていても、横になっていても、常に気づき（sati）を保つことが大切です。外界の対象を観ることと、心の中を観察することは、同じです。なぜなら、それらの対象は、同じ性質を持っているからです。そのように実践に取り組むと、やがてブッダの教えが聞こえてくるようになります。自分自身の内なる仏性が、目覚めたのです。仏性が目覚めると、自らの内外の現象に対して、ダンマの観点から説明ができるようになります。

歩いている時、立っている時、座っている時、横になっている時、何かを見ている時、音を聞いている時、何かを味わっている時、いずれの時でも、私たちはそこからブッダの教えを聞きます。それはあたかも、心の中にブッダがいて、私たちのために説法をしてくれるようなものです。このようにしてダンマを学ぶとき、ブッダは私たちと共にあります。ブッダは大昔に般涅槃してしまったので、私たちを導くことはできないというのは、事実ではありません。仏性は、あらゆるダンマを学べるように、私たちを導いてくれます。このダンマを知るということが、ブッダ自身なのです。自分自身の心の中にブッダを確立すれば、その気づき（sati）の力によって、あらゆるものを私たち自身と変わらぬものとして観ることができるようになります。貧しい人、裕福な人、肌の白い人、黒い人、植物、動物など、生きとし生けるものは様々ですが、どれもみな私たちと共通の特徴を持っており、違いはありません。このことが分かっていれば、どこにいようとリラックスして過ごせます。ブッダは常に私たちと共にあり、絶えず私たちを励まし、導いてくれることでしょう。

こうしたことが理解できていない場合、私たちは常に、ダンマの教えを聞きたいという欲求を持つことになります。そして、次から次へと、瞑想指導者を渡り歩くことになるのです。ダンマが理解できるようになるまで、こうした欲求は止むことがありません。ブッダは、悟りを開くとは、あるがままの自然を理解することであると説きました。自然を知らなければ、私たちが様々な状況に巻き込まれたときに、混乱に陥り、もがき苦しむことになります。物事に一喜一憂しては、それらに振り回されることになるのです。起きたことに動揺し、惑わされ、感情に翻弄されます。そうしたことは、ダンマを理解していないために生じることです。ですから、覚者は自然とは何であるかを説いたのです。

自然とは、決して神秘的なものではありません。自然界では、現象は、生じては変化し、そして滅します。私たちが作るものも、同じです。たとえば、私たちが使う鍋や皿といったものも、原因と縁から生み出されるものです。それらはしばらく使われた後、ボロボロになり、最後には壊れ、バラバラになります。樹木、植物、動物、人間といったものも、すべて同じです。この世界に存在するものは皆、変化し続け、最後にはバラバラになり、消えていくのです。

撮影者不明
アチャン・チャー。1982 年頃撮影。

アンニャ・コンダンニャが、最初の弟子としてブッダの教えを聞いたとき、悟りを開くことは、それほど困難なことではありませんでした。コンダンニャはブッダの言葉を聞き、生じるものはすべて自然に変化し、最後には滅するということを理解しました。それが、現象の持つ性質なのです。ブッダの言葉を聞く前には、コンダンニャはそのことを理解していませんでした。そのことに気づいていなかったか、もしくははっきりとは理解していなかったのです。そのため、彼は執着を手放すことができていませんでした。コンダンニャはまだ、五蘊に執着していました。しかし、ブッダの前に座り、初めてその教えを聞いたとき、彼の中に眠る仏性は目覚め、諸行は無常であるということを、正しく理解しました。あらゆる現象は、生じては変化し続け、最後には滅します。それが現象の、普遍的で自然な性質なのです。

ブッダの言葉を理解することによって、コンダンニャは変わりました。自らの心をありのままに見つめることによって、コンダンニャの心の中にブッダが生まれたのです。そして、それを見たブッダは、コンダンニャは智慧の眼を得てダンマを観たのだと述べました。「ダンマを観る」とは、一体どういう意味なのでしょうか？　コンダンニャは、あらゆる現象が生じ、変化し続け、最後には滅するということを理解しました。「あらゆる現象」とは、私たちの心身に生じるすべての現象であり、いかなる例外もないということです。

ブッダの前に座った瞬間に、この智慧がコンダンニャの心の中に生じました。現象（saṅkhāra）への執着が、打ち砕かれたのです。自分の身体を「自己」であると見做すような妄想は、コンダンニャから一掃されました。我（attā）というものがないと分かると、疑念（vicikicchā）もなくなります。物事に対する認識が変わってしまったため、コンダンニャはもはや何事にも動ずることはありませんでした。慣習や儀式といったものに対する、迷信的な執着もなくなりました。そうしたものは、原因と結果に影響を与えないことを、理解していたのです。もし病気や怪我をしても、それについて何ら特別な感情を抱くこともないでしょう。疑念がなくなると、身体に対する執着もなくなります。もしまだ身体に対する執着があるのなら、病気や怪我をしたとき、なぜそうなったのだろうと考え、迷信的な考えに陥る可能性があります。けれども、我や自分の身体への執着がなくなると、もはや迷信的な考えに陥る可能性はなくなるのです。

ブッダの教えを聞いて、コンダンニャの法の眼は開きました。彼ははっきりと、ダンマを観たのです。ものに対する見方が、一八〇度変わりました。そして、彼の中にあった執着心は、木端微塵になりました。執着心が消えることによって、コンダンニャは覚者となったのです。コンダンニャはブッダの説法を聞く前から、ダンマに関する知識はありました。ですが、彼の中の執着心はそのままでした。ダンマに関する知識はあっても、ダンマを観ていなかったのです。もしくは、ダンマは観ていたが、ダンマそのものとなっていなかったのかもしれません。覚者となったコンダンニャを見たブッダは、

「コンダンニャは悟りました」

と皆に告げました。

通常、私たちは自分の身体について、間違った理解をしています。私たちの身体は、地、水、火、風の四大から出来ています。それは、私たちの目で見ることのできる、物質的現象です。私たちの身体は、食物によって栄養を供給され、成長し、変化をし続け、最後には消滅します。

身体の内部には、識《しき》（viññāṇa）という機能があります。眼を通して、識の持つ「知る」という機能が働くとき、それを眼識《げんしき》と呼びます。耳を通して、「知る」という機能が働く時は、それを耳識《にしき》と呼びます。鼻を通して、「知る」という機能が働く時は、それを鼻識《びしき》と呼びます。舌《ぜっ》、身《しん》、意《い》を通して知る場合にも、同じことが言えます。「知る」という機能は同じですが、働く場所が違うので、別々の名前

で呼ぶのです。経典には六種類の識が説かれていますが、それは私たちが眼、耳、鼻、舌、身、意という六種類の場所を通じて、外界を認識するということを表しているのにすぎません。ですから本当は、六種類の識が存在するわけではないのです。私たちの「知る」という力は、気づく（sati）という能力によって可能になっています。この「知る者」がいるからこそ、私たちは物事をありのままに知ることができるのです。

「知る者」の力がまだ弱いとき、妄想が生じたり、物事を間違って理解してしまいます。物事を正しく理解できるか、間違って理解してしまうかは、知る者の力によります。ですから、正見と邪見について話すとき、私たちは別々の二つのものについて話しているのではないのです。妄想が生じると、それは真実を覆い隠し、私たちの認識は間違ってしまいます。認識が間違っているのなら、邪見を抱きます。邪見を抱けば、私たちの行動や生活は乱れ、何もかも滅茶苦茶になってしまいます。すべては、間違った認識を抱くところから始まるのです。

八正道も、それと同様なプロセスで養うことができます。知る者、すなわち気づき（sati）があるとき、正見が生じます。正しい見解があるとき、間違った見解は自然と消滅します。ゴータマ・ブッダが菩薩として修行をしていたとき、彼は苦行に取り組んでいました。生きていくために最小限の食事しかとらないという徹底した苦行により、ゴータマの身体は極限までやせ細ってしまいました。そのとき、彼の中にある洞察がひらめきました。過去に存在したあらゆるブッダは、肉体を通してではなく、心を通して悟りを開いたのでした。身体そのものには、知るという機能がありません。ですから、苦行によって、身体を極限まで痛めつけることは、悟りとは何の関係もないのでした。まったく心を傷つけることなく、自殺することが可能な人もいるでしょう。そうしたことに気づいたゴータマは、悟りを開いてブッダとなった後、あらゆるブッダは心を育てることによって悟ったのだと弟子たちに説きました。自分の心の奥底を見つめたとき、ゴータマは快楽に溺れることと苦行の双方を手放しました。そしてそのことを、弟子たちに伝えたのです。

ブッダの最初の説法である初転法輪は、人々の間違った考えを打ち砕きました。快楽の追求に没頭し、自らを人より優れた存在であろうとすることは、出世間を目指すものが歩むべき道ではありません。それと同様に苦行は、苦しみ、不満足、怒りといった感情を私たちにもたらすだけです。そうしたことは、私たちにとって、何の利益もありません。

悟りを開くことを求めるのなら、快楽の追求と苦行の双方から、離れる必要があります。それらは両方とも、極端な生き方です。修行をするときは、常に気づき（sati）と共にあり、そうした極端な生き方をしてはなりません。善いことであれ、悪いことであれ、それが喜びや悲しみの原因となるのなら、追究するべきではありません。何か幸せなことがあっても、それに執着してしまえば、それはやがて快楽の追求といった生き方になってしまいます。嫌なことがあると、怒り、嫌悪感といった感情が生まれ、ネガティブな心への執着が起こります。私たちの心は、否定的、肯定的な感情の双方に執着する傾向があるのです。ブッダはこのことを、快楽の追求と苦行の双方から、離れる必要があると要約して示したのです。

あなたが仏道修行者なら、快楽の追求と苦行の双方から、離れるべきです。それらを追究するのは、世間の人々の生き方です。世間の人々は、常に幸福と快楽を追い求めています。世間の人々は、常に何かに惹かれるか、嫌悪するかのどちらかです。彼らはいつも、その二つの感情の間を、行ったり来たりしているのです。それが、世間の人々の生き方です。幸福があり、苦しみがある。苦しみがあり、幸福がある。いつまでも、それが続くのです。そして、それらは常に不確実で、不安定なものです。ですから、世間の人々のことを、迷える衆生と言うのです。心が平安な人は、そのような生き方はしません。平安な人々も、よいことや悪いことを経験します。ですが、彼らはよいことがあっても、それに執着するということがありません。悪いことがあって嫌な気持ちになっても、それに気づく（sati）ことができます。それらに反応するのが当然とは、考えていないのです。

修行者は、そうあるべきなのです。心が静かな人は、そうした気分が乱されるようなことがあっても、内心は平静なままです。そうした人は、喜んで興奮したり、嫌なことに落ち込んだりするのは、正しい在り方ではないことを、理解しているのです。賢い人もよいこと、悪いことを経験しますが、それらに本質的な意味を見出さないので、過度に喜んだり、落ち込んだりすることがありません。心が平安な人は、幸福や苦しみに動ずることがないのです。物事に本質的な意味を見出さないとき、私たちは自然に幸福と苦しみの双方を手放すことができます。幸福と苦しみの姿をありのままに観たとき、それらに対する執着は消え去ります。覚者はどんな物事にも、特別な意味を見出しません。幸福なことや苦しいことに遭遇しても、単に熱いものや冷たいものに触れたときのように、それらを認識するだけです。

阿羅漢は、煩悩から離れていると言われます。ですが、本当は阿羅漢も煩悩から離れているわけではないのです。阿羅漢は、水の中の蓮のようなものです。蓮は水中にあるとき、水から栄養分を得ています。そのとき、蓮は水と接触していますが、水そのものが浸透してしまうことはありません。

この場合、煩悩は水です。蓮は水と接触していますが、それを避ける必要はありません。修行者の心も、それと同じです。煩悩から、逃げたり隠れたりする必要はないのです。よいことがあれば、それに気づき（sati）ます。悪いことが起これば、それにも気づきます。幸福なこと、苦しいこと、起こることには何でも気づきます。そうした出来事をきちんと認識していますが、それらに執着することはありません。

仏教用語では、これを捨（upekkhā）と言います。心のバランスを保ち、中立、ニュートラルな状態にあることです。何かが起きてもそれに気づいてはいますが、どちらかの側に加勢するというようなことはありません。誰かに何か言われても、ただその言葉に気づいているだけです。彼の言葉を、信じ込んだりはしません。

何事にも、捨（upekkhā）の態度で接することが重要です。ブッダは、世間の中で悟りを開きました。ブッダは、世間の中でその教えを広めました。ブッダは、世間のあらゆることを調べ尽くしました。世間のあらゆることを知り尽くしていたがゆえに、ブッダはこの世間を超越することができたのです。悟りを開いた後も、ブッダは世間の中にいました。時には、称賛されることもありました。時には、批判されることもありました。幸福なことも、苦しいこともありました。物質的な何かを得たり、また身分というものも依然としてありました。そうした悟りとは別の、世俗的なものがあるからこそ、悟りというものも可能となるのです。ブッダは悟りを開いたとき、世間法（loka‐dhamma《ローカ・ダンマ》）についても完全に理解していました。世間法は、利得、損失、名誉、不名誉、非難、称賛、楽、苦の八つから成ります。これらのものを追い求める人は、世間法の影響下にあると言えます。世間法は、八正道を破壊するものです。世間法が勢いを持つと、八正道の力は弱まります。世間法に熱中している人が、苦しみを滅するための道を歩むことはないでしょう。彼らの心は世俗的なものに対する関心でいっぱいで、常に不安と混乱の状態にあるのです。

それゆえ、私たちは八正道を育てる必要があるのです。それは具体的には、戒・定・慧の三学を養うことを意味します。三学は、世間（loka）と呼ばれる虚構を破壊するための道具です。私たちの心は、この世間によって欺かれているのです。利得、損失、楽、苦といったものに執着するとき、私たちの心は、世間そのものとなっています。世間に生きるものの原動力は、渇愛（taṇhā）です。ですから、渇愛が消えれば、世間も消滅します。世間の源は、渇愛なのです。

八正道と八世間法は、対になっているものです。この二つのものは同じ場所に存在し、別々の世界にあるものではありません。私たちの心の中には、「知る者」と一緒に利得、名誉、称賛、楽への執着が存在します。執着の力が強まるとき、知る者の力は弱まり、私たちの心は世間の価値観に従うようになります。まだ仏性が目覚めていないとき、知る者の力は弱く、世間の価値観から脱することはできません。身・口・意の三業を調え、戒・定・慧の三学を学ぶとき、心の中の世間法の存在に気づくことになります。そして、世間法にいかに執着しているのか気づくのです。修行をすることによって、心の中にどのように世間法が生じるのかが分かるのです。ブッダは、

「比丘たちよ。そなたたちは世間のことを、宝石を散りばめられた戦車として見るようにしなさい。愚か者たちはそれらに目がくらみ、魅了されますが、賢者にとってそれは無意味なものです」

と説きました。この世間（loka）というものを理解するために、私たちは世界中を旅する必要はあり

ません。世間を理解するには、ただ自分自身の心を観察すればよいのです。木の下に座り、瞑想をするとき、私たちは世間を隅々まで理解することができるのです。

修行に取り組むとき、私たちは心を集中させ、サマーディ（samādhi）を実践しようとします。しかし、心はそう簡単には静まり、集中した状態にはなりません。考え事をしないように、と思っても、何かを考えてしまうものです。凡夫の心とは、赤蟻の巣の上に座っている人のようなものです。そんな場所に座っていれば、噛みつかれて当然です。世間法に執着している人が、そうした世俗的な価値観を持ったまま修行をすれば、心の中に欲（lobha）、怒り（dosa）、落ち込み、不安といった感情が自然と浮かんでくるものです。まだダンマを会得しておらず、世間の価値観に染まっている場合、こうしたことはごく一般的に起こります。そうした感情を、まだ十分理解していないので、それらに抗することができないのです。ですから、凡夫の心とは、赤蟻の巣の上に座っている人のようなものだと言ったのです。

巣の上に座っているのですから、当然蟻たちは襲ってきます。蟻に噛まれそうになったら、どうすればいいですか？　殺虫剤を撒く、巣に土をかけるなどが考えられます。火を焚いて、その煙で蟻を追い払うという方法もあるかもしれません。世間の人々は問題が起こると、このように色々と対処法を考えるものです。ですが、修行者はそのように考えてはいけません。世間の人々は、順境のときはそれに満足してしまいます。そして反対に、逆境のときはそれに反発します。称賛や非難をされれば、習慣にしたがってそれに反応してしまいます。そのようにして、彼らは世間（loka）の住人となるのです。

それほど熱心に修行に取り組んでいない人は、八世間法を手放すことなど、不可能だと言うでしょう。

ですが、それは彼らが真剣に修行に取り組んでいないというだけのことです。私たちの心の中に煩悩が生じると、八世間法は八正道を圧倒し、覆い隠します。世間の人々は、戒（sīla）を守ったり、心を静めるために瞑想をしたりしません。心の働きを理解し、自分自身をコントロールすることもできません。彼らは、蟻の巣の上に座っている人のようなものなのです。蟻に噛まれた人は、痛みで頭が混乱し、落ち着いて物事に取り組むことができません。自分の苦しみの原因が蟻の巣にあることも理解できず、悶えながらその場に留まることになるのです。

八世間法と八正道は、常に対立するものです。私たちが心を静めようとすると、様々な思いが湧いてきます。そして、そうした妄想が生じるがままにさせておくと、心は暗闇に包まれます。しかし、忍耐を通じて智慧（paññā）が生じると、妄想は消え去り、心の闇は晴れます。智慧と妄想は、同じ場所に生じます。智慧が生じると、妄想は消えます。心の中で八正道が弱く、八世間法が優勢なとき、私たちはサマタ瞑想やヴィパッサナー瞑想を実践する必要があります。八世間法によって生まれる、欲（lobha）、怒り（dosa）、無知（moha）が減少するまで、瞑想実践を続けてください。三毒が減少すると、私たちはそれらを以前より明瞭に観察できるようになります。そのようにして、私たちは世間（loka）への執着の手を緩め、そこから脱することができるようになるのです。

瞑想実践者は、どれだけ自分が八正道を実践したか、自分自身の証人にならなければいけません。正見を選ぶか、邪見を選ぶか。選択は、二つに一つです。それは瞑想実践者の心の中に二人の人がいて、八世間法と八正道を代表して争っているようなものです。八正道を実践すれば、確実に八世間法の力を弱めることができます。そして最後には正見によってもたらされる智慧（paññā）が生じ、間違った考えは消滅します。そのようにして、道（magga）は煩悩を滅するのです。

修行を進める中で、八世間法と八正道は常にせめぎ合っています。ヴィパッサナー瞑想を実践することによって、洞察を得たと思っても、それはあっさりとヴィパッサナーの汚染（ヴィパッサナー・キレーサ）と呼ばれるものに変わってしまうことがあります。私たちが八正道を実践するとき、戒（sīla）を守り、心を清らかにするよう努力します。しかし、そのことによってよい結果が得られると、私たちはそれを大喜びし、執着してしまう危険性があります。そうした種類の煩悩を、ヴィパッサヌ（vipassanu）と呼びます。

世の中には、少しだけ行った自分の善行に執着する人がいます。それと同様に、自分が得た清らかさや、智慧（paññā）に執着する人もいます。こうした清らかさや智慧への執着が、ヴィパッサヌです。ヴィパッサナー瞑想を実践する際には、このヴィパッサヌに注意してください。ヴィパッサナーとヴィパッサヌはよく似ているので、混同される危険性があります。重要なのは、ヴィパッサヌが生じると、その果（phala）として何らかの苦しみも生じるということです。ヴィパッサナーなら、そこに苦しみは生じません。ヴィパッサナーとは真の平安であり、幸福や苦しみといったものから、浄化されたものです。

修行には、忍耐強さが必要です。瞑想を始めた人の中には、自分の修行の進展について、願望を持つ人がいます。彼は、自分の心がすぐに静まることを期待するのです。けれども、彼らの心はまだ長年の習慣の支配下にあります。ですから、進歩するには時間がかかります。ここが、修行の頑張りどころです。戒律が煩わしく感じることもあるでしょう。在家の頃、私たちは好きなものを食べ、好きな時に寝ることができました。衝動の赴くまま、好き勝手に話しても、叱られることはありませんでした。好きなところに行くこともできましたし、何より勝手気ままに振る舞うことが、幸福だと思っていたのです。

ブッダの教えは、世間の常識に抗うものです。出世間の生き方は、世間の常識に反します。正見は、邪見の見方に反します。清らかなものは、不純なものと対立します。これらはすべて、入れ替え不可能です。経典には、こうしたことを説明する記述があります。ブッダが悟りを開く前、スジャータから乳粥を受け取って食べている時、南へ向かって流れる川の水面に器を置き、こう心の中で強く宣言しました。

「もし私が悟りを開くのなら、この器は北へ向かって流れていくだろう」

すると、器は北へ向かって流れていったのです。

この乳粥の器は、世間の物の見方には従わないという、ブッダの正見を象徴したものです。強く宣言した瞬間、ブッダの心はあらゆる世間の流れに逆らい、いかなる影響も受けなくなりました。今日、私たちはブッダの残した教えを学ぶことができます。その教えは、私たちの習慣に反しています。私たちは欲（lobha）を持ちますが、ブッダはそれに執着してはならないと説きます。私たちは怒りますが、ブッダは怒ってはならないと説きます。私たちは物事に惑わされがちですが、ブッダはそうした無知（moha）を滅する方法を説きます。ブッダの教えは、こうした習慣を根絶するためのものなのです。

ブッダの心は、完全に世間（loka）の流れに逆らっていました。世間では魅力的で、美しいとされるものを見ても、彼は魅力的とは思いませんでした。世間の人々は、身体は自分の所有物であると考えていましたが、彼はそう考えませんでした。世間の人々にとって価値あるものも、彼にとっては無価値でした。ブッダの物の見方は、物事に執着するという、世間の常識を超越していました。

伝説では、それからブッダは、梵天（brahma）から八枚の葉を受け取ったと伝えられています。そうしてブッダは、菩提樹の下で、悟りを開くまで、ここを動かないと誓いました。八枚の葉は、八世間法を意味します。ブッダの精進は、八世間法を滅するために注がれました。悟りを目指す修行者は、利得、損失、名誉、不名誉、非難、称賛、楽、苦の八つから成る、八世間法への執着を滅さなくてはならないのです。

八枚の葉がブッダに与えられ、彼はその上に座り、禅定に入りました。八枚の葉の上に座ったのは、八世間法を制圧するという比喩です。ブッダの心は世間的なものの上にあり、出世間的なダンマを得ようとしていました。出世間とは、世俗的なものを、ゴミのように無価値なものにしてしまうことです。ブッダにとっては、八世間法とはゴミのようなものだったのです。ですから、彼が八枚の葉の上に座っても、何ら影響を受けることはありませんでした。

菩提樹の下に座ったブッダは、心の中で多くの体験をし、そしてついにはマーラ（死王）を征し、悟りを開きました。言い換えるなら、ブッダは世間を征したのです。ブッダは自らが悟りの玉座として八枚の葉の上に座ったように、人々に八世間法を征するための八正道を説きました。

最近では、瞑想実践者の信（saddhā）は、めっきり弱くなっています。一、二年の修行で、早く結果を得たいと思っている人が大半です。私たちは、ブッダが悟りを開くために、どれほどの努力をしたのかを忘れてしまったのです。出家をして六年間、ブッダは必死に努力を続けました。熱心に修行に取り組み、心を育てれば、私たちもブッダのようになることができるのです。

少なくとも、私たちは預流果《よるか》に悟るべきなのです。悟るまでに、どれだけ時間がかかるかは問題ではありません。修行が進んでくると、私たちは間違った行動に対して、恐れや羞恥心を抱くようになります。これは非常に重要なことです。修行者なら、人前であろうとなかろうと、間違ったおこないをするべきではありません。間違った行動に対して、恐れや羞恥心を感じるのは、私たちがブッダに近づいた証拠です。そのとき、私たちの中に眠る、「知る者」が目覚めたのです。ブッダ（仏）、ダンマ（法）、サンガ（僧）の三宝に帰依し、私たちは修行を進めていくべきなのです。

本当にブッダに帰依するというのなら、私たちはブッダを理解しなければなりません。そして、ダンマ、サンガについても理解しなければなりません。私たちは三宝への帰依文を暗誦しますが、本当にブッダを理解しているわけではありません。ブッダは私たちと似たような存在なのでしょうか？　それとも、遠くかけ離れた存在なのでしょうか？　ダンマとは何でしょうか？　サンガとは何でしょうか？　帰依する、と言っていますが、その傍にいるのでしょうか？　帰依するということがどういうことか、理解していますか？　私たちは口では帰依すると言いますが、心がその場所へと届いていないのです。私たちの心が本当に帰依することが可能になれば、三宝とは何であるかが、正確に分かります。ブッダとは、ダンマとはどのようなものかが分かるのです。こうした体験を通じて、私たちは自らの心の中に、帰依所を持つようになります。そうすれば、どこにいても、私たちはブッダ、ダンマ、サンガの三宝と共にあります。そして、そのことによって、間違った行為をすることがなくなるのです。

そうして、ブッダの弟子として最初に悟りを開いたコンダンニャは、より下層の世界に再生することを免れました。預流果に悟れば、八回目の再生はありません。預流果に悟ったものは、八回目に再生する前に、必ず阿羅漢になるのです。遅かれ早かれ、預流果に悟ったものは、阿羅漢に達するのです。預流果に悟れば、間違った発言や行動もなくなります。地獄のような不安感を感じることもありません。ですから、預流果に悟ったものは、下層の世界から解放されたというのです。たとえ間違ったおこないをしてしまったとしても、より下層の世界に再生するほどのひどいことはしません。一度悟れば、以前の状態に戻ってしまうこともないのです。このように聖者（悟った人）となることは、今生で可能なことなのです。

こうしたことはすべて、個人が直接の経験を通してのみ知ることができるものです。私たちは皆、ダンマについて話し、ダンマを実践していると言いますが、実際のところダンマとは何なのかよく分かっていません。ダンマを理解する、観る、実践するとは、一体どういうことなのでしょうか？　これは非常に重要な問題です。ダンマとは自然であり、今この瞬間にあるものであり、ありのままに存在するものです。なぜ私たちは、幸福、苦しみ、喜び、落胆といった感情に支配されているのでしょうか？　それは、私たちがダンマを知らず、ダンマを観ようとしないからなのです。

ブッダは私たちに、五蘊に執着しないようにと説きました。けれども、私たちは五蘊とは一体何であるのか理解できていないため、五蘊への執着を手放すことができません。私たちは幸せなことがあるとそれと一体化し、自分は幸せだと勘違いしてしまいます。そして反対に、苦しいことがあるとそれと一体化し、自分は不幸せだと勘違いしてしまいます。物事を自分の主観で観てしまい、あるがままに観ようとしません。常に、自己（attā）というものがあるという視点で、物事を考えてしまうのです。すると、自分自身の身に幸福、苦しみ、喜び、落ち込みが起きると思い込むようになります。そして、自己が存在するという観念はますます強固なものとなっていくのです。

ブッダは、この自己（attā）という概念を破壊することを説いたのです。自己という概念が破壊されれば、無我（anattā）というものが何であるか、自然と明らかになります。自己という観念を信じ込んでいると、何を見ても、「私」「私のもの」と思うようになります。そのように現象を理解すると、物事を正しく理解することができません。自分にとって都合のよい現象が起きたときには機嫌がよくなり、都合の悪いことが起きれば不機嫌になるのです。現象を「私」とか「私のもの」と見做すと、生きているのが大変つらくなります。真理を知ると、私たちは喜んで興奮したり、悲嘆にくれたりすることから離れます。「平安こそが真の幸福である」と言います。事実を観て、執着を断ち切ることが大事です。

現象を観れば、事実が分かります。あらゆる現象は生じては変化し続け、最後には滅します。それが、事実です。それが受け入れられないのは、私たちの側の問題です。私たちは物事に興奮しますが、現象自体は興奮などしません。私たちは物事に執着し、それを自分のものだと思い込んでしまいます。また、物事が自分の希望通りになるかどうかによって、感情的に反応したりします。

こうして、コンダンニャはあらゆる現象が持つ性質を理解しました。ブッダの教えを初めて聞いた瞬間、彼の考えは一変しました。コンダンニャは、現象の真の姿を観たのです。その瞬間から何に出会っても、彼はそこに生と滅を観ました。まだ心には、愉快な気持ち、不愉快な気持ちが生じましたが、コンダンニャはただそれらが生じたことを認識していただけでした。彼は再び、下層と呼ばれる苦しみの状態に陥ることはありませんでした。コンダンニャの気づき（sati）は確かなものとなり、もはや物事に対して舞い上がったり、落ち込むことはありませんでした。ですから、コンダンニャには、あるがままの事実を観る法眼が開いたと言われるのです。あらゆる存在の真実を知る智慧が、彼に生じました。これがダンマを観て、知るということです。物事を手放すということを理解したら、人は自然と背中に背負った重荷を降ろします。ダンマを理解することなく、無理やり執着を手放すことを実践しようとしても、うまくいきません。ダンマを正しく理解すれば、自然と執着を手放すことができるようになります。ダンマを理解すれば、ダンマのみが存在するということが分かります。ダンマには、無理強いするとか、手放すといったことはありません。けれども、私たちがまだしっかりとダンマを理解しておらず、ダンマそのものとなっていないときは、世俗諦としてのダンマを活用し、修行に取り組む必要があります。その段階ではまだ怠惰になってしまう可能性がありますから、努力して実践を続けることが大切です。自分自身をコントロールする力がまだ育っていない段階では、忍耐力が肝要です。ですが、実践が習慣化されるような段階になったら、修行に取り組むための忍耐は不要になるのです。

探究の終わり

疑念（vicikicchā）を乗り越えた人は、もはや何かを探し求めるということがありません。サマーディを育てようとしたり、神々を呼ぶために偈《げ》を唱えたりするのなら、それはまだ疑念が残っているのです。それは、儀式や迷信に対する執着です。これは繊細なレベルの話です。

預流果に悟った人には、何の疑念（vicikicchā）も生じません。彼はまだすべての真理を悟ったわけではありませんが、少なくとも疑念はありません。預流果に悟った人には、有身見、疑念、戒禁取の三つが存在しないのです。ですが、まだ預流果、一来果の段階では、残っている煩悩があります。悟りの階梯《かいてい》*を登っていくにつれ、煩悩は減っていきます。子供にとっては重く感じられるものも、大人にとっては軽いのと同じです。阿羅漢果に悟るまで、修行の進歩の過程は人それぞれです。煩悩の名前は同じでも、それがどれだけ強いかは、人によって異なります。けれども最後には、あらゆる煩悩が消滅するのです。

預流果に悟ってもまだ煩悩は残っていますが、それは大きな問題ではありません。それらの煩悩が、悪い結果を生むことはありません。預流果に悟れば、物事に対する疑念（vicikicchā）がなくなっています。原因と結果の法則という真理を知れば、何が正しく、何が間違っているのか、疑う余地はありません。悟った人が正しいおこないをするとき、誰かにそれは間違っていると非難されても、動揺することはありません。悟った人は、他人と議論はしません。そもそも、疑念のある人とない人の議論は、ほとんど成立しないでしょう。

有身見、疑念、戒禁取があるということは、迷いの中にあるということです。たとえどんなに長い時間サマーディに入り、歩く瞑想をし、戒律を破ってしまったことを告白するなどし、心が清らかになったと感じても、それらが盲目的な信仰に基づくものであるのなら、意味がありません。それは単に迷いにすぎません。

それは、狭い廊下を歩いていて、ベンチの角に足をぶつけるようなものです。ですが、もしあなたがベンチに座っているのなら、足をぶつける心配はないでしょう。迷いに陥るには、何かきっかけがあるはずです。迷っていない人は、狭い廊下に入ってくることがなく、ベンチの角に足をぶつけることもありませんから。できるだけ分かりやすく、たとえ話をしてみましたが、伝わるでしょうか？

なぜ私たちは迷いに陥るのでしょうか？　疑念（vicikicchā）があるから、迷いに陥るのです。大切なのは、意図があるかどうかです。蚊に刺されたので、蚊を手で払いのけます。すると、手に血がついている。私は、蚊を殺したのだなと分かる。このとき、「悪業を積んだだろうか？」などと迷わないでください。蚊を殺したとき、そうしようとする意図があったかどうか？　そして、そうしようとする意図がなかったとしても、気づき（sati）は必要です。気づきがなければ、迷いに陥ってしまいます。蚊が死んだのを見ても、それが意図的に殺したのではないと気づいていれば、それに囚われることはありません。くよくよと後悔をすることもないでしょう。人から何か言われても、動揺することはなくなります。自分の意図を正確につかむことによって、疑念を克服するのです。そうすれば、瞑想をするときに、何かを思い出して不安になることがなくなります。狭い廊下に入っていくことがなくなるわけです。狭い廊下に入れば、またベンチに足をぶつけてしまいますからね。心に不安がなければ、迷いに陥ることもありません。

私たちの身体こそが、自己なのだという考えがあります。ブッダは、それは正しくないと指摘しました。そのことが腑に落ちると、迷いがなくなります。以前はあらゆる現象がはっきりとしていませんでしたが、今では自己という概念を手放しており、物事に対して疑念（vicikicchā）はありません。その次に、儀式や迷信への執着を意味する、戒禁取という煩悩があります。有身見、疑念、戒禁取は、一体となった煩悩です。身体の真相を見抜き、執着がなくなれば、疑念が消えます。疑念が消えると、迷いがなくなります。そして、五蘊のそれぞれに対して、執着がなくなるのです。

このことを、八正道の観点から説明しましょう。まず、正見から始まります。見解が正しければ、思考も正しいことになり、他のすべての要素も整います。しかし、人によってはこれらの正しさには、限界があるかもしれません。預流果、一来果、不還果、それぞれの段階に応じた正見があります。しかし、それらのどれも阿羅漢の正見には及びません。預流果に悟った段階で、疑念（vicikicchā）は消えています。まだ阿羅漢ではないので限界はありますが、邪見を抱く可能性はありません。正見が確立しているので、邪見が生じる余地がないのです。その人の内に何の問題もないのなら、阿羅漢の段階に達していると言えます。その人の内に何か問題があるのなら、まだ預流果か、それ以前の段階です。彼はまだ阿羅漢の段階には達していませんが、ある種の境地に達しています。より修行が進めば、彼は阿羅漢になります。

「もう限界です。これ以上力を出せません」

という言葉は同じでも、子供と大人では意味が違うように、人にはそれぞれの段階があるのです。最後には、疑念（vicikicchā）は消滅します。すると、心と身体が解放されます。すべては尽きました。心と身体に対して、もはや何の執着もありません。それらに、影響されることはありません。それでも何か残っていたら？　そんなものは犬にでもくれてやってください。

私たちは最初、様々な教えを聞きますが、やがてはそれらを手放さなければなりません。概念に執着してはいけないのです。そこからが、本当の修行です。疑念（vicikicchā）を晴らす力は、修行によって生み出されます。誰かに質問することによって、疑念が晴れるわけではありません。ですが、地道に精進を続けるのは難しいものです。修行の成果だけは早く得たいと思いますが、すぐに怠けてしまいます。ブッダは、

「不断の実践によって、バラモンの心の中の疑念（vicikicchā）は尽きる……」

と説きました。ブッダは、不断の努力の大切さを、私たちに指摘したのです。

何が生じようと、それをしっかりと観察し、理解してください。まだはっきりと理解できないものがあったときは、脇に置いておいても構いません。今日、あなたはこうした説明を聞いていますが、それらはあくまで知識のレベルのものです。それと同様に、まだ明瞭に理解できないものがあった場合は、一旦脇に置いて、修行を進めるほかないのです。暑すぎるというのも、寒すぎるというのもどちらも正しくありません。速いのでも、遅いのでもありません。どこにいるのかも分かりません。そうしたこと

は、自分で知るしかないのです。他人に説明しようとしても、うまくいかないでしょう。話した内容を、信じてもらえない可能性もあります。常に気づき（sati）を保つことによってのみ、理解は進むでしょう。

絶え間なく修行を続ければ、やがて様々な疑問が氷解するときが来ます。ですが、それを期待する気持ちは捨てなければなりません。そうした欲求を手放すことなしに、真実を知ることはできないのです。今、あなたは自分が欲望を抱いていることを知っています。欲望に対する執着を手放せば、それは消えます。物事は瞬時に変化します。悟りを開ければいいが、そうでなくても気にしない、という姿勢で修行に取り組むのがいいです。そうすれば、気持ちも楽になり、修行に励めます。何かを期待して悪戦苦闘するのではなく、淡々と修行に取り組みましょう。

たとえば、ダイヤモンドを持っていたとしましょう。もしダイヤモンドを水中に落としてしまったら、動揺しますよね？　どんなに疲れても気にせず、必死になって水の中のダイヤモンドを探すことでしょう。そうして最後に、ダイヤモンドが見つかればいいが、見つからなくてもしょうがないという心境に至るのです。そうした気分になれば、動揺することなく、家に帰ることができます。

肝心なのは、ダイヤモンドへの執着を手放す瞬間です。

「あぁ！　なんて損失だ！　ダイヤモンドはどこへいったんだ？　なぜこんなことになってしまったんだ！」

などと考え続けるなら、苦しみが増すだけです。ダイヤモンドが戻ってこようとこまいと、それを受け入れることができるのなら、心は安らぎます。冷静さを取り戻せるのです。結果は同じなのですから、興奮して、無駄なエネルギーを浪費する必要はありません。

自分自身を大切にし、気づき（sati）を育てていきましょう。気づきを育てることを最優先にして生活をすれば、間違った行動をすることもなくなります。座って正式に瞑想をするときも、スムーズに集中できます。これは、瞑想実践をする際に、とても大事なことです。気づきを完全なものとするには、たゆまず努力を続けていく必要があります。気づきが強くなればなるほど、智慧（paññā）が生まれます。そうすれば、何が起きても、それに気づくことができるようになるのです。

明晰な気づき（sati）を保つことにより、物事のあるがままの姿を知ると、智慧（paññā）が生じます。気づきのないとき、こうした智慧は生じません。ですから、可能な限り気づきを育てることが大切なのです。気づきは、私たちの智慧を支え、平安な心でいることを可能にするための素晴らしい宝物です。気づきこそが、ブッダであるとも言えます。気づきは私たちを常にサポートしてくれる、助言者です。気づきがあることによって、私たちは目覚めることができるのです。そして気づきは、私たちに自制的な生活を可能とするものでもあります。

微かな煩悩が心の中に残っているのなら、まだ気づき（sati）が完成したとは言えません。きちんと煩悩を直視していないので、それらが心の中に隠れているのです。気づきが十分力強いとき、心は明るくなり、智慧（paññā）もよりはっきりとしたものになります。水を入れた桶を想像してみてください。水が静まり、清らかなら、水面に映った自分の顔を見ることができます。見えるのは、自分の顔だけではありません。水面が非常に静まっていれば、小さな虫が水中に落下するのでさえ、見ることができるでしょう。ですが、水がかき混ぜられ、濁ると、私たちは何も見えなくなります。水面にも、ものが映らなくなります。水が澄んでいれば、部屋の天井がそこに映るでしょう。天井にトカゲがいれば、それも映ります。気づきも、この桶の水と同じようなものです。気づきから生じた智慧によって、自制的で注意深い生活が可能となります。

これまで議論してきたsati《サティ》という言葉は、「思い出す」と訳されることもあります。ここでは、用語上の混乱があるかもしれません。気づき（sati）が生じ、対象を知ると、それは記憶になります。ですが、記憶は無常（anicca）なものですし、薄れていくものです。たとえば、私がジャガローという名前の比丘を、間違えて「パムットー」と呼んでしまったとしましょう。自分では「ジャガロー」と呼ぶつもりなのに、「パムットー」と呼んでしまったのです。こうしたことは、よくあることです。このように、記憶とは無常なものなのです。こうした記憶の不安定さは、年を取るごとに強まります。加齢によって、記憶力が衰えるのです。記憶とは、無常なものです。ですから、それが時間と供に衰えていくのは自然なことなのです。それはあるがままのものですから、受け入れるしかありません。ブッダは、五蘊が無常であるのと同様に、記憶もまた無常であると説きました。ですから、私たちは記憶を「私」とか「私のもの」として執着してはならないのです。

何も起こっていないのなら、それ以上追究することはやめてください。そのときは、ただ、そのままでいればいいのです。たとえば、家で掃除をしているときに、誰からも電話がなければ、ただ掃除を続けていればいいのと同じです。もし誰かが電話をしてきたら、きちんとそれに反応し、相手の用件が何かを確認すればいいだけです。それから、掃除に戻ります。何かあれば反応しますが、何もなければ反応する必要はありません。ただ、おこなっていることに気づいていればよいのです。物事に無頓着になるというわけではありません。起きたことは何であれ、気づく（sati）ようにしてください。放逸であっては、いけません。そして何も起きていないのなら、無理に探し出そうとする必要はありません。感覚の対象に触れれば、私たちは自然とそれに気づきます。

気づき（sati）に守られているとき、心は静まり、智慧（paññā）が生じます。そのようにして、実践を続けてください。

落ち葉を掃くときは、ただ掃いてください。何が起きようと、気づき（sati）を掃くことに向けるのです。放逸になっては、いけません。気づきを保てば、心は自然と集中していきます。掃き掃除とはよいものだ、と思うに違いありません。僧院を掃除するのと同様に、瞑想を通じて心の中の煩悩も掃除しましょう。自分の心を見つめれば、その分、智慧（paññā）も育っていきます。

瞑想を実践すると、私たちの心は安定し、目覚めた状態になります。それはまるで、きれいに掃き掃除をされた小道のようです。ちょっと地面に枯葉が落ちても、すぐに気づくことができます。正しくコントロールされていない心というものは、落ち葉に覆われた小道のようなものです。新たに枯葉が落ちても、すでにある落ち葉にまぎれ、見つけることができなくなってしまいます。

起きている現象を観察することにより、智慧（paññā）は育ちます。事実はただあるがままに生じており、それをあえて解決する必要などないことが分かります。あるがままの事実を受け入れることが、平安への道です。事実を受け入れ、手放すことにより、苦しみ（dukkha）は鎮められるのです。手放せば執着は成り立たず、本当はそこには何もないことが分かります。私たちは「自己」「他者」「存在」などといった概念を使っていますが、それらは世俗諦に過ぎません。勝義諦の観点からは、そういったものは存在しないのです。私たちの身体は、地、水、火、風が寄り集まったものに過ぎません。男性とか女性といったものも同様です。アジア人、欧米人といった概念も同じです。あらゆるものが、地、水、火、風から出来ているのです。すべては同じなのだ、ということが分かると、心が安らぐでしょう。

食べ物について瞑想をするのを想像してみてください。よく観察してみると、そこには何ら特別なものはないことが分かります。食べ物と、それを食べる私たち。その双方が、地、水、火、風から成り立っています。食べるという行為は、四大同士が結合することなのです。それがすべてです。あとは、食べすぎないように注意すればいいでしょう。もし、この事実を受け入れないなら、私たちは苦しむことになります。食事をするとは、単に四大が結合するだけのことなのだと理解すれば、気持ちが軽くなるのです。

こうしたことを理解して、修行を続けてください。物事をこのように見れば、苦しみ（dukkha）は減っていきます。苦しみを滅するためには、まず少しずつ減らしていく必要があります。修行を通じて、そうしたことが実感されるはずです。私はここにいる修行者たちを、何年にもわたって指導してきました。ですから、その成長の度合いが分かります。自分の心を観察してみてください。以前と比べ、大きな違いがありますね。なぜ、変化したのでしょうか？　かつては強く執着していたものを手放すことによって、そうした変化は生じたのです。

私たちは普通、手っ取り早く修行が完成することを望みます。一日も早く悟りを開きたいと望むのは普通のことですが、実際にはそれはあり得ないことです。かつて、わずかな瞑想実践で阿羅漢となった人々の記事を読んだ、一人の比丘がいました。彼はこう考えました。

「どうして自分はうまくいかないのだろう？　瞑想の方法が間違っているのだろうか？」

彼は混乱し、托鉢用の鉢や蚊帳を担いで森に行きました。しかし、心は静まりません。仕方なく別の森に行きましたが、そこでも修行はうまくいきません。森から森へと彼は渡り歩きましたが、心が静まることは決してありませんでした。山奥に行っても、心は平安になりません。どこに行っても、彼は心が平安になることはありませんでした。依然として、心は混乱したままです。彼の混乱の理由は、心が平安になるかどうかは周囲の環境に依存すると考えたことです。もちろん、環境は重要です。ですが、心が平安になるためにより重要なのは、正見があるかどうかなのです。そこにこそ、真の平安があるのです。

邪見を抱くと、心は平安を求めて活発に活動します。

「山奥で暮らせば、心は平安になるだろうか？　そこでなら、煩悩を滅することができるかもしれない」

先ほども言いましたが、環境は確かに大切です。ですが、環境が整っているからといって、心が静まるわけではないのです。ですから、邪見を抱いた人の心は静まりません。誰かが、

「あの山が修行にうってつけですよ」

と言えば、それを信じてしまいます。そしてうまくいかないと、また別の場所を探すことになります。常に、失望の連続です。

「あそこの瞑想指導者は、評判がいいらしいですよ。そこに行って修行してきたらどうですか？」

といった噂話に、振り回され続けるのです。あらゆる山、あらゆる瞑想指導者のもとを訪れたところ

で、きりがないでしょう。最後には、悟りなど開くことはできないと判断して、修行をやめてしまうかもしれません。真の平安は、どこにあるのでしょうか？　それは、正見を身に着けることによって、得られるのです。正見を身に着けていれば、どこにいようと私たちは平安でいられるのです。

静かな環境で暮らしていると、煩悩を克服したのかどうか分からなくなることがあります。静かな環境では、実際にはまだ煩悩が残っているのに、それに気づかず、穏やかに過ごすことも可能です。すると、そうした環境に慣れ、居心地がよくなってしまいます。そうした場合、どこか別の場所に行っても居心地が悪く、またどこか修行にふさわしい場所を求めて、さまよい歩くことになってしまうでしょう。

実際に、善い心を持った人が修行に取り組むと、おかしくなりそうになることがあります。修行によって、あらゆる種類の苦しみや混乱が引き起こされるからです。私にも、そうした経験があります。自尊心を抱えたまま、あちこちを歩き回り、常に何かよりよいものを探し求めていました。何を見ても、「これは大きすぎ。小さすぎ。長すぎ。短すぎ」と不満を抱えていたのです。これならよい、と思えるものは何もありませんでした。ダンマから外れてしまっていたので、常に苦しい状態でした。こうした狂気に満ちた状態から脱し、平安に暮らすためには、修行が不可欠なのです。

第５章

ビーイング・ダルマ

Being Dharma

因果を超えて

かつて、私は数人の比丘たちと共に暮らしていたことがありました。私たちは森の中で電気もなく生活をしていましたが、小さな瞑想ホール（sala）と祭壇を持っていました。ある比丘が祭壇のそばで本を読んでいると、ろうそくの火が燃え尽きました。そこでその比丘は本を閉じると、そのままその本をそこに置いて立ち去りました。しばらくして別の比丘がそこにやってきて、暗闇の中で本を踏んでしまいました。彼は本を手に取ると、

「おやおや。気づき（sati）の足りない比丘の仕業だな」

と思いました。なぜ、その比丘はきちんと本を片づけなかったのでしょうか？

彼は本を置いたままにした比丘を見つけると、こう尋ねました。

「なぜ本をちゃんと片づけておかなかったのですか？　私は本を踏んでしまいましたよ」

それを聞いた比丘は、弁明しました。

「本を踏んだのは、あなたの注意不足でしょう。気づき（sati）が足りないから、あなたは本に気がつかなかったのです」

本を踏んだ比丘は、

「なぜちゃんと本を片づけておかなかったのですか？」

と繰り返しました。

二人の比丘は、口論を続けました。一人は本をきちんと片づけないことを責めます。もう一人は、不注意で本を踏んだことを責めます。理詰めで考えても、答えは出ません。堂々巡りを続けるだけなのです。

真のダンマを学ぶのなら、原因と結果という考えを手放す必要があります。ダンマとは、そうしたものを超越したものです。ブッダは悟りを開くことによって、煩悩を滅却し、苦しみ（dukkha）に終止符を打ちました。これは、因果を超越しています。そのときもはや、苦しみも幸福（sukha）も存在しないのです。ブッダが説いたダンマは、私たちの暮らしを平安に導き、因果を清める効果がありますが、因果の論理に囚われると、本を踏んで喧嘩になった二人の比丘のように、きりのない思考に陥る危険があります。彼らの論争に、終わりはありません。そんなことに関わっていては、永遠に平安に至ることなどはできません。

私たちは、因果の法則について学ぶ必要があります。幸福（sukha）や苦しみ（dukkha）は、どのような原因から生じるのか知ることは、大事なことです。私たちの行為が原因となって、結果が生じるのです。しかしながら、ブッダが悟ったダンマとは、生と死、幸福と苦しみ、原因と結果といったものを超越した平安のことです。こうした話を聞くと、疑念が生じるかもしれません。ですが、これは重要な話なのです。こうしたダンマこそが、真の平安をもたらすものなのです。

早く修行の結果が出てほしいと願うことは、ダンマの法則に反します。それは、単なる欲です。欲に従って行動すれば、きりがありません。ブッダの弟子に、アーナンダという比丘がいました。彼は、誰よりも強い信（saddhā）を持っていました。ブッダの入滅後、結集がおこなわれることになりました。結集に参加できるのは、阿羅漢のみです。アーナンダ比丘は阿羅漢に達することを決意し、修行に励みました。けれども、修行はうまくいきませんでした。彼の心は、まだ阿羅漢の段階まで育っていなかったのです。アーナンダ比丘は段々あせってきました。

「明日はもう結集だ。阿羅漢の方々は皆出席するが、私は阿羅漢ではないので参加できない。どうすればいいのだろうか？」

アーナンダ比丘は、夜を徹して瞑想をすることに決めました。必死に取り組みましたが、疲れが増すばかりです。ついに彼は、少し休憩を取ることにしました。明け方、アーナンダ比丘はベッドに枕を置くと、横になろうとしました。

横になろうと決心をしたとき、アーナンダ比丘の心は阿羅漢になりたいという執着を手放していました。それから身体を横たえ、彼の頭が枕に触れようとした瞬間、アーナンダ比丘はダンマを観ました。そして、即座に阿羅漢に悟ったのです。

意図的に執着を完全に手放すことは、不可能です。何年修行に取り組んでも、それはうまくいかないでしょう。けれどもアーナンダ比丘が瞑想を実践することを止め、阿羅漢に悟ろうとする願いを一旦脇に置き、休息を取ろうとしたその時、気づき（sati）は確立し、あらゆる執着は手放されました。そうして、彼は悟りを開いたのです。実際のところ、アーナンダ比丘は何も特別なことをする必要はなかったのです。悟りを開く前、彼は瞑想を実践し、何か特別なことが起こることを期待していましたが、そのようなことは生じませんでした。休憩を取ることもありませんでしたが、ダンマに目覚めることもありませんでした。

悟りを開くには、智慧（paññā）に対する執着も手放す必要があります。悟りとは、無理やり力ずくで得られるようなものではなく、気づき（sati）を伴った無執着の心から生じるものです。アーナンダ比丘が休憩を取ろうとしたとき、心の中に何の執着も存在しませんでした。そして心の中が空白になった瞬間、即座にアーナンダ比丘は悟ったのです。アーナンダ比丘は、自分がどうすればいいのか理解していませんでした。彼はただ、自分が求めるものが得られないと感じていました。ところが、その悟りへの欲望こそが、彼を悟りから妨げるものだったのです。これ以上どうすることもできなかったので、アーナンダ比丘は休憩を取ることにしたのです。

アチャン・チャーの遺骨を納めたストゥーパ。
タイ国、ワット・パー・ポンにて。

悟りとは、言葉で伝えるのが難しいものです。間違った考えを抱いていると、修行を進めるのは困難になります。たとえば、ブッダはニッバーナとは、そこに人が住めるような場所ではないと説きました。今、ここには屋根と床がありますね。屋根と床が消滅したら、そこには何も残りません。疑問の余地はありませんよね？　屋根と床の間には、空間があります。そこには、私たちは留まることができません。それは、まだこの世界に存在していない、不生の場所だと言えます。私たちが暮らせるのは、あくまで建物の一階、二階といった部分です。ですから「不生の場所」などと言っても、人々は理解することはできないでしょう。

世間の人々は、執着を手放すことには興味を示しません。手放すことによって、何が生じるのでしょうか？　建物の上の階に行くことは、何かが生じることです。高い場所で過ごすと、気分がいいかもしれません。反対に、下の階に行くことは、楽しくないかもしれません。いい気分になることが、苦しみを生み出す原因となるのです。私たちは、喜びと苦しみの双方に執着しているのです。なぜなら、それらがあるが故に、何かが生じるのですから。何も生じないことには、誰も関心を示しません。そのようなことは、想像するだけでも困難なことです。

ブッダは「不生」という表現で、無執着について語っていたのです。執着があるがゆえに、苦しみ(dukkha)は生じます。私たちは執着を手放すことを拒むにもかかわらず、平安を望みます。常に何かを生み出す限り、平安に至ることはできません。不生など、想像することもできません。私たちは、煩悩や習慣に突き動かされて生きているのです。

ブッダは、ニッバーナとは、有《う》(bhava《バワ》)*や生を超越したものであると説きました。世間の人々は、このことを理解していません。世間の人々が理解できるのは、有や生のみです。有が存在しないのなら、どこに住むこともできません。どこにも住むことができないのなら、私たちはどうすればいいのでしょうか？　どのようにして存在すればいいのでしょうか？　世間の人々は、この世界で生きることを望みます。彼らは生まれ変わることは望みますが、死ぬことは望みません。しかし、そんなことがあり得るでしょうか？　あり得ないことを望めば、大きな問題を抱えることになります。世間の人々がこうした考えを抱くのは、不満足（dukkha）ということを正しく理解していないからです。

「私は生まれたいが、死にたくはない」

彼らの望みは、これに尽きます。

ブッダは、私たちはこの世に生まれてくるからこそ、死ぬのだと説きました。もし死にたくないのなら、この世に生まれてこなければよいのです。世間の人々は、死にたくないと言います。それなのに、来世の再生も願うのです。そうした人々を説得することは困難です。欲望に執着していますからね。そのような人々が執着を手放すことの大切さを理解するのは、大変難しいことでしょう。

煩悩や渇愛についても、同じことが言えます。ブッダは、寂静について説きました。柱を建てる場所が存在しないとき、どうやって建物を建てることができるでしょうか？　それは、不生の場所です。しかしながら、このようなことを話しても、世間の人々は理解できないでしょう。自己（attā）について説いても、そうした考えを受け入れることはありません。自己とは、世俗諦のレベルのものに過ぎません。勝義諦のレベルにおいては、自己は存在しません。それは原因と縁によって、一時的に生じているものにすぎないのです。ところが、私たちはそれを自己であると勘違いし、執着してしまいます。「私」という概念に執着すれば、「私のもの」という概念も生じます。けれども、世の中の人々は、このようにして「私」という概念が生まれることすら知らないのです。そして、

「私は生まれ変わりたいけど、死にたくはない」

と言うのです。

預流果に悟り、真の智慧が生じたのなら、何かを欲望する主体といったものは存在しないのだということが分かるでしょう。ニッバーナとは、求めて得られる対象といったものではありません。ニッバーナは、欲望の対象にはなり得ません。ニッバーナの持つ、このような性質は、理解するのが難しいものです。

ダンマとは、人に説明したり、与えたりできるものではありません。私たちの両親は、それを私たちに与えたいと思うかもしれませんが、彼ら自身、それが何であるか理解しておらず、手渡す手段を知らないのです。ダンマを理解するには、自分自身で知るしかありません。ダンマについて他人に語ることは可能ですが、それを相手がきちんと理解しているという保証はありません。相手に正しい理解がなければ、話は通じません。ですからブッダは、

「如来はただ道を指し示すだけである」

と言ったのです。私も最近よくこの言葉を使っています。説明するのは私の仕事、実践するのはあなたたちだと。あなたたちは自ら実践し、理解する必要があるのです。そうすれば、あなたたちの心に驚くべきことが生じるでしょう。経典には、世間の人々がブッダにニッバーナについて尋ねたときの話があります。ブッダがニッバーナについて詳細に解説することを断ると、世間の人々は、ブッダはニッバーナがどんなものであるのか知らないのだと言い始めました。そんなことがあり得るでしょうか？ニッバーナとは、私たち個々人が、自ら実証するものに他ならないのです。

こうした話を聞いても、そのまま鵜呑みにするのはよくありません。それはまだ、本当かどうか分からないのですから。他人の言うことをそのまま信じる者は、愚かであるとブッダは言いました。ブッダ

は他人から何かを聞いたら、自分でもそれを試して、体験することが大事だと説いたのです。人の話を聞くときには、まずは否定することなく、傾聴する。そのうえで、その話をただ鵜呑みにするのではなく、確かめてみる。信じる、信じないという問題ではないのです。それはひとまず脇に置いておいて、自分の能力の及ぶ範囲で、じっくりと検討することが大事です。

世の中には、二つの両極端な生き方があります。私たちはそのどちらかに傾きがちで、中道に身を置くことを好みません。中道とは、孤独な道です。魅力的なものに出会うと、私たちはすぐにそれに飛びつきます。そして反対に嫌悪を抱くものに出会うと、それにも反応します。そうしたものに反応しない人というのは、稀なのです。ブッダは、そうした両極端な道を歩めば、心は静まらないと説きました。私たちは、喜び（sukha）と苦しみ（dukkha）の双方から解放される必要があります。それらのどちらも、平安への道ではないからです。喜びと苦しみの双方から解放されれば、私たちは平安へと至れます。「私は幸せだ！」と感じているとき、それは本当の幸せではないのです。そう感じた瞬間に、将来の苦しみが準備されています。このことに、よく注意してください。修行をするときは、喜びと苦しみの双方を注意深く観察してください。そして、それらから離れた、中道を歩むのです。私たちが求めるのは、喜びと苦しみではなく、平安なのですから。それこそが、正しい修行の道なのです。

ダンマを学べば、私たちは自然と無執着へと導かれます。ですが、私たちは無執着ということに対して、正しい知識を持たなければなりません。正しい知識があれば、苦しい修行にも耐えることができます。そうすれば、常に熱意を持って、コツコツと修行を続けていくことができます。それが、実践というものなのです。

修行が完成したら、もうダンマに用はありません。ダンマとは、木を伐るための、のこぎりのようなものです。木を伐り終わったら、私たちはのこぎりを地面に置きます。もう、必要ありませんからね。ダンマも同じです。ダンマとは、悟りを得るための道具です。道果を得たのなら、私たちはダンマを手放します。木を伐り終わった後に、のこぎりを持ち続ける必要はないのです。

木は、木です。のこぎりは、のこぎりです。修行の最終地点に到達したとき、私たちの渇愛と無明は断ち切られます。木が伐られたのです。伐られた木を、それ以上伐る必要はありません。のこぎりを、地面に置くべきです。修行者とダンマの関係は、そうしたものです。修行が終わっていない人にとっては、ダンマは必要です。ですが、修行が終われば、もうダンマは必要ありません。その時が来れば、自然とダンマを手放すことができます。物事に執着したり、意味を追求したりしなくなると、もはや何もすることがなくなります。それこそが、真の平安なのです。

このような話を聞くと、様々な疑問が生じるでしょう。

「自分も修行を完成させることができるだろうか?」

と感じる人もいるかもしれません。遠い世界の話に聞こえるかもしれませんが、そのようなことはありません。あなた自身の心の中に、それはきっと見出せるはずです。物事とは、確かなものではないと理解するのです。

「これは本当のものではない。それも本当のものではない」

と確認していくのです。では、本当のものとはどこにあるのでしょうか? それは今、ここに存在するのです。ですがそのように聞いたからといって、

「今、ここにあるもの？　それはどのようなものかな？」

などと想像をするのはやめてください。物事への執着、判断、推測といったことをやめ、ただ放っておいてください。私たちはこれまで何度も何度も物事に振り回され、常に苦しみ（dukkha）の状態にあったのです。

今、ここであなたの疑念に終止符を打つのです。決着をつけるのは、今をおいて他にはありません。

ニッバーナに至る縁を生み出す

仏道を学ぶ際に、道徳は不可欠です。道徳は、私たちの意思に宿ります。日常生活の振る舞いや発言において、他人に害を与える行為や不正をしないということを心掛ければ、道徳が身につきます。このことは、よく理解しておくべきことです。他人から戒（sīla）を授かるのもいいですし、自分自身で戒を守ると誓っても構いません。何が守るべき道徳か分からない場合は、他人にアドバイスをもらうのもいいでしょう。それほど難しい話ではありません。あなたが心から道徳的に生きたいと願うのなら、その瞬間から道徳的な生き方を実践していると言えます。それは、いつでも私たちの周囲にある空気のようなものです。呼吸をするとき、私たちはいつも自分の周囲の空気を吸っています。善行為や悪行為についても、同じことが言えます。もし、心から善行為をすることを願うのなら、いつでも、どこでもそれは実践可能です。独りで実践しても、みんなと一緒に実践しても構いません。悪行為についても、同じことが言えます。独りでも、他人と一緒でも悪行為は実践可能です。公の場所でやるか、隠れてやるかも、あなた次第です。

道徳を備えていれば、ダンマの修行を着実に進めていくことができます。道徳とは、何をしてもよく、何をしてはいけないかを知ることです。ダンマとは、物事が自然の中でどのように存在しているかを知ることです。

ブッダは私たちに、自然を知り、それを手放すことを説きました。自然をただ、その縁のままにしておくことが大事なのです。これは物質の世界についての話です。心については、その縁のままにしておいてはいけません。心は、鍛えることが必要です。心は私たちの身体や話す言葉の教師とも言える存在ですから、しっかりと訓練をする必要があります。心を自然の衝動のままにしてしまうと、動物のようになってしまいます。ですから、訓練が必要なのです。心の自然な状態を知ることは大事ですが、自然のままに任せてはいけないのです。

この世に生まれてきた私たちは、誰もが欲（lobha）、怒り（dosa）、無知（moha）を持っています。欲は私たちに様々なものを渇望させ、心を乱します。ですが、衝動に任せて行動してはいけません。それは、あなたに苦しみ（dukkha）をもたらすだけです。そうした生き方をするより、ダンマを学んだほうがいいのです。

嫌悪感が心の中で生じると、それは怒りとして外面に表れ、場合によっては物理的に誰かを攻撃したり、最悪の場合殺人にまで至ることがあるかもしれません。ですから、私たちは衝動にまかせて行動してはいけないのです。私たちは、今何が起こっているのかを、理解することができます。物事を観察し、それを心で判断することができるのです。それが「ダンマを学ぶ」ということです。

無知（moha）についても、同じことが言えます。無知が心の中に生じると、私たちは混乱してしまいます。もし、無知な状態を放置するのなら、私たちはいつまで経っても愚かなままです。ですから、ブッダは私たちに、心を鍛え、自然とは何かを正しく知るようにと説いたのです。

私たちは、この世界に心と身体を持って生まれます。成長すると共に、この心と身体は変化を続け、最後にはこの世界から消滅します。それが、存在というものの持つ性質なのです。その事実を変えることはできません。私たちにできることは、ただ心を育て、時が来たらすべてを手放すということだけです。それは人間の力を超えた普遍的な法則です。ブッダが説いたダンマは、私たちに身・口・意の三業を調え、健全に生きることを促すものです。ブッダは人々が世俗の考えや、衝動に惑わされないように、心を育てることを説きました。そしてブッダは、私たちに世間を観察することを教えました。ブッダの教えは、世間を超越しています。ブッダは、世間から脱出する方法を説いたのです。

それは、泥の水たまりの中に落ちているダイヤモンドのようなものです。表面がいくら泥で汚れても、ダイヤモンドの輝きが損なわれることはありません。泥がついていようと、その価値は変わらないのです。泥は泥、ダイヤモンドはダイヤモンドで、いくらそばにあっても決して混じり合うことはありません。

ブッダが説いたのは、苦しみ（dukkha）を終わらせる道です。では、どのように苦しみに終止符を打てばいいのでしょうか？　自分の心の中の思考や感情を学ぶことによって、苦しみに終止符を打つことができるのです。実践すべきことはそれだけです。習慣になってしまっているものの見方や感情を変えることによって、私たちは人生におけるあらゆる苦しみや不満（dukkha）から解放されます。ものの見方を変化させることによって、私たちはそれまでの顚倒《てんどう》した認識を超越することができるのです。

ブッダが説いたダンマは、私たちにとって遠い世界の話ではありません。ブッダは、自己（attā）とは何であるかを説きました。真に自己であると言えるものは、この世界には存在しません。ブッダのあ

らゆる教えは私たちに、

「これは自己（attā）ではない。これは『私のもの』ではない。『私』とか『他人』といったものは、存在しない」

ということを説いたものなのです。ですが、そのような話を聞いても、私たちはすぐに正しく理解することはできません。過去の習慣で

「これは私だ」

「これは私のものだ」

と思ってしまうのです。私たちは物事に執着し、それに意味を与えます。しかし、そのようなことをしていては、物事を正しく理解することはできず、混乱は深まるばかりでしょう。もし私たちが、ブッダが説いたように自己というものは存在せず、身体も心も自己ではないと理解したのなら、無我（anattā）を知るに至ったと言えます。本当は「私」とか「他人」といったものは存在しないのです。喜び（sukha）は、単に喜びです。感覚は、単に感覚です。記憶は、単に記憶です。思考は、単に思考です。それらはすべて、ただそれら自身でのみ生じるものです。善は、ただ善です。悪は、ただ悪です。幸福（sukha）にも、苦しみ（dukkha）にも、実体はありません。それらはただ、一時的な状態として存在するだけです。幸福、苦しみ、暑さ、寒さ、存在、人といったものは、一時的な状態として生じたものにすぎないのです。私たちは、本当は物事とはシンプルなものだと理解することが必要です。この世界に存在するのは、地、水、火、風の四大だけです。このことを、よく参究してみてください。そうすれば、最終的には私たちの認識は変容するでしょう。「私」や「私のもの」が存在するという感覚

は、次第に失われていきます。すると比例して、無我に対する確信が強まっていくでしょう。

無我（anattā）が完璧に理解できたのなら、私たちが普段とても大切にしている人間関係、富、業績、地位などといったものを、毎日着ている洋服のように扱えるようになります。新しい服を手に入れると、私たちはそれを着るようになります。服が汚れれば、洗います。何度も洗い、くたびれてくると、その服は捨てられます。何の不思議もない話ですね。私たちは常に古いものを手放し、新しいものを使うようになるのです。

無我（anattā）を理解すると、この世界で起こる様々な出来事に対して、同じ感情を持つようになります。もはや、何が起こっても、泣いたり喚いたりすることはありません。苦しめられることもありません。以前と変わらず様々なことが起こるでしょうが、そうした物事に対する、私たちの理解や感情が変化するのです。そのとき私たちの智慧は研ぎ澄まされ、真理を理解します。これは、この世界における、最高のレベルの智慧です。ブッダは、私たちが知るべきダンマを説きました。そしてそのダンマは、私たちの身体と心の内に見出すことができるものです。どこか遠くへ行って、見つけ出さなければならないものではありません。ですから、今すぐ私たちは、自らの内にそれを見出すべきなのです。

人間の世界に生まれてきたものは誰しも、最後には敗北します。私たちはこれまで、たくさんの人が生まれては死んでいくのを見てきました。ですから、生まれてきた以上、必ず死ぬということは理解していますが、そのことについて徹底的に考えるということはありません。子供が生まれると、私たちは喜びます。誰かが死ぬと、私たちは泣きます。それは果てしなく続き、私たちの愚かさは尽きることがありません。誕生に対しても、死に対しても、私たちは愚かな反応を示します。結局私たちは、愚かさの塊なのです。

誕生や死を、きちんと見つめてください。それらの現象は、自然なものです。それらは、私たちが観察するべきダンマなのです。そのことをはっきりと理解し、日常生活において、きちんと自分をコントロールするようにしてください。死を恐れるよりむしろ、下層の世界に再生することを恐れるべきです。地獄に生まれるのが怖くはありませんか？　世間には自分のおこないに無自覚な人がたくさんいます。

「悪いことをしたら、何か問題があるのか？　死んだ後のことなんか、知らねえよ」

というわけです。彼らは自分たちが未来のための新しい種子を植えていることに、無自覚なのです。彼らが気づくのは、実った果実だけです。今目の前にある現象に夢中ですが、それが過去の行為の結果であることに気づいていません。そして、今現在のおこないが、将来の結果の種子となることも、理解していないのです。それらの種子は、今はまだ結果として表れていませんが、将来必ず実るものです。無知（moha）ゆえの愚かな行為は、こうして決して止むことなく続いていきます。やがて彼らは自らの行為の報いを受けることになりますが、どうしてそのようなことになったのかを考えることはないのです。

人生においてどんなことを経験しようと、それがずっと続くことはありません。ですから、時間を無駄にしないでほしいのです。一刻も早く修行に打ち込んでください。あらゆるものが失われるのだということが、心底納得がいくまで、物事を観察し続けるのです。疑念や後悔が生じたときは、それらは永続するものではないことを思い出してください。そのように物事を受け止めれば、必ず智慧（paññā）が生じるはずです。

幸福（sukha）や苦しみ（dukkha）が生じるとき、それと同時に智慧（paññā）が生じます。もし、幸福や苦しみの真の姿を知っているのなら、私たちはダンマを知っていると言えます。ダンマを知っているのなら、世間を明晰に見通すことができます。反対に世間を明晰に見通すことができるのなら、ダンマを知っていると言えます。けれども、私たちの多くは、何か嫌なことがあったら、それをしっかりと観察しようとはしません。嫌悪感が、そうすることを邪魔するのです。誰か嫌いな人がいたら、その人の顔を見るのも嫌だし、近づきたくないと思ってしまう。彼の家を見たり、彼の飼っている犬を見かけただけで、嫌な気持ちになってしまうことすらあるのです。ですが、そうした振る舞いは、愚かな人のすることです。賢い人は、そのようなことはしません。好感を持った人がいたら、親しくなりたいと思う。彼と仲良くなるためなら、あらゆることをする。これもまた、愚かな人のすることです。それらは同じことで、コインの裏表のようなものです。コインの表を見ているとき、裏は見えません。反対に、コインの裏を見ているとき、表は見えません。快楽は苦痛を隠し、苦痛は快楽を隠すのと同じです。不善は善を隠し、善は不善を隠します。コインの片面だけを見ていては、物事の真の姿を理解することはできません。

生きているうちに、全力を尽くしましょう。観察を続け、事実とそうでないものを区別し、物事が本当はどうなっているのか、理解するのです。最後までそれをやり抜けば、必ず平安に到達できます。あらゆる執着から解放された境地に達することは、可能なのです。

生きている間は、注意深く生活をする必要があります。たくさん瞑想、布施、経典の読誦をし、心を育てるのです。そうすれば、無常（anicca）・苦（dukkha）・無我（anattā）が理解できるようになるでしょう。無常・苦・無我という真理に内心抵抗があっても、ただ、今この瞬間を見つめ続ければいいのです。それなら、可能でしょう？　そうすれば、必ず私たちは世間を超越することができます。生きながら、出世間的なものの見方を身に着けることは、可能なのです。ブッダの教えは、私たちのものの見方を根底から覆します。私たちに求められているのは、ものの見方の転換なのです。それを実現するために、空を見上げたり、地面をじっと見る必要はありません。私たちが見つめなければならないのは、自らの心です。そしてそれは、あらゆる瞬間に観察することができるものです。

これこそが、ブッダの教えなのです。ブッダは、神々、悪魔、精霊などといった、神秘的なことについては、説きませんでした。ブッダが説いたのは、私たちが自分自身で確認することができる真理のみです。私たちの髪、爪、肌、歯といったものを観察すれば、そこに真理が観えます。以前は黒髪だったのに、今では白髪になっています。そうした事実を直視できますか？　通常、それらの事実は受け入れ難いので、私たちはそれを直視したがりません。しかし、ブッダはこうしたものを天使（deva《デーヴァ》 - duta《ドゥータ》）と呼びました。それらは私たちに、

「あなたの髪は、今や白髪となりました。あなたの視力は、以前より衰えています。あなたの背中は、曲がってきました……」

などということを、告げているのです。彼らは、私たちに無常（anicca）という真理を教える優れた教師です。そしてそれは、私たちを厭離へと導きます。自分の身体を少しでも観察してみれば、そのことは明らかになるはずです。

もしそうした肉体的な変化を真剣に観察するなら、智慧が生じます。実践不可能なことなら、わざわ

ざブッダはそのことについて話したりはしません。通常、私たちは自己（attā）というものが存在するという前提で話しています。「私」や「あなた」といった概念を使って話をするわけです。しかし、そうであっても、常に無我（anattā）という真理を思い起こすことは可能です。過去、何世紀にもわたって、一体何人の仏教徒が、悟りを開いたのでしょうか？　私たちが物事を真剣に観察するのなら、悟りを開くことは可能です。ダンマとは、そういったものです。

ですから、ブッダは私たちにダンマを基準として生活をするようにと説いたのです。日常生活において、自分の考え、願望といったものを基準としたら、どうなりますか？　自分を見失ってしまうのではありませんか？　他人の考えを基準とするのも考えものです。それでは、他人の操り人形になってしまいます。ですから、自分や他人の考えを基準として生きてはいけないのです。私たちは、ダンマを基準として生きるべきです。ダンマは、特定の人格に従うものではありません。それはただ、真理に従うものです。ですから、ダンマは人々の好き嫌いといったものに一致するものではないのです。好き嫌いのような習慣的な反応は、真理とは何の関係もないものです。

このことを心に留め、徹底的に修行に打ち込めば、必ずよい結果が得られるでしょう。なぜ、私たちは苦しむのか？　それは、智慧が足りないからです。物事の始まりと終わりを理解していない。言い換えるなら、物事の原因を理解していない。これが、無明（avijjiā）です。無明は、様々な欲望を生み出します。そして、私たちはその欲望に駆り立てられ、苦しみの原因を作ります。原因があるのですから、やがてそれらは苦しみという結果を生むことになる。薪にマッチで火をつけて、暖かくならないということがあるでしょうか？　火をつけているのは、私たち自身なのです。自分で、苦しみの原因を作っているのです。

そのことが理解できれば、自然と道徳的な感情が生まれてくることでしょう。そのとき、ダンマもまた生じます。ですから、しっかりと道徳を身に着けることが大切なのです。ブッダは、物事に備えることの大切さを説きました。ですが、だからといって、過剰に心配したり、疑念を抱く必要はありません。ただ、自分の心を見つめればいいのです。欲望や危険から離れていれば、安全です。ブッダは、

「ニッバーナに至る縁を生み出しなさい（Nibbāna《ニッバーナ》 paccayo《パッチャヨー》 hotu《ホートゥ》.）」

と説きました。ニッバーナに至る原因は、物事を空《くう》と観察し、あらゆるものが滅尽してしまっていると理解することによって生じます。もはや原因を生むことなく、「私」や「私のもの」といったものが存在しない場所を、ひたすら見つめるのです。この観察が、ニッバーナに至る原因、または縁となります。あとは、ただコツコツと実践に励むのみです。戒（sīla）を実践することも、ニッバーナに至る原因となります。法話を聞くことも、ニッバーナに至る原因となります。このように、あらゆるダンマの実践が、ニッバーナに至る原因となるのです。しかしながら、私たちがニッバーナを目指さず、自己（attā）や他者といった概念に執着するのなら、ニッバーナに至ることなど、到底不可能です。

世間の人々は、自己（attā）というものが存在すると、信じて生活をしています。私たちも彼らと話すと、自己というものが存在すると感じます。ですが、それは事実ではありません。実感としてそれが正しいと思っても、本当はそうではないと思い起こすことが大切です。幽霊を怖がる子供を、想像してみてください。その子供の両親も、本当は幽霊が怖いかもしれません。ですが、そのことを子供に話すことはできません。そんなことをすれば、子供は余計に不安に思ってしまいますから。ですから、

「お父さんは、幽霊なんて全然怖くないよ。お母さんがそばにいるから、心配しないで。幽霊なんて、いるわけないよ。怖がることなんて、何もないよ」

と言わなければならないのです。内心では、父親も幽霊が怖いかもしれないのです。ですが、そんなことを子供に言えば、家族みんなが不安に陥ることになります。パニックを起こし、皆で家から飛び出してしまうことすらあるかもしれません！

そのような振る舞いをするのは、愚かなことです。どうか物事をきちんと観察し、どう対処すればいいのかを学んでください。物事の外面に惑わされずに、それが本当に存在するのかどうか、見抜く必要があります。習慣化した行動に抵抗し、学びを深めるのです。自己（attā）が存在すると思いそうになったら、

「それは事実ではない」

と自分に言い聞かせる必要があります。洪水が起きたら、水の流れに流されずに、水面に浮かび続ける必要があります。世間の習慣は、水の流れのようです。それに流されてはいけません。水は私たちの心の内からあふれ出てきますが、その流れに惑わされてはならないのです。洪水の時、自分の家を守れるのは、自分自身だけです。他人にそれを期待することはできません。私たちは、自分で自分の心を守らなくてはならないのです。

ニッバーナに至る縁を、生み出してください（Nibbāna paccayo hotu.）。人生において、それ以外に何か目標とするものなど何もないのです。そんなことより、ただひたすらニッバーナを目指すことが重要です。ニッバーナを目指して実践を続けていれば、世間的な評価なども自然と高まります。棒や籠

ならないでください。短い棒で無理やりマンゴーを取ろうとするなら、そのような道具を用意しているのに、マンゴーの収穫すらできない人のようには、ならないでください。

といった道具を用意しているのに、マンゴーの収穫すらできない人のようには、ならないでください。短い棒で無理やりマンゴーを取ろうと棒を持っていても、長さが十分でないとマンゴーに届きません。地面に落ちたマンゴーは、傷んでしまいます。すれば、誤って果実を地面に落としてしまいかねません。地面に落ちたマンゴーは、傷んでしまいます。私たちはた功徳や善業を積み、悟りの原因を作れば、それ以外に多くのことを望む必要はありません。私たちはただひたすら、ニッバーナを目指せばよいのです。戒（sīla）を守る、心を静めるといった努力は、最後には一つのところに行き着きます。寂滅こそが、私たちのゴールです。

生涯を通じて、私たちは本当に多くのことに悩まされます。親しい人が亡くなったとき、私たちは悲嘆にくれます。しかし、そのように悲しむことは、愚かなことです。なぜ、泣いているのですか？　死後、亡くなった人がどこに行くのか、知っているのですか？　まだ生きることに執着しているのなら、彼らはこの世界から消え去ることはありません。大人になって、上京した青年を想像してみてください。都会に暮らしていても、彼は自分の両親を忘れることはないでしょう。他人の親は、本当の親の代わりにはなりません。帰省をしたら、友達の家より真っ先に、実家へ行くでしょう。再び都会へ戻っても、彼が考えるのは、実家のあるウボンラーチャターニーのことばかりです。彼にとって故郷と言えるのは、ここウボンラーチャターニーだけなのです。

私たちは死に、何度生まれ変わろうと、再生の原因が存在する限り、またこの世に生まれてくることでしょう。こんなことを聞くと、恐ろしくなりますか？　どうか泣いたりしないでください。冷静になって、考えてみましょう。

「業（kamma）によって、私たちは様々な場所に再生する」

と言われています。私たちは、様々な生命として輪廻（saṃsāra）を繰り返しますが、その記憶はありません。ですから、輪廻から決して抜け出すことはできないのです。風で木から落ちるマンゴーの果実のように、為すがままです。ブッダは

「ニッバーナに至る縁を生み出しなさい（Nibbāna paccayo hotu.）」

と説きました。私たちの人生における唯一の目標は、ニッバーナに至ることです。ですから、目標を達成するために、ひたすら修行に打ち込んでください。為すがままに生きるマンゴーの果実のようには、決してならないでください。

人生の目標がしっかりと定まれば、心の平安が得られます。ニッバーナを目指すことを決意し、それを体験できるよう努力してください。自分自身でニッバーナを体験することが、大切です。ニッバーナを体験したのなら、それ以外に何を求めることがあるでしょう？　そのとき、戒（sīla）は自然に整い、ダンマが顕現します。

ものの見方が転換すると、私たちの人生とは、木から葉が落ちるようなものだということが分かります。秋になれば、木々は落葉します。春になると、木々は芽吹きます。秋になると落葉するからといって、泣いて悲しむ人がいるでしょうか？　春になると木々が芽吹くからといって、泣いて悲しむ人がいるでしょうか？　そんな反応をするのは、おかしいでしょう？　このことが変だと分かるなら、大丈夫です。あなたはそうした変化は、すべて自然なものだと理解をしているはずです。何度生まれ変わろうと、この法則が変わることはありません。このようにダンマを学び、智慧を育て、ものの見方が転換することにより、世間に対する迷いも晴れ、心の平安が得られるのです。

ダンマに耳を傾ければ、疑念を解消することができます。ダンマを聞くことによって、ものの見方が明確になり、私たちの生き方が変わります。疑念が消滅すれば、苦しみ（dukkha）に終止符を打つことも可能となります。もはや、欲（lobha）や煩悩が心の中に生まれることはありません。すると、何か不快な経験をしても、それは一時的なものだと理解しているため、悩むことがなくなります。楽しいことに出会っても、それに夢中になったり、執着することがありません。執着を手放すことの大切さを理解しているので、何かに囚われることがないのです。無常（anicca）を理解し、ダンマに従って物事に対処すれば、バランスのとれた物の見方を保つことができます。良い状態であれ、悪い状態であれ、永続するものはありません。自分の心の中が理解できていれば、外界の現象もよく理解することができます。そして、外界の現象に執着することがなければ、心の中の特定の感情に執着することもなくなります。外界の現象を観察することも、自分の心の中を観察することも、結局は同じことなのです。

現象の真の姿を知っており、幸福（sukha）にも、苦しみ（dukkha）にも翻弄されないとき、ダンマが顕現します。そのとき、私たちがおこなうあらゆることが、ダンマとなります。私たちはこれまで、ダンマを学び、ダンマを観てきました。そして今、私たちをとりまく現象は、ダンマとして現れています。ダンマを体験する時、私たちはそれを「止める」ことができます。それこそが、平安なのです。そのとき、あらゆるものがダンマとなっているので、あえてダンマを求める必要はありません。私たちを取り巻く外界も、心の中も、すべてがダンマとなっています。そのことに気づいているものも、ダンマです。あらゆる状態が、ダンマとなっているのです。これが、ダンマです。完全なる自由が、そこにはあります。それは、生じることも、老いることも、滅することもありません。ダンマは、幸福でも、不幸せでもありません。大きくも小さくもなく、高くも低くもなく、黒くも白くもなく、重くも軽くもありません。比較できるものが何もないので、説明のしようがありません。言葉によってそれを説明することは、不可能なのです。ですから、ニッバーナには色や形、またカーストのような身分はないと言われるのです。それらのものは、パンニャッティであり、相対的なものに過ぎません。そうしたものを超越したとき、パンニャッティによって表現することのできない世界が現れます。ブッダはそうした出世間の世界について、

「賢者は自らそれを体験し、理解するだろう」

と説きました。ニッバーナは、言語によって指し示すことのできないものなのです。それはただ、私たちの修行の目標として存在するものです。ニッバーナに達したものには、もはや為すべきことはありません。そのとき、すべてのパンニャッティは終わりを告げます。

このようにして、私たちは平安な境地に至ることができるのです。そうすれば、もはや誰かから批判をされても、動揺することはありません。褒められても、舞い上がることもありません。何があっても、執着することなく、手放すことができます。他人の影響を受けることはありません。これこそが、真の自由なのです。極端な生き方から離れ、それらに囚われることなく、安らぎを享受することが可能になります。これが、世間を超越した、真の幸福と平安です。そのとき、私たちは、善と悪、生と死、原因と結果といったすべてのものを超越しています。私たちは、生きながら世間を超越することが可能なのです。これこそが、ブッダが私たちに教えたかったことです。ブッダは私たちに、苦しみ（dukkha）を乗り越える道を見出してほしかったのです。私たちが現象の真の姿を知り、智慧（paññā）を得て、

平安に至ることがブッダの願いです。それこそが、ダンマなのです。このことについて、混乱したり、疑念を抱く必要はありません。私たちがどこにいようと、ダンマの法則は変わることがないのですから。

ですから、この命のあるうちに、心を育てるべきなのです。自分の財産を、他人と分かち合えるような人間になりましょう。自分の子供を助けるのと同じように、他人が困っていたら、助けてあげましょう。自分の財産を人に施すことによって、私たちは喜びを感じることができます。富に対する執着がなくなれば、いつ息を引き取ることになっても、心配はありません。ブッダは「死ぬ前に、死ぬ」ことを説きました。肉体的に死ぬ前に、物事を為し終えるという意味です。やるべきことをやってしまえば、あとは安心して過ごせます。肉体が滅びる前に修行を完成させるようにと、ブッダは言っているのです。このことが理解できなければ、たとえ千年ブッダの教えを聞いたとしても、苦しみに終止符を打つことはできません。ダンマを観ることも、できません。ブッダの意図を理解し、物事に対応できることを指して、「ダンマを観る」と言うのです。このようなものの見方を身に着ければ、苦しみ（dukkha）に終止符を打つことができます。忍耐強く修行に取り組み、努力をすれば、必ずそれを成し遂げることはできます。悟りを開けば、もう、どこにいても苦しむことはありません。若者であろうと、高齢者であろうと、もはや完全に苦しみから解放されているのです。どんな状況にあろうと、何をしていようと、心が滅尽に達しているため、彼らは苦しむということがないのです。

これが、ブッダが説いたことです。私たちの認識が転換したとき、ダンマが顕現します。心とダンマが調和すると、それは一体のものとなります。認識の転換によって、そうしたことは実現するのです。悟りは、自分の力で開くしかありません。それは、他人によって、与えられるものではないのです。そんなことは、不可能です。悟るなんて私には無理だ、と思ってしまえば、修行は困難なものとなります。反対に、自分にもできるかも、と思えば、修行は順調に進みます。現象を観察するという、一点に集中すればいいのです。多くのことをする必要は、ありません。生と死、すなわち現象が生じては、滅するという一点を観察すれば、あらゆることが理解できます。それこそが、真理なのです。

これが、ブッダの道です。ブッダは、生きとし生けるもののために、ダンマを説きました。彼は、私たちが苦しみ（dukkha）に終止符を打ち、平安に至ることを望んだのです。苦しみに終止符を打つために、肉体的に死ぬ必要はありません。悟りとは、死んだ後に達成するものではないのです。今、ここで苦しみを乗り越えることは、可能です。この人生において、心の中に変化が生じ、苦しみを超越します。すると、座っていようと、横になっていようと、いつでも満たされているようになります。どこにいようと、幸福に過ごせるのです。もう、間違った行為をしてしまうことも、悪い結果が生じることもありません。完全なる自由を手に入れたのです。心は清らかで、輝いており、静けさに満たされています。それは太陽や雲の後ろから現れる、満月のようです。もはや、心に煩悩や闇はありません。ついに、私たちはブッダの説く、究極の幸福に達したのです。どうか、この幸福を自分自身で体験してみてください。そのための修行に、打ち込んでください。もし、まだ苦しんでいるのなら、苦しみに終止符を打つために、修行をするべきです。そうすれば、大きな苦しみを、小さなものにすることができます。そして、最後には、苦しみを消滅させることもできるのです。ですから、誰もがこの修行に取り組まなければなりません。皆さんの修行が成功することを、お祈りいたします。

第6章

ダンマを説く

Teaching Dharma

あらゆることは、方便（upāya）です。私たち僧侶の仕事は、薬の宣伝をしている人と似ています。薬の広告を見ると、私たちはそこで謳われている効果が本当かどうか、検討をします。

「頭痛に苦しむ方なら、誰にでも効果があります」

「消化不良に苦しむ方なら、誰にでも効果があります」

と効能が説かれていても、薬を買うかどうかは人それぞれです。私たち僧侶は、村を訪れ何か話す必要があります。私たちが何も話さなければ、人々はダンマを知る機会がありませんから。人々に話を聞いてもらうためには、方便を駆使する必要があります。

ダンマには、実体というものがありません。ですから、それを人々に伝えるためには、何か方法を考えなければいけません。比喩表現を使ったり、何かと比較したりなどといった方法が考えられます。そういったものを指して、方便（upāya）と言っているのです。本当のダンマは、目で見えるようなものではありません。そのことを、よく考えてみてください。誰も、他人にダンマを与えることはできません。私たち僧侶が人々に与えられるものは、人々がダンマを理解する助けとなるような、方便だけです。では、ダンマは一体どこにあるのか？　これについては、また改めて探究する必要があります。

ブッダは、他人を盲信する人を褒めることはありませんでした。ブッダが称賛したのは、自ら探究し、実証する人です。自ら実証する人の知識は明確であり、そのような人のみが、問題を根本的に解決できるのです。人の言うことを聞くだけでは、疑念が残り、問題が解消されることはありません。

この僧院へやって来ることを想像してみてください。あなたはまず、誰かにバン・ゴウ村とワット・パー・ポンへの行きかたを尋ねなければなりません。けれども、人に行きかたを聞いただけでは、まだ十分ではありません。知識としては行きかたを知っているけれど、実際に行ったことはないからです。本当にワット・パー・ポンへの行きかたがはっきりとするのは、あなたが実際にここにやって来たときです。誰かにワット・パー・ポンについて聞かれたら、どう答えればいいでしょう？　他人から聞いた話の中でしかワット・パー・ポンのことを知らないので、はっきりしたことは答えられませんね。あくまで机上の知識として知っているだけです。まだ、疑問が残っているということです。

あなたがワット・パー・ポンを実際に訪れたことがあるのなら、そうした疑問は生じません。人から尋ねられても、バン・ゴウ村とは、ワット・パー・ポンとは、そこにいる僧侶たちはどんな様子か、明確に説明することができます。自分の目で見て確認しているので、疑問の生じる余地はありません。

ですからブッダは、私たちが自分自身で瞑想をし、実証することの大切さを説いたのです。他人の言葉を盲信するものは、愚か者であるとブッダは言いました。他人の言葉を信じる前に、自分自身でそれが本当かどうか確認することが大事なのです。

最近では、世間の人々の多くが布施をすることによって、功徳を積むことを好みます。ほとんどの人々が、それで満足してしまっています。確かに、布施は善行為です。しかし、その功徳は、悪行為を離れることには及びません。泥棒が盗みを止めるのは、非常に困難でしょう。けれども、泥棒でも僧侶に布施をすることは可能です。盗んだ金で布施をし、善行為をしたと満足することもあるかもしれません。そうしたことと比べて、盗みを止めるというのは簡単なことではありません。盗んだ金で布施をするなどといったこととは、次元が違います。他人にものを与えるというだけなら、誰にでもできます。タイの文化では、伝統に深く根付いた行為ですから。それに比べ、悪から離れることの難しさときたら……。泥棒が盗みを止めるためには、心の底から変わることが必要です。この泥棒の例から、悪行為を止めることの難しさが伝わるのではないかと思います。

ダンマと一体となって生きるというのは、そういうことです。ダンマを聞くことは難しくありませんが、実際にそれをおこなうのは困難です。ただ人の話を聞くのではなく、実践を通じて理解をすることが大切です。もちろん、最初は人の話を聞く必要があります。けれども、その後で、本当に腑に落ちるまで、理解を深める必要があります。得心がいくところまで至れば、問題ありません。私たちは、他人の書いた文章を読んで、疑念を抱くことがあります。

「この指導者は、こう言っている。あの指導者は、こう言っている。ブッダの弟子たちは、こう言っている……」

そのとき、私たちの心の状態はどうなっているでしょうか？ 書いてあることが、腑に落ちて理解できているわけではないのです。もちろん、サーリプッタ尊者や、モッガラーナ尊者の言っていることは正しいのです。ですが、私たちは彼らと同じくらい、善い心を持っているのでしょうか？ 彼らと同じくらい、修行に打ち込んだのでしょうか？

「いいえ。でも、私はこの本が読みたいのです」

法話を聞いたり、本を読んでいる間に、私たちは死んでしまうかもしれないのです。

本を読むことによって、ダンマの真理を体験できるでしょうか？ 本を読んで、怒りについて学ぶのと、怒りそのものを知ることは、異なります。怒りを本当に理解した人は、それを手放すことができるようになります。ただ知識として知っているだけでは、真の理解とは言えないのです。私たちは法話を聞いて、それが真実であると思うかもしれません。ですが、日常生活の中で、感覚の対象に触れると、いとも簡単に自分を見失ってしまいます。その場合、まだ執着を手放すことが出来ていないのです。「分かっちゃいるんだけど、やめられない。いつか修行に取り組むようなことがあったら、執着を手放すつもりだが、今はまだ駄目だ」

こうしたケースを、最近ではよく見ます。初心に帰ることが大事です。信仰心のある人なら、いつかは僧院にやってきます。私たちは、多くのことを話す必要はありません。そんなことをしている暇があったら、修行に打ち込むべきです。怪我をして傷を負った場合を想像してみてください。傷を負ったら、表面だけでなく、深い部分まで消毒することが大事です。そうしないと、そこから菌が入り、患部を切断することになりかねないのです。

アチャン・チャー。
1970年代末頃、ゲーリー・ローラソン撮影。
『フォレスト・サンガ・ニューズレター』1993年4月記念号より

私たちがダンマについて話しても、人々が即座に理解できるということはあり得ません。それは無理なことです。ニッバーナについて話すのを想像してみてください。そのようなことを話しても、ただ混乱を招くだけです。中には、ブッダのことを批判するような人さえいるのです。彼らは、ブッダはニッバーナを完全に理解しているはずなのに、なぜ間接的にしかそれを表現しないのかと言うのです。なぜブッダは直接的な表現でニッバーナを説かなかったのか？　これは大事な問題です。ニッバーナは、他人に言葉で説明できるようなものではないのです。ですから、ブッダは間接的な表現でしか、それを説明することはできませんでした。説明を拒めば、人々は、ブッダはニッバーナを知らないのだと非難したことでしょう。もし直接的な説明が可能なものなら、ブッダがわざわざ私たちを混乱させるような表現をしたはずがありません。

全盲の人に、色を示そうとするのと同じことです。盲目の人に対して、赤、黄、緑といった色を、どうやって伝えればいいのでしょうか？

「これが、緑色です」

と言っても、盲目の人には伝わりません。

「赤色は、こんな感じです」

といった表現では、盲目の人に色を伝えることはできないのです。より詳しく、言葉によって色を伝えることは可能です。ですが、そうすることによって、盲目の人に何か伝えることができるでしょうか？　色をうまく伝えられないのは、彼が盲目だからなのです。ですから、うまく色を説明できなかったとしても、それはあなたの責任ではないのです。

盲目の人に、色を伝えることはできません。ブッダは、人々が自ら悟り、ニッバーナを知ることができるようにと、教えを説きました。けれども、人々は、ブッダはニッバーナを知らないのだと非難しました。

「もしニッバーナを知っているというのなら、私たちに分かりやすく説明してください」

それは盲目の人が健常者に対して、色について尋ね続けたり、説明がよくないと不平を言うことに似ています。そうした不平に対して、

「これが黄色ですよ」

などと色を示して説明しても、効果はありません。説明すればするほど、盲目の人の混乱は増すばかりです。一体私たちは、どうすればいいのでしょうか？ そのような時は、

「目が不自由なのですか？ 一緒に視力を回復する方法を探しましょう」

と盲目の人に対して、言えばいいのです。そうすれば、もはや赤、黄、緑といった色について、説明をする必要がなくなります。盲目の人に対して、いくら言葉で色を説明しても、無駄なのです。そして、無明（avijjā）の持つ闇は、盲目であることよりも、はるかに恐ろしいものです。

結局、修行に打ち込むことが一番大事なのです。ぜひ、一生懸命になって取り組んでください。ブッダの教えとして言葉で説かれたものは皆、方便（upāya）に過ぎません。ここに、仏像がありますね。この仏像の素晴らしさを人に伝えるには、実際に見てもらうことが一番です。もちろん、この仏像を見たことがない人に対して、言葉で説明をすることは可能です。ですが、いくら私が素晴らしい仏像だと言っても、聞いた相手が信じない可能性はあります。ですから、私はあなたにこの部屋に来てもらう方法を考える必要があります。一目《ひとめ》この仏像を見れば、あなたはその素晴らしさを理解してくれることでしょう。

自分の意見に固執するタイプの人には、事実を納得してもらうことが難しいです。ダンマを説こうと

しても、それは論理的ではない、理屈にかなわないなどと言われてしまうかもしれません。理屈が分からないのは彼らのほうなのですが、それを他人のせいにするのです。このような人たちに対して、どうやってダンマを伝えられるというのでしょうか？　ダンマは、自ら実践する人にしか、伝えることはできません。実践しようとしない人に、ダンマを伝えることは不可能です。そのような人は、文句為最者《もんくいさいしゃ》（padaparama《パダパラマ》）と呼ばれます。

文句為最者（padaparama）とは、どんな人のことを言うのでしょうか？　学校に通ったことのない人を、文句為最者と呼ぶのでしょうか？　博士号を持っている人の中にも、文句為最者はいます。一生を森の中で過ごすような人の中にも、文句為最者はいるかもしれません。ですが、森の中で暮らし、読み書きすらできないような人でも、ダンマを理解することは可能です。むしろ、そうした人のほうが、私たちよりダンマをよく理解することができるかもしれません。ダンマを学ぶのに、たくさんの勉強は必要ありません。現代人は様々な分野で高度な学歴を身につけているにも関わらず、希望も無く、相互不信に陥っています。いくら知識を貯めこんでも、そうした人たちは文句為最者であると言えるでしょう。

現代人にダンマを説くのは、本当に難しいことです。皆、安直な理解を求めているのです。大学生が、よくこの僧院に来てこう言います。

「ルアンポー、手っ取り早く悟るには、どうしたらいいですか？　一番速く悟る方法を試したいんですが」

手っ取り早く悟れる方法があるのなら、誰も苦労しません。そうした安易な考えは、捨ててください。

そんな甘い態度で、何が実現できるというのでしょうか?

修行者の中には、瞑想法や戒律、またサマタやヴィパッサナーについて、議論をすることを好む人たちもいます。そうした議論に巻き込まれないよう、注意をしてください。私は、誰かと議論をすることはありません。ただ、自分が理解している方法に従って、実践をするのみです。他の人々が何を信じていようと、放っておいてください。そんなことは、どうでもいいことです。ただ、自分のやるべきことをやればいいのです。もし新しい瞑想法に関心があるのなら、試してみればいいのです。私はそれを、いちいち規制するようなことはありません。その方法に何かがあると思うのなら、自分で納得するまで確認するしかないのです。そうしないと、きりがないですから。サマタ瞑想。ヴィパッサナー瞑想。腹部の膨らみ、縮みを観察する方法。ブッドー瞑想等々。あまりにもたくさんの瞑想法があります。ですから、その中でどれが正しい瞑想法なのかを議論しだしたら、喧嘩になるのも当然です。ですから、議論をする必要はありません。しかしながら、中にはそうしたことが好きな人もいるものです。瞑想の時間になると、彼らはこぞって質問をします。些細なことを、際限なく尋ねるのです。そして、ありとあらゆる瞑想法を試そうとします。そうしたことは、自分の足元に火をつけようとするくらい、愚かなことです。

私たちはよく
「瞑想をして、心を静めなさい」

と言います。サマーディ（samādhi）を実践すれば、心は穏やかになります。ですから、多くの人がそれに挑戦してみます。彼らは、座って瞑想をすれば、すぐに心が静まると思っています。ですが、実際に瞑想を始めると、すぐに心はさまよい始めます。そして、瞑想指導者の言っていることは嘘だ、ちっとも心は静まらないじゃないかと思うのです。

「座って瞑想をしても、心はさまようばかりだ。瞑想をしていないときより、イライラが酷くなったかもしれない。瞑想指導者たちは、嘘を教えているに違いない」

こんなことを言う人たちに対して、一体何と言ったらいいのでしょうか？

欲（lobha）や無知（moha）が、人々にそんなことを言わせるのです。こうした心構えでは、悟りを実現することはできません。ブッダの時代に、修行者たちがどのように生活し、修行に取り組んでいたか、経典で確認してください。現代とは大違いであることが分かるはずです。現代の修行者たちは、修行を始めると、まず本を読みます。そして本で学んだことをもとに、他人に指導を始めます。なぜ、そんなことをしようとするのか、私には理解できません。彼らは、正しいことと間違っていることの区別もつかず、自分が何をしているのかも理解していません。そして、他人に間違った知識を教えます。なぜなら、彼らの知識は自分自身の心から学んだものではないからです。

国会議員なら選挙活動中は皆、

「私は善い人間です！　私はいつも皆さんの生活を楽にするため、一生懸命働いています！」

とアピールしますね。そして、こんなことを言う政治家たちに投票して、何か変わったでしょうか？多少は改善された政策もあるのかもしれません。政治家たちが私たちのために何かをするのは、選挙があるからです。彼らの願いは、議員として当選することです。そうでなければ、立候補していないでしょう。私たちが何らかの願いを持つとき、その根底には欲（lobha）があります。欲が、私たちの行動の原動力です。

「私は当選するにふさわしい人間です！　信じてください！」

では、誰を選べばいいのでしょうか。誰もが皆、同じことを言ってアピールするのです。けれども、改めてその人たちの人柄を調べてみると、果たして彼らが主張するほど善い人間でしょうか？

私は、政治家の悪口が言いたいわけではありません。俗世間の人間とは、そうしたものだと指摘したまでです。阿羅漢は政治家のように、他人を混乱させるようなことは言いません。政治の世界に、阿羅漢はいません。政治家になりたがるのは、俗世間の人々だけです。政治家の中にも、善い人はいるのでしょうか？　俗世間の価値観の範囲でなら、善い人も中にはいるでしょう。それとも、私たちは政治家になってくれる阿羅漢を探すべきなのでしょうか？

同じことが、薬にも言えます。薬とは、私たちにとって有益なものでしょうか？　その薬の効能の範囲でなら、有益なものだと言えます。ですが、死を回避できる薬というものは、この世には存在しません。薬に可能なのは、特定の病気や怪我の症状を緩和し、楽にしてくれることだけです。それ以上のものでは、ありません。医者ですら、マーラ（死王）の手から逃れることはできません。ですから、薬に過度に期待をすることは禁物です。

私たちは静けさ（samatha）を求めますが、そのことの意味をよく考えてほしいのです。静けさは、忍耐によって実現されます。困難に打ち克つことができなければ、静けさは崩れ去ってしまいます。森の中での生活に耐えられる人は、多くはありません。ここでの生活にうんざりした人は、森から逃げ出し、出家する前の生活に戻ることを願います。

今日、仏教徒と呼ばれている人たちは、一体どんな日常を送っているでしょうか？　私は彼らに触れる機会が、頻繁にあります。ですが、どうも私の話は彼らに響かないようです。ブッダの教えに一致した生活を送っている人は、本当に稀です。欧米人の中には、

「ルアンポーはなぜ、教学にも瞑想にも励み、悟りを開いたのに、依然として森の中で暮らしているのですか？　ここには人なんか、ほとんどいないじゃないですか」

などと言う者もいます。彼らは、私を処刑場にでも連れていこうとしているのだと思います。

「都会には、ルアンポーの助けを必要とする人々がたくさんいますよ。森の中にいては、彼らを助けることはできません」

そうやって罠を仕掛けて、私を殺す機会を狙っているのです。

「先進的な」都会では、ダンマについて説いても、頭がおかしいと思われるのが落ちです。自己（attā）を超えた世界について説こうとしても、

「頭のおかしい坊主が来たぞ！」

などと言われる始末です。無我（anattā）について説いても、彼らは決して理解することはなく、こちらを狂人扱いします。都会に住む西洋人たちは、私のことを狂人扱いし、処刑場に追い込もうとしているに違いありません。現代人のほとんどは、私の言葉に耳を傾けることはないでしょう。

タイの人々は私に、外国人に何を教えているのか、ニッバーナについて教えているのかと尋ねます。私は西洋人たちにはまず、自分自身に親しむことを説いています。いきなり無我（anattā）を説いても、彼らに理解することは不可能です。ですから、私はまず、彼らがやるべきことを教えるのです。

「このグラスを、そこに置きなさい。そして、二分間そのままにしておくように。二分経ったら、そのグラスを持って、今度はここに置くように」

といった形で、具体的な指示を与えるのです。

「なぜ、そんなことをしなければならないのですか？」

「そんなことは聞かんでええ。さっさとやらんか！　そんな質問は無意味じゃ。行動を通じて智慧を高めるのじゃ」

「じゃあ、それをやったらどうなるんですか？」

「質問は無用と言っておるじゃろう！　おまえさんは、わしから学ぶためにここに来たんじゃろう？　だったら、おまえさんが今、するべきことはグラスを持って、そこに置くことなんじゃ」

このようなことを実践することによって、智慧（paññā）は生まれるのです。何か月、何年と実践を続けていくと、心の中で変化が生じます。ある種の気づき（sati）が、生まれるのです。そしてその後に、智慧が生じます。質問には、意味がありません。ただ実践あるのみです。色々と尋ねたところで、それが一体何になるのでしょうか？　私は、ただあなたたちにするべきことを教えます。それを実践するのが、あなたたちの仕事なのです。

「それを取って、ここに二分間置いてください。それからあれを取って、あそこに置いてください」

といった実践を続けていくことにより、智慧が生じます。気づきと共にあることによって、人は智慧を身につけるのです。結果を得るには、忍耐が大切です。悟りは、忍耐力のある人にもたらされるものです。忍耐力のある人は、どのような教えを受けても、気にせず黙々と実践をするのです。

最近では、私の指導する瞑想法は、何が起きても
「これもまた、常ならず」
と言うだけのものになっています。実際、これで十分なのです。よいことがあっても、常ならず。悪いことがあっても、常ならず。あの人はいい人だな、好きだなと思っても、それもまた常ならず。あの人は嫌な人だな、と思っても、それも常ならず。要するに、それがすべてなのです。常ならずは、不変的な真理です。何か体験しても、それを極端に素晴らしいものとして受け止めるのなら、問題の種となります。反対に、体験したことを、極端に悪いことだと受け止めることも、私たちにとって益にはなりません。ブッダは、そうした両極端な反応をしないよう、きつく戒めているのです。快楽の追求と苦行への耽溺は、両極端な生き方の最たるものです。善と悪への執着を手放した時、一体何が起こるでしょうか？　それは固定的に、客観的に述べられるようなものではありません。ですが、そのように実践したときにこそ、悟りは実現するのです。

このことを、よく考えるようにしてください。あらゆることが本当に不確かであると分かったら、一体何に執着できるというのでしょうか。そのことが分かると、あらゆることを縁にまかせ、執着を手放せるようになります。問題を解決する必要があるときは、その問題に一喜一憂せず、淡々と適切に振舞えるようになります。すべては不確かで、常ならずだと分かれば、あらゆるものはその価値を失います。そうではありませんか？　不確かなことというのは、私たちを魅了しません。それは、ゴミや残飯のようなものです。
「これもゴミ。それもゴミ。そんなものを誰が欲しがるだろうか？　これも、不確か。それも、不確か

だ」

不確かなものに、どうして執着できるでしょうか？　無価値なものに、何を求めるのでしょうか？　これまでは確かだと思っていたことも、本当は不確かなものだということを理解しなければなりません。これこそが、私たちが実践するべきことなのです。このことが分かれば、瞑想実践も、きっとうまくいくに違いありません。

ダンマを学ぶのに、たくさんの教学は必要ありません。日常生活を過ごす際に、過度に心をコントロールしようとする必要もありません。あらゆることが不確かであると知ったのなら、欲（lobha）や怒り（dosa）の心で物事に反応することがなくなります。執着を手放すことが、可能になるのです。不確かな出来事に、なぜ煩わされる必要があるのでしょうか？　物事は確かなものであると考えるのなら、私たちは修行の道から逸れることになります。

このように実践せずに、色々と質問をしたり、様々な指導者の話を聞こうとしたところで、一体それが何になるのでしょうか。正しく実践に励んでいなければ、自らの内から智慧が生じてくることはないのです。

ブッダは、無理に自分の教団を拡大させようとはしませんでした。彼が指導したのは、一度に数人だけです。最初は、五人の修行者のグループを指導しました。ブッダは、多くのことを説くことはありませんでした。弟子たちは、自らの実践を通じて学んだのです。私たちは実践の中で何らかの体験をし、その体験が修行への熱意を生み出します。修行に打ち込めば、自らの人生を捧げるに値する幸福が得られることが、分かるでしょう。世間の人々は、私たちがなぜそんなに修行に励むのか、理解できません。

私たちが修行を通じてどの様な経験をしているのか知らないので、当然です。私たちが修行によって得た経験を伝えようとしても、言葉の表面上は理解できるかもしれませんが、体験したことそのものは伝えられません。それは、実践した者のみが分かることです。実践していない人間には、理解することは不可能です。

他人の話を聞くだけでは、修行は長続きしません。実践を通じて、手ごたえを感じることが必要です。難しく考える必要はありません。ただ、戒・定・慧の三学を修習すればよいのです。様々な瞑想指導者が、異なったことを言うかもしれませんが、混乱しないようにしてください。彼らは弟子たちがダンマを理解し、修行に励むことができるように、様々な方便（upāya）を用います。そうすることによって、弟子たちは熱心に修行に取り組み、悟りを開くことができるのです。

けれども、そこには一つの問題が潜んでいます。渇愛（taṇhā）が、その問題の正体です。私たちは、急いで修行の進歩を求める傾向があります。どうか、心配しないでください。修行の進歩とは自然なペースで進むものです。木を植えることを想像してみてください。今日植えた木が、明日大木になっていることなど、あり得るでしょうか？　私たちがやるべきことは、木に水や肥料を与え、見守ることです。木の成長が早かろうが、遅かろうが、それは問題ではありません。成長のスピードは木の問題であり、私たちが気にすることではありません。そのことが理解できないと、木の成長が遅いと、死ぬまで文句を言い続けることになります。そして、土壌に問題があるのではないかと思い、木を植え直したりします。ですが、そんなことをしても、また木の成長のスピードに不満を抱くに違いありません。再び土壌が悪いのではないかと疑い、木を植え直すことになります。そんなことを続けていれば、苗木は確実に枯れてしまうでしょう。

なぜ、そんなに焦るのでしょうか? 急いで結果を出そうとすることこそが、渇愛（taṇhā）です。反対に、ゆっくりと結果を出したいと願うことも、渇愛です。渇愛に駆られて修行をするのか、ブッダの教えに従って修行をするのか、それはあなた次第です。このように、トラブルとは迷いから生じるものです。ですから、ダンマを実践するときには、一貫した考えと、忍耐が重要なのです。ニッバーナに到達すれば、そこにはもはやダンマは存在しません。そこではもう、修行も忍耐も、必要ありません。ですがまだ、あなたは修行の身なのです。まだ、ニッバーナに到達していないのです。ですから、今はまだ、あなたはダンマを道具として使う必要があります。執着を手放せば、忍耐やその他の努力は不要になります。それで、おしまいです。そのとき、ついに、あなた自身がダンマとなったのです。ですが今はまだ、あなたは何ものかになりたいと思ったり、物事が早すぎるとか、遅すぎると思っていますね。そんなに急いでどこへ行くのですか? そうしたことは、もうやめるべきです。

渇愛（taṇhā）の囁く言葉に、耳を傾けてはいけません。渇愛に従って行動しても、いけません。しかしながら、私たちの振る舞いはすべて、渇愛に衝き動かされて行っていることだとも言えます。それなら、いつになったら、私たちは真理に出会い、悟りを開くことができるのでしょうか? 渇愛は、いつ尽きるのでしょうか? 私たちは毎日、渇愛に餌をやり、養い続けています。そのため、渇愛は常に成長し続けているのです。どうか、自分のおこないを振り返ってみてください。私たちは、何に衝き動かされているのか? 渇愛こそが、私たちに行動を起こさせる原動力なのです。

そのことを、よく考えてみてください。渇愛（taṇhā）の流れを断ち切れば、私たちの振る舞いは安定します。勤勉な気持ちになろうと、怠惰な気分になろうと、修行を止めることはありません。どんな気分になろうと、ひたすら修行を続けます。もはや、感情に振り回されることがなくなったのです。気分に従って、怠けたいと感じるときに怠けるのなら、それは渇愛に支配されていることを意味します。いつになったら、渇愛に従うより、ブッダに従うようになるのですか？　怠け心が生じても、そんなものは放っておいて、ひたすら修行に打ち込んでください。もちろん、やる気のあるときも、修行に励むのです。とにかく、気分に振り回されないことが大事です。気まぐれに修行をしているのなら、あなたはブッダに礼拝をしているとは言えません。ブッダにきちんと礼拝しているのなら、怠け心が生じても、あなたは修行を怠ることはありません。この怠け心や、やる気というものは、どれだけ持続するものでしょうか？　それらの特徴や性質を、よく見つめてみてください。それらは常に変化し続け、私たちの心に去来するものです。その変化の、為すがままになるのなら、私たちは常に渇愛に支配されることになってしまいます。

アチャン・マンの高弟たちは、ブッダとその弟子たちと同様に、強い決意を持って修行に取り組んでいました。経典には、ブッダが長い期間、苦行に取り組んだ後、菩提樹の下に座り、

「たとえ我が血が枯れ果てようと、悟りを開くまで、この場所から立ち上がることはない」

と誓った様子が描かれています。

私たちは、そのような話を本で読むと、ブッダはそんなにも修行に打ち込んだのだ、自分もそうしなければと思います。瞑想を始めてまだ一年程度かもしれませんが、やる気がどんどん湧いてきます。そして、線香に火をつけると、この線香が燃え尽きるまで、たとえ死ぬほどの苦しみがあろうと、立ち上

がることはないと決意をします。ブッダの言葉に、影響されたのです。真剣な決意ですが、実際に座り続けるのは楽ではありません。もう三時間は経ったかなと思い、目を開けると、線香は全然短くなっていません。足の痛みに、脂汗が出てきます。なんて痛さだ！　けれども、私は死んでも立ち上がるまいと誓ってしまったのです。仕方がないので、また目を閉じて、瞑想を再開しますが、痛みは増すばかりです。ですが、線香はちっとも短くなりません。こんな目に遭うなんて、善い業（kamma）を積んでこなかったせいだろうか、などと思い始めます。このように、私たちはブッダのようになりたいと思うものです。ですが、私たちはブッダが悟りを開くために、どれほどの長い期間、厳しい努力を積み重ねてきたか、理解をしているでしょうか？

ブッダは悟りを開いた後、般涅槃に入ろうとしました。ブッダは、他人に指導をすることを望まなかったのです。世の中を観察することによって、ブッダは衆生の煩悩が大変深いことに気づいていました。この世の闇はあまりに深く、ブッダが何を説いたところで、人々が理解できるとは思えませんでした。けれども、しばらくすると、ブッダは蓮には四つの種類があることに思い至りました。蓮にもこれから咲こうとしているものがあるように、人にも目覚める準備のあるものがいるに違いないと考えたのです。そうして、ブッダは他人を指導することを決意しました。

しかし、私たちは皆、同じというわけではありません。五戒について、考えてみてください。世間の人々にただ五戒を説いても、そんなものは守れない、と言われます。五戒を守るにあたって重要なことは、特定の行動を控えることです。けれども、世間の人々は、そんなことには従いません。特に、権力を持っていたり、社会的地位の高い人間は、大抵最悪の部類の振る舞いをするものです。仏教の知識が多少あろうと、行事に参加することがたまにあったとしても、世間の人々の心の中には、戒（sīla）もダンマもありません。中には、ダンマについて深い知識を持った人もいます。しかし、彼らの心はダンマそのものとなってはいないのです。

一体、どうすればいいのでしょうか？　ブッダは、物事が正しくあるよう願いなさいと言いました。世間の人々が私たちのことを信用しないからといって、一部の瞑想指導者がするように、彼らは愚か者だなどと考えないでください。むしろ、愚か者なのは私たちのほうです。私たちには、彼らを指導するための能力がないのですから。私たちはまず、自分自身を磨き上げる必要があります。そうして、初めて自分自身を本当に理解し、信頼できるようになります。実践を通じて、他人を指導するための智慧（paññā）が養われていきます。世間の人々を批判し、無理やりダンマに関心を持たせるようなことはできません。そのようなことをして、問題を起こすことは慎んでください。世間の人々が修行に関心を持たないのには、理由があります。悟りを開き、ブッダとなった人々は、修行を完成し、あらゆる重荷から解放されました。彼らは、世間の人々と同じ様な生き方をしたくなかったのです。ですから、世間の人々のことについて、過度に心配をしないでください。自分のやるべきことを、すればいいのです。自分の力の及ぶ限り、自らを鍛え、他人を助けなさい。手放すべきことを手放し、やるべきことに取り組みなさい。世界中の人々が、ダンマを学ぶようになるかなどといった問題に、思い悩むようなことのないようにしてください。

よい例として、ある僧侶の話があります。皆さんも過去に、彼とこの僧院で会ったことがあるかもしれません。彼はまだ在家の頃、この僧院に私の法話を聞きに来ていたのです。彼は僧院においては、在家信徒は礼儀正しく振る舞うべきだと信じていました。そして、粗暴な振る舞いの人がいると、必ず注意をしていました。私は、彼のやりたいようにさせておきました。しばらくして、彼は出家を決意しました。彼は法話をし、それを聞いた人々に、ぜひ仏教徒になってほしいと思っていました。けれども、その試みは、うまくいくことはありませんでした。

私は彼に言いました。

「二頭の牛が、一台の荷車を引いているのを、想像してみてごらん。もし、二頭の牛が協調して荷車を引いているのなら、牛にとって、荷は軽くなるじゃろう。そのとき、片方の牛が先に前に出ようとすると、荷車はうまく進まない。だから、もしおまえさんが先頭の牛なら、ペースを落として、他の牛と協調して進んだほうがええんじゃ。自分だけ前に進もうとしても、負担が増えるだけのことだ。少しペースを落とすだけなら、簡単じゃろう？」

それからしばらくして、彼は帰っていきましたが、この話は心に残ったようです。彼は、在家信徒を教化したがっていました。ウポーサタの日には、彼は在家信徒たちに徹夜で瞑想をさせようとしていました。

「皆さん！　今日は一晩中起きて、瞑想をしましょう！」

けれども、在家信徒たちは、座ったまま寝たり、横になってしまいます。誰も、真剣に修行をしたがっている人はいません。彼らは強い決意を抱いて瞑想をしているのではないのですから、当然です。いくら在家信徒たちを善い方向へ引っ張っていこうとしても、適切なペースというものを理解していないのなら、指導はうまくいきません。その僧侶は段々と疲れてきました。彼がくたびれ果てたとき、私らはもうちょっと前の言葉を思い出したに違いありません。

「まるで、荷車を引きながら、同時に抵抗するもう一頭の牛のことも引っ張っているみたいだ。これはもうちょっとスピードを落として、もう一頭の牛とペースを合わせたほうがいいな」

そうして彼は再び私のもとを訪れると、ダンマを説いてくれとせがみました。そこで、私は彼に授けられるのはダンマではなく、方便（upāya）だけだと言いました。

私は彼にこう言いました。

「まだ適切な時期が来ていないとき、わしらはどうすべきじゃろうか？　今日生まれたばかりの赤ん坊に、明日仕事を手伝ってほしいと思っても、それは無理というもんじゃろう？　そんな考えでは、何もうまくいかん。赤ん坊は、根気よく時間をかけて育てるもんじゃ。さもなければ、おまえさんはおかしくなっちまうぞ。何でもすぐに、結果が出るわけではないんじゃ」

原因と結果の法則を無視し、急いで結果を求めることは、渇愛（taṇhā）に他なりません。そして、渇愛に振り回されて生きるのは、無意味です。

最近の人々は、少しだけ働いて、たくさんの収入を得られないのなら、仕事のないほうがましだと思っているようです。世界中の人々が、こうした考えにもろ手を挙げて賛成しています。しかしながら、私たちが何かをするときにはいつでも勤勉であるべきだと、ブッダは説きました。私たちは、収入と支出のバランスを正しく理解する必要があります。そうした知識を得るためには、ある程度の訓練が必要でしょう。支出に対して、節度を持つことが大事です。渇愛（taṇhā）に振り回されてしまうと、節度のある生活は不可能です。渇愛に駆られると、どんなに収入があっても満足できなくなってしまいます。

狂人にお金を渡しているようなものです。どんなに高額を渡しても、彼は使い切ってしまうでしょう。それでは、海にお金を放り込んでいるのと変わりません。

いくらお金を渡したところで、その狂人が満足をすることはないのです。狂人がすることは、もっと、もっとと要求することだけです。このことを、よく考えてほしいのです。世の中の多くの人々が、このことを正しく理解していません。ですが、これは本当に深刻な問題なのです。問題の深刻さに気づいていない人々は、いずれその報いを受けることになるでしょう。瞑想指導者たちは、そういう人々の末路を、

「当然の報いである」

と冷徹に語ります。世間の人々は、そうした深刻な事態に陥った時だけ、ダンマに救いを求めます。ですが、そうした狂った人々に対して、どのような救いの言葉をかければよいのでしょうか？　それは、目の見えない人に色を説明するのと同じくらい、困難なことです。私たちが白という色について語っていると、彼らはその色を知りたがります。

「白とは、どんな色なのですか？」

「石膏みたいな色ですね」

「石膏とは、どんな色なのですか？」

「う〜ん。あぁ、空の雲みたいな色ですよ」

「雲とは、どんな色なのですか？」

「雲は、白い色をしています」

愚かな人々は、こんな調子で、いつまでも議論を続けます。ですが、こんな問答を続けているくらいなら、目が見えなくなった原因を調べ、その治療法を探したほうがいいのです。目の見えない人に、世界中のすべての色を説明しても、意味がありません。いつの日か治療が成功し、世界をその目で見るとき、彼ら自らそれを知ることでしょう。そのとき、もう色についての疑問が生じることはありません。果てしなく問答を続けるより、目の治療法を探すほうが大事です。

問題を解決し、果てしなく続く問答に終止符を打つには、どうすればよいのでしょうか？　この僧院には、高学歴の人々も訪れます。熟練の瞑想家でなければ、彼らの質問に、なかなかうまく答えることができないこともあります。大学生たちは、あらゆることに即効性のある答えを求めます。何かを実践するように言っても、彼らはそれをうまくできないと言います。最初からやり直しです。私たちは、彼らがそれをきちんとできるようになるまで、辛抱強く待つ必要があります。

私は長年にわたり、人々を導くため、あらゆる手段を模索してきました。ですが、今はただ、自分のできることをやっているだけです。自分の手に余ることは、ひとまず脇に置いておきます。そして、そうしたものの中には、手放したほうがいいものも存在します。世の中には、教えるのが簡単な人もいれば、難しい人もいます。教える必要のない人もいます。彼らは他人に指導をされなくても、自分の力で悟りを開くことができるのです。

最近、私は弟子たちに対して、多くを教えることをやめました。理解力のある人に対して、多くを教える必要はありません。能力のある人たちは、森の中に放っておけばいいのです。彼らは木を見ても、それを人と同様に感じるでしょう。森の木々の枝や葉は、やがて枯れ落ちます。人間も同じです。こうした人々を、鋭敏なる知者（ugghaṭitaññū《ウガッハタンニュー》）と言います。彼らは森の中にいるだけで、自然と智慧を育てることができます。それは、持って生まれた素質と言えるでしょう。ですから、それほど人に教えを乞う必要なしに、修行を進めることができるのです。

そうした素質のない人は、こうやって僧院にやってきて、法話を聞かなければなりません。こうした、広説による知者（vipaccitaññū《ヴィパチッタンニュー》）の人々に対しては、たとえ話などを用いて、ダンマを説くのが有効です。彼らは、放任では育ちません。教えを授けることによって、彼らは成長します。適切な指導を受けることにより、彼らの視点が変わり、今までになかったものの見方に気づくようになるのです。

三番目のタイプとして、被引導者（neyya《ネーヤ》）という人々がいます。このタイプの人々への指導は大変ですが、彼らもまったく素質がないわけではありません。一〇〇人の学生のうち、上位八〇人が合格だとすると、このタイプの人々は、ちょうど八〇番目くらいの実力です。最下位ではありますが、一応他の仲間と一緒に合格です。最終的には、こうしたタイプの人々も、智慧を身に着けることができるのです。

世の中には、この三つのタイプに当てはまらない人々も存在します。

「そんなことをしてはいけないよ」

「はい。分かりました」

そうした人々は、このように注意をされても、数日もすれば、再び同じことを繰り返します。

「もう二度と、こんなことをしてはいけないよ」

「はい。分かりました」

ところが、これだけ言っても、またしばらくすると、彼らは同じ間違いを繰り返すのです。

「そんなことをしてはいけません」

「はい。分かりました」

そのように常に

「はい。分かりました」

と言い続けるのです。最後には、私たちは彼らをもとの主《あるじ》に返さなければならなくなります。もとの主とは、業（kamma）のことです。指導においては、何もできず無力感を感じる時もあります。場合によっては、彼らの好きにさせ、業に従って生きていくようにするしかないケースもあるのです。そうした人々を、無理やり変えようとしてはなりません。ただ、放っておくのです。彼らが過去に積み重ねてきた業は、強力すぎます。それに抗うことは不可能です。

どうか人と接するときには、この原則を忘れないようにしてください。人の成長とは、ゆっくりと進むこともあり、中にはもとに戻ってしまう人もいます。車を運転していて、道路の行き止まりに達したら、それ以上前に進むことはできません。私たちにできることは、道を引き返すことだけです。私たちは、自分の能力や強みを理解し、できる範囲のことで満足しなければなりません。さもなければ、餓鬼のような存在になってしまうことでしょう。

世間の人々を、自分の思ったように変えることはできません。私たちはただ、自分にできることをすればよいのです。現象はただ生じ、やがて変化し、最後には滅します。自分が置かれた状況と能力をよく理解し、できることをすればよいのです。自分の能力を超えたことを試みると、悲惨な結果を招きか

ねません。このことを、よく考えてほしいのです。これは決して、利己的な考えではありません。もちろん、中には、

「あの指導者は自分本位だ。他人を助けようとしないのだ」

と非難する人もいるでしょう。ですが、他人が言っていることに単純に反応するのではなく、それが本当かどうか、自分自身を省みることが大切です。そして、自分が利己的であるというのが事実なら、その批判を正当なものとして受け入れればいいのです。他人の言葉に左右されるのではなく、自分自身に依《よ》るというのが大切です。もし、誰かがあなたの振る舞いを非難したら、それに対してどう反応しますか？　誰かが自分について言っていることに反論したり、怒ったりするのではなく、自分自身の現在の状況に気づき、その言葉を正しく評価しなければなりません。

今日、特に責任のある立場の人にとっては、このことを実践するのは困難になってきています。警察が、窃盗事件で二人の容疑者を逮捕したとしましょう。二人のうち、一人が犯人で、もう片方は無実です。尋問をしてみると、二人とも無実を主張します。

「おまえが盗んだのか？」

「いいえ。やっていません」

「それなら、おまえが盗んだのか？」

「いいえ。私じゃありません」

どちらからも同じ答えが返ってきますが、本当のことを言っているのは一人だけです。刑事が真実を突き止めるのは、容易ではないかもしれません。一人は無実であり、

「いいえ。やっていません」
と主張しています。そして、もう一人は実際には盗みをはたらいたにもかかわらず、
「いいえ。やっていません」
と無実を主張しているのです。このような場合、刑事はどうすればいいでしょうか？　容疑者の証言だけに頼らず、独自に捜査をする必要があります。私たちの心も、このたとえ話と同じです。実際には罪を犯したにもかかわらず、無実を主張する容疑者のように、私たちの心は、狡猾で腹黒いのです。ですから、自分自身を知り、自らに依ることのできるようになったほうがよいのです。過度に野心的になる必要はありません。ただ、何が正しいか、自分には何ができるのかを知っていればよいのです。

最近、私は世間の人々が自分の話に興味を持ってくれるよう願うことがなくなってきました。人々に関心を持ってもらうよう働きかけても、うまくいきません。私は、伝統を墨守するこの僧院にいつも居ます。もし誰かがこの僧院を訪ね、修行に加わりたいなら、いつでも歓迎します。

火事が起こったことを、想像してみてください。一部の家が燃えているとき、消防士はまず、まだ燃えていない家への延焼を防ぐことを試みます。大部分が燃え尽きてしまっている家に関しては、もはや手の施しようがありません。ですから、まだ燃えていない家の保護が、優先されるのです。消防士の仕事とは、そういうものです。

それがどんなに酷いものであっても、あらゆる人の抱えている問題を解決しようとすれば、時間が足りません。私たちが最初にすべきことは、人の手本となるような人間になることです。世間のやり方に代わり、ダンマに従って行動するのなら、善業を備えた人は必ずあなたの存在に気づくはずです。そし

て、あなたの言葉に耳を傾けるようになるでしょう。善業を備えた人は、ダンマに従って生きる人に、魅力を感じるものです。

誰かの心にダンマが生まれれば、それは世間にとって利益となります。善良な人々はそのことを理解するでしょうが、悪の心を持った人々は、それを決して認めようとはしません。あなたがそう思わないものを指して、世間の人々がダンマだと言うこともあります。ですが、あなたはそれには同意できませんし、世間の人々もまた、あなたの言葉を信用しなくなります。彼らは、あなたにとって価値のない世俗の事柄に、嬉々として取り組むでしょう。いつの時代も、そんなものです。私たちには、生き方の尺度となるようなものが必要です。世間の人々が皆善人なら、世の中には悪人は存在しないことになります。悪人が存在しないのなら、世の中に問題は存在しないことになります。問題が存在しないのなら、智慧(paññā)を育てるのは、難しいかもしれません。

ワット・パー・ポンの住職になって以来、私はずっとこのことを考えています。森の僧院では、食料を得るために、動物を狩ることは禁止されています。このように、動物が恐怖を感じることなく暮らせ、森がそのままの形で保護された場所があることは、とてもよいことだと私は考えてきました。ですが、そうした私の考えに対し、批判が起こりました。

「あんたは何のためにここに住んでいるんだ? 森林保護のために、ここにやって来たのか? それが僧侶の務めなのかね。僧侶だったら、あらゆることへの執着を捨てたんだろう? それなのに、なぜそんなに森の樹木や動物のことを気にかけるんだい?」

彼らの言い分も理解はできましたが、私はリスなどの森に暮らす小動物に慈しみを感じており、彼ら

がハンターに撃たれるのは嫌でした。すると村人たちは、

「僧侶なのに、動物を飼っているのですか？　その動物たちは、野生動物でしょう？　だったら、あなたには関係ないでしょう？」

と私を非難するのです。

そこで私は、僧院の周りをフェンスで囲んでみてはどうかと考えました。そして実行してみましたが、村人は私に対して、非常に腹を立てました。しかしながら、私の考えは善意から生じたものだったのです。しばらくすると、村の野良犬が僧院にやってきて、リスなどの小動物を追いかけまわすようになりました。野良犬たちは多くの小動物を傷つけ、殺しました。それを見て、私はとても痛ましく感じました。僧院に犬を入れない方法を見つけなければ、と私は思いました。そしてそれから何か月も過ぎた頃、私はようやく自分の考えが間違っていることに気づきました。

野良犬が小動物を嚙み殺すのは、動物が持って生まれた自然な本能なのです。私が野良犬を追い払ってしまえば、リスたちは愚かなままでしょう。危険があることによって、リスたちはより賢く、慎重になるのです。野良犬が周囲に存在することによって、リスたちは智慧を育むのです。

このように、不善が善となることもあります。また、不善は善と対になり、私たちを善へと導くこともあります。私たちは普段、自分の行動が正しいか、間違っているか考えながら生活しています。大工が木を切るときは、長さを測らなければなりません。短いという概念があるので、長いということが分かり、長いという概念があるので、短いということが分かります。この世のものはすべて、こうして対立するものと共に存在しています。そうして私は、野良犬やリスのことは自然の摂理にまかせ、放って

おかなければならないことに気づきました。結局今では、リスの数は増えています。リスたちは周囲の環境を理解し、より賢くなったのです。

結局、問題は私の側にあったのです。私は、リスたちが野犬に噛み殺されるのを、防ぎたいと思っていました。そして、村人たちからの批判も、防ぎたいと思っていました。しかしながら、人々は様々な見解を持つものですから、批判を受けるのはごく自然なことだったのです。私は、問題が生じたときには、その場で解決しなければならないということを学びました。それ以来、私は問題と正面から争うことをやめました。

ワット・パー・ポンの住職になって以来、私は何度も困難な状況に直面してきました。ここで困ったことが起きたら、何でも自分で解決しなくてはなりません。重いマラリアに罹り、数年間死線をさまよったこともありました。けれども、私はここでの暮らしに満足していました。ここに滞在し、そのことが理解できれば、きっとあなたもこの森で何かを学ぶことができるでしょう。心が強くなると、困難な状況に打ち克つことができるようになってきます。それは、私たちの成長によるものです。私たちの心が成長したので、相対的に困難な状況の持つ力が、弱くなったように感じられるのです。

こうしたことは、普通に起こり得ることです。ですから、あまり深く考えなくて構いません。その代わり、今、自分の出来ることに取り組んでください。後になって、自らに苦しみをもたらすようなことをする必要はありません。心の中に新たな苦しみが生じ続けているのなら、あなたが実践している修行法に何か問題があるに違いありません。私たちは苦しみ（dukkha）に終止符を打つために修行をしているのに、なぜ苦しみを増やすようなことをするのですか？　私たちは、自らの実践が間違った方向に向かっているかどうか、知る必要があります。誰かがあなたの意見に耳を傾けないとしても、そのことによって怒るのなら、実践は間違った方向へ進んでいると言えるでしょう。私たちは苦しみから解放されるために修行をしているのに、なぜ新たに苦しみを作り出すようなことをするのですか？　間違いは、明白なはずです。このことを、よく考えてみてください。ニッバーナとはどのようなものかなど、色々考える必要はありません。ただ、この一点について考えてほしいのです。この点こそが、私たちが探究すべきポイントなのです。どうかこのことを、よく考えてみてください。

用語集

怒り dosa …… 私たちの心に対象や体験に対する嫌悪感や反発心を引き起こさせる心所のこと。

慈しみ mettā …… 自分も含め、分け隔てなく生きとし生けるものの幸福を願う気持ちのこと。

有 bhava …… 存在のこと。過去の行為の習慣力の蓄積を意味し、この力によって未来の行為が規定される。

ヴィパッサナー vipassanā …… 現象を明晰に観察すること。ナーマ（名）とルーパ（色）のプロセスの基本的な性質に焦点を当て、その真の特徴を理解する瞑想のこと。

有身見 sakkāya - diṭṭhi ……「私」という概念が実体のあるものだと顚倒し、身体や心が自分のものだと勘違いしてしまうこと。

果 phala …… 悟りに達した結果の心のこと。

戒 sīla …… 仏教徒が徳を養うための修行をおこなう際の規則のこと。在家の五戒、二二七の戒律から成る比丘戒などがある。

戒 sīla・定 samādhi・慧 paññā の三学 …… 仏道修行者なら必ず学ぶ必要のある、三つの修行の項目のこと。

渇愛 taṇhā …… 苦しみ（dukkha）の原因であり、この渇愛の力によって、あらゆる生命は存在の世界を輪廻し続けている。

疑念 vicikicchā …… 道理を理解せず、頑固に不信感を募らせるような心の状態。正確な情報や論理・根拠もなく、無闇に人を疑ってかかるような性格でダンマを信頼することができないこと。

帰依所 …… 私たちが帰依することのできる、ブッダ（仏）、ダンマ（法）、サンガ（僧）という三つの場所のこと。

気づき sati …… 欲、怒り、無知の三毒がなく、今この瞬間に何が生じているか気づいている心の状態のこと。

行 saṅkhāra …… 広義には現象の全てを指し、始まりと終わりがあり、生じては滅するものの全てをいう。

苦 dukkha …… あらゆる現象は無常のため、決して満たされることはないということ。

空 …… 無我（anattā）のこと。固定的な実体はなく、自己とはただ無常なものであるということ。

業 kamma …… 心と物質の領域双方で生じる出来事の因果

法則のこと。

五蘊 …… 生命を機能という観点から五つに分類したもの。色蘊、受蘊、想蘊、行蘊、識蘊の五つから成る。

悟りの階梯 …… 悟りには、預流果、一来果、不還果、阿羅漢果といった、四つの段階がある。

サマタ samatha …… 心を一点に集中させることによって生じる力のこと。特定の瞑想対象に一点集中することによって、強力な集中力と心の静まりを養うのが、サマタ（止）瞑想である。

サマーディ samādhi …… 瞑想における集中力、不動心のこと。

色 rūpa …… 物質のこと。詳細に分類するならば二十八種類から成り、地（パダヴィー）、水（アーポ）、火（テージョ）、風（ワーヨ）の四つを含む。

色界 …… サマタ瞑想の実践によって入ることのできる世界のこと。

四聖諦 …… ブッダが最初に説いた教え。苦諦、苦集諦、苦滅諦、道諦の四つから成る。また、道諦は八正道と同義である。

死随念 maraṇa - anussati …… 生命は必ず死ぬという普遍的事実を対象にして、くり返し念じる瞑想のこと。

四大 …… 物質を成り立たせている地、水、火、風の四つの要素のこと。

四念処 …… 私たちが念（サティ）を確立すべき四つの場のこと。①身（kāya）、②受（vedanā）、③心（citta）、④法（dhamma）の四つから成る。

勝義諦 …… 最もすぐれた真理、究極の真実のこと。真実の教え。

正見 sammā - diṭṭhi …… あらゆる偏見から離れ、中立で歪みなく物事の真実の姿を理解すること。

捨 upekkhā …… 一切の生命を平等に見つめる心のこと。あらゆる対象を偏りなく、公平な眼差しで見つめるため、その心は静謐であり、落ち着きに満たされている。

出世間 …… 欲界、色界、無色界といった世間を超越した次元、およびその心のこと。

信 saddhā …… 自由で正しい判断や、理性的な理解によって納得した確信のこと。

身起念 kāyagata - sati …… 皮膚、毛髪、爪、歯、筋肉、骨、内臓、大小便、血液、脳などの身体の三十二の部分を対象にして、くり返し念じる瞑想のこと。

身・口・意の三業 …… 身体、言葉、心の中でおこなう行為によって生じる業のこと。

心 citta …… 所縁（対象）を認識する働きのこと。心所（cetasika）と一体となって機能する。

心所 cetasika …… 心（citta）が生ずるときに、それに対応して共に生ずる精神的なはたらきのこと。五十二種類から成る。

世俗諦 …… 世間の中における暫定的な真実のこと。

禅定 jhāna …… サマタ（心の静けさ）を養うため、心を対象の一点に集中させること。禅定には、禅支という禅定を支える五つの要素がある。

ダンマ dhamma …… パーリ語で dhamma、サンスクリット語では dharma と書く。真理、または普遍的な法則のこと。この普遍的な法則についてのブッダの教えのこと。

智慧 paññā …… 真理を理解できること。ありのままにものを見られるということ。

道 magga …… 悟りのこと。ブッダの説いた八正道を実践することにより、この悟りに到達することができる。

ニッバーナ nibbāna・**涅槃** …… 名色の働きを超え、完全に寂滅した状態のこと。悟りを開いた人の心の中で生じる三毒からの完全な解放をも意味する。

八正道 ariya atthangika magga …… 心の清浄と、解脱へ至るための仏道修行の道のこと。正見、正思惟、正語、正業、正命、正精進、正念、正定の八つから成る。

般涅槃 …… 生存中に涅槃（nibbāna）に達した者が、肉体的な死によって完全な涅槃に達すること。

パンニャッティ paññatti・**施設** …… 勝義諦ではなく、世間において共通認識、共通意見や慣習として認められたダンマのこと。たとえば「人間」というものは勝義諦の観点から見れば存在せず、ただ名（nāma）と色（rūpa）が生滅しているだけといえるが、私たちは日常生活を過ごすために便宜的に「人間」という概念を採用している。これらを指してパンニャッティというのである。

マーラ 死王 …… 悪魔、誘惑者のこと。しばしば、本物の誘惑者や殺人者のように擬人化され描写されるが、その正体は煩悩である。

慢 māna …… 「私が存在する」という実感から、自分を基準にして他者と比べる働き。

無我 anattā …… 「私たちには永遠なる自己が本来備わっている」「私たちは永遠なる自己によって構成されている」「私たちは自分の心と身体を所有している」といった考えは間違っているという考えのこと。

無常 anicca …… あらゆる現象は生じては滅する性質を持つという、基本的な真理のこと。

無知 moha …… 私たちの心を曇らせ、現象の内に無常・苦・空といった性質を見えなくさせる心所のこと。

無明 avijjā …… 私たちに現象のありのままの姿を見えなくさせ、執着心と欲界を生じさせる根本原因のこと。

楽 sukha …… 楽を感じること。喜（pīti）に比べると、より落ち着いた、安楽な感じの喜び。

輪廻 saṃsāra …… 名と色から成る、条件付けられた世界のこと。そこで生ずるあらゆる現象は無常なものである。

欲 lobha …… 私たちの心に対象や体験に対する執着を引き起こさせる心所のこと。

預流果 …… 最初に経験する悟りの境地のこと。この段階に達した聖者は十種の結のうち、有身見、疑念、戒禁取の三つが消滅する。

訳者あとがき

本書は二十世紀のタイ仏教を代表する僧侶の一人であったアチャン・チャーのもと、数年にわたり出家生活を送った西洋人ポール・ブレイターが師の法話を編纂した、『Being Dharma: The Essence of the Buddha's Teachings』の邦訳です。

本書の「英語版訳者まえがき」の筆者はポール・ブレイターですが、「はじめに」から第六章までは、彼が採録したアチャン・チャー自身の言葉です。本書の編纂までの詳しい経緯や、アチャン・チャーの詳しい経歴に関しては、本書の中の「英語版訳者まえがき」にポール・ブレイターの言葉として詳述されていますので、そちらをご参照いただければ幸いです。

本書の英語版訳者であるポール・ブレイターや、序文の筆者であるジャック・コーンフィールドは、タイでの修行を終え帰国した後、彼らがアチャン・チャーのもとで学んだヴィパッサナー瞑想（Insight Meditation）のアメリカでの普及に尽力します。特にインサイト・メディテーション・ソサエティ（Insight Meditation Society）を仲間と共に設立したジャック・コーンフィールドの活躍は目覚ましく、その彼の師匠でもあるということで、英米圏ではアチャン・チャーの知名度は比較的高いものでした。

そのようなアチャン・チャーの書籍を日本でも紹介したいと思っていたところ、二〇一一年に邦訳書の第一弾として、『手放す生き方』を、二〇一三年に『無常の教え』を刊行することができました。なお、『手放す生き方』では著者名の表記が「アーチャン・チャー」となっておりましたが、本書ではよりタイ語の発音に近い「アチャン・チャー」とさせていただきました。ご了承いただければ幸いです。

このたび、タイ仏教の翻訳書の出版を英断してくださったEvolvingの糸賀祐二代表。日本におけるテーラワーダ仏教伝道の志のため、本企画を採用していただき、感謝しております。大部の著作ということもあり、完成までに長い時間がかかってしまいましたが、その間、辛抱強く見守ってくださった糸賀氏に、深く御礼申し上げます。

本書が、読者の皆様の日常生活、そして瞑想実践に役立つことがあれば、訳者として望外の喜びです。

二〇二〇年二月

星　飛雄馬

［著者］

アチャン・チャー（**Ajhan Chah**）

1918年、タイ東北部イサーン地方ウボンラーチャターニー近郊に生まれる。20世紀のタイにおけるテーラワーダ仏教を代表する僧侶の一人。9歳で沙弥出家。20歳で比丘出家をする。1946年、父の死をきっかけとして、仏法の真髄を求めるための遊行の旅に出る。数年の遍歴遊行の後、アチャン・マンに師事。瞑想実践に打ち込む。1954年、生地近郊の森に自らの僧院であるワット・パー・ポンを設立。アチャン・チャーの卓越した指導力は瞬く間にタイ全土に広がり、簡素な寺院として始まったワット・パー・ポンはタイ有数の森林僧院となる。また、全国に数多くの分院も作られ、1975年にはアチャン・チャーの名声を聞き、外国から修行にやってきた人々のためにワット・パー・ナナチャットを設立。多くの外国人比丘を育てる。主な外国人の弟子に、ジャック・コーンフィールド、イギリスのアマラワティ僧院僧院長アチャン・スメードーなどがいる。邦訳された著書に、『［増補版］手放す生き方』『無常の教え』『アチャン・チャー法話集』（以上、サンガ）がある。1992年、逝去。その葬儀には百万人以上の参列者が集まり、故人を偲んだという。

［英語版訳者］

ポール・ブレイター（**Paul Breiter**）

1948年、アメリカのブルックリンに生まれる。1970年、タイを訪れ、比丘として出家。ほどなくして、アチャン・チャーと出会い、彼の弟子になった。タイ語と現地のラオス語の方言（イーサーン語）を学び、アチャン・チャーのもとに学びにきた西洋人のための通訳を務めた。それらの教えの一部が、『［増補版］手放す生き方』『無常の教え』（以上、サンガ）に収録されている。アチャン・チャーが1979年にアメリカを訪れた際には、随行し通訳を務める。1977年に還俗して後、ブレイターはアメリカに戻り、曹洞宗の乙川弘文老師、チベット仏教ニンマ派のラマ・ゴンポ・ツェダンのもとで在家として仏教を学び続けた。現在、フロリダ在住。

［日本語版訳者］

星 飛雄馬（Huma Hoshi）

1974年、長野県生まれ。著述家・翻訳家。東京都立大学大学院社会科学研究科修士課程修了。東京大学社会情報研究所教育部修了。修士（社会学）（東京都立大学、2001年）。専門は宗教社会学、社会政策。2004年ミャンマー、ヤンゴンのマハーシ瞑想センターにて約3か月瞑想修行をする。東方学院にてパーリ語を学ぶ。著書に『45分でわかる！　数字で学ぶ仏教語。』（マガジンハウス）、『60分でわかる！仏教書ガイド』（Evolving）、訳書にアーチャン・チャー『［増補版］手放す生き方』、マハーシ・サヤドー『ヴィパッサナー瞑想』（以上、サンガ）などがある。

E-mail: infohoshi@gmail.com
Blog: https://huma.hatenablog.com/
Twitter: @humahoshi

ビーイング・ダルマ
自由に生きるためのブッダの教え

発行日　2020年7月1日

著　者　アチャン・チャー
訳　者　星 飛雄馬
発行者　糸賀 祐二
発行所　Evolving
〒300-1155
茨城県稲敷郡阿見町吉原572-17
メール：info@evolving.asia

装　丁　EXtech. 勝山昌幸
DTP　マーリンクレイン
印刷・製本　中央精版印刷株式会社

ISBN978-4-908148-20-0